FUNDAMENTALS OF RUSSIAN VERBAL CONJUGATION

FOR
STUDENTS AND TEACHERS

∞ ∞

A Handbook/Dictionary of the One-Stem System with Commentaries

Thomas J. Garza

KENDALL/HUNT PUBLISHING COMPANY
4050 Westmark Drive   Dubuque, Iowa 52002

University of Texas at Austin
Revised edition, corrected and expanded
© Copyright reserved 1994

PREFACE

Command of verbal morphology and conjugation is essential for students of Russian wishing to attain a level of functional proficiency in the spoken or written language above the ACTFL Novice levels. Russian verbal conjugation has traditionally been presented in grammars and textbooks as seemingly random combinations of stems and endings for the past, present and future forms of the verb, using the infinitive as the "base form" of verb. Unfortunately, no reasonable principle is usually given to explain why or how the infinitive forms of the common verbs пис**а́ть**, чит**а́ть**, дав**а́ть**, éх**ать** and бр**а́ть** seem to share a similar conjugational type on the surface, but produce the quite diverse forms in the first person singular: **пишу́, чита́ю, даю́, éду** and **беру́**. Therefore, mastery of the conjugated forms of the verb was usually considered to be the product of rote memorization with little or no system or regularity attributed to Russian verbal conjugation.

This handbook/dictionary is intended for use in conjunction with any first- or second-year Russian language textbook or course that utilizes the single basic stem, or "one-stem," analysis of verbal conjugation. It is designed to facilitate and supplement the teaching and learning of the verbal system as both a reference guide and as an instructional aid, bringing together a structural linguistic presentation of the generative patterns of Russian verbal conjugation and the practical necessity of dictionary inventories of commonly used Russian verbs. In this way, the very process of using the verb glossaries and inventories serves to reinforce the morphological processes involved in deriving the various forms of a given verbal paradigm. The handbook can also be used at the advanced or graduate level by students studying the structure of modern Russian and a Jakobsonian description of verbal conjugation and morphology. In addition, the volume is also intended to be used in connection with staff development programs directed toward university-level teaching assistants and in-service teachers at all levels.

The Commentaries section begins with "An Introduction to the One-Stem System." Through a step-by-step description and analysis of the conjugation patterns of different verb types in Russian, the basic groundwork for verbal stem derivation and conjugation is established. The individual topics of consonantal mutation, reflexive voice, stress notation, and imperative formation are discussed and illustrated with examples. A summary of verbal adjective (participle) and verbal adverb (gerund) formation using the one-stem system completes the Commentaries section.

The Dictionary section comprises two parts. The first part is the Glossary, containing over 1300 frequently used or encountered Russian verbs, listed alphabetically by infinitive form and glossed with verbal stem, marker, aspect and aspectual pair, English definition, case government, and basic conjugation in the past, non-past, and imperative forms. The items in this section include all verbs presented in the Russian-American collaborative textbook projects *Russian: Stage One* (Bitextina, Davidson, *et al.* Moscow: Russian Language Publishers, 1980) and the recent American edition of the same title (Dubuque, Iowa: Kendall/Hunt Publishing Co., 1991); and *Russian: Stage Two* (Baranova, Brecht, *et al.* Moscow: Russian Language Publishers, 1985) and its new American edition *Russian: Stage Two* (Martin and

Sokolova, Dubuque, Iowa: Kendall/Hunt Publishing Co., 1993). In addition, supplementary material from *The Russian Verb: Prepositional and Non-Prepositional Government* (Andreyeva-Georg and Tolmacheva, Moscow: Russky yazyk Publishers, 1983) has been incorporated to complete certain verbal inventories. Part Two of the Dictionary section provides alphabetical listings of all the verbs in Part One by verbal stem classifier, including full inventories of verbs in the categories which contain only a few items. This section is particularly useful in reviewing and systematizing verbs of the same class and conjugational type. Finally, an inventory of nineteen irregular Russian verbal stems and their conjugations is provided in the last section of the handbook.

I am grateful to Professor Dan E. Davidson of Bryn Mawr College and the American Council of Teachers of Russian and the American Council for Collaboration in Education and Language Study for his suggestions and guidance in preparing the preliminary edition of this volume, and whose collaborative Russian language textbook projects provided model treatments of verbal conjugation which were the basis and a source for this handbook. Thanks go certainly to Emmett Dingley of Kendall/Hunt Publishing for his support of this project from beginning. Thanks also go to the students and instructors from numerous universities and colleges who have used and worked with the preliminary edition of this work and who have provided invaluable comments and suggestions for its improvement. The manuscript of the current volume could not have been completed without the assistance of two Ph.D. candidates in the Department of Slavic Languages at the University of Texas: Seth Graham, who tirelessly keyed in the revised version of this edition, and Catherine Jarvis, who proofread portions of the text. Special thanks go also to Jeanette Owen and Catharine Cooke, Ph.D. candidates at Bryn Mawr College, for their careful and thorough proofreading and editing of the final manuscript. Finally, for her unlimited support, patience, and encouragement I am indebted always to Elizabeth, for whom my thanks can never be adequately expressed.

The preparation and publication of the preliminary edition of this volume, entitled *Fundamentals of Russian Verbal Conjugation: A Handbook/Dictionary of the One-Stem System with Commentaries* in 1981, was supported by the Youthgrants Program of the National Endowment for the Humanities, a Federal agency established by Congress to promote research, education, and public activity in the humanities. This assistance is hereby gratefully acknowledged.

The manuscript of this handbook was prepared and edited entirely on Apple Macintosh® computers. Except for irregular stems, every verbal form in this volume was generated by the addition of stored endings to a given stem, much in the spirit of the one-stem system.

Every attempt was made to make this revised and expanded version of the original handbook as thorough, correct and complete as possible to aid learners and instructors in their study and teaching of Russian; as a result, the current edition includes nearly five times the material of the original volume. While mistakes and typographical errors from the preliminary edition have been corrected, the inclusion of so much new material may have resulted in new inadvertent errors in this volume. I, of course, accept sole responsibility for this manuscript and would appreciate any questions, comments, or suggestions regarding its contents and/or revision.

T J G
Austin, Texas

To the memory of
R. O. Jakobson

*on the forty-fifth anniversary
of the publication of
"Russian Conjugation"*

1948-1993

CONTENTS

COMMENTARIES

on Russian Verbal Conjugation
and the One-Stem System

AN INTRODUCTION TO THE ONE-STEM SYSTEM

The one-stem system of Russian verbal conjugation[1] allows the learner to produce accurately all pertinent forms of any given verb with proper stress starting from one single basic form. Unlike the traditional practice of learning Russian verbs and their conjugation by memorizing infinitive forms and several forms of the present and/or past tense, the learner using the one-stem system need know only the basic stem of the verb and a relatively small number of conjugational rules in order to predict and produce the full paradigm of any verb in the modern language.

VERBAL CONJUGATION WITH THE BASIC STEM

All of Russian verbal conjugation involves the joining of the basic stem of a verb with an appropriate grammatical ending which conveys the person, number, tense, and/or gender of a given verbal form. With the exception of a handful of irregular verbs, the principal endings for virtually all Russian verbs are:

NON-PAST

1st conjugation			2nd conjugation		
1)	я	**-у**	1)	я	**-у**[3]
2)	ты	**-ёшь**[2]	2)	ты	**-ишь**
3)	он	**-ёт**	3)	он	**-ит**
4)	мы	**-ём**	4)	мы	**-им**
5)	вы	**-ёте**	5)	вы	**-ите**
6)	они	**-ут**	6)	они	**-ат**[3]

PAST
[both conjugations]

masc.	fem.	neut.	pl.
-л[4]	**-ла**	**-ло**	**-ли**

INFINITIVE
[both conjugations]

-ть, (-ти -чь)

---

[1] The single-stem analysis of Russian verbal conjugation was originally described and outlined by Roman O. Jakobson. See "Russian Conjugation," *Word* , 4 (1948), 155-167.

[2] The letter ё in the endings represents automatic softening of any preceding paired [hard/soft] consonant in the verbal stem; in the absence of any consonant, the letter ё spells a preceding й.

[3] Because the vast majority of second conjugation verbs belong to -и- or -е- classes -- which require softening of the final stem consonant, these endings are usually spelled -ю and -ят in conjugation; however, remember the spelling rule: after к, г, and х, and ш, ж, ч, щ, ц, only у and а are written -- never ю or я.

[4] Masculine -л is replaced by the final root consonant of verbal stems ending in р, с, з, г, к, and б. See "Composite List of Stems" for such occurrences in conjugation.

So, from the single verbal stem **рабо́тай-** "work," are formed:

рабо́тать
рабо́таю, рабо́таешь, рабо́тает, рабо́таем, рабо́таете, рабо́тают
рабо́тал, рабо́тала, рабо́тало, рабо́тали; Рабо́тай/те!

There are simple combination rules which are applied when the regular endings of the first and second conjugation are joined to the basic stem. Simply stated, when joining stems and endings to create a particular verbal form, unlike elements add, like elements truncate. That is, when a verbal stem that ends with a vowel [**V**] combines with an ending that begins with a consonant [**C**], or when a stem ending with a consonant combines with an ending that begins with a vowel, *simple addition of the elements at the juncture occurs:*

$$\boxed{\textbf{V + C = VC \quad or \quad C + V = CV}}$$

Thus:

$$\text{V} + \text{C} = \quad \text{VC} \qquad\qquad \text{C} + \text{V} = \quad \text{CV}$$

$$\text{ПИС}\overset{\text{x}}{\underline{\text{А}}}\text{-} + \underline{\text{Л}} = \text{ПИС}\underline{\text{А́Л}} \quad \text{and} \quad \text{ЖИ}\overset{\text{x}}{\underline{\text{В}}}\text{-} + \underline{\text{У}} = \text{ЖИ}\underline{\text{ВУ́}}$$

However, when two consonants or two vowels occur at the juncture of a verbal stem and grammatical ending, the *first* of the two like elements is dropped, or *truncates:*

$$\boxed{\textbf{C}^1 + \textbf{C}^2 = \textbf{C}^2 \quad \text{or} \quad \textbf{V}^1 + \textbf{V}^2 = \textbf{V}^2}$$

Thus:

$$\text{C}^1 + \text{C}^2 = \quad \text{C}^2 \qquad\qquad \text{V}^1 + \text{V}^2 = \quad \text{V}^2$$

$$\text{ЧИТА́}\underline{\text{Й}}\text{-} + \underline{\text{Л}} = \text{ЧИТА́}\underline{\text{Л}} \quad \text{or} \quad \text{СЛЫ́Ш}\underline{\text{А}}\text{-} + \underline{\text{У}} = \text{СЛЫ́Ш}\underline{\text{У}}$$

BASIC STEM DERIVATION

Basic stem derivation of Russian verbs is a simple process of determining which stem -- infinitive or non-past -- is longer in its surface form. For example, the surface stem of the infinitive чита́ть is чита́-ть, whereas the present tense third person plural form, чита́ют, yields the surface stem чита́й-ут. Thus the underlying verbal stem for the verb "to read" is чита́й-. Conversely, the surface stem of the infinitive жи́ть is жи́-ть, whereas the third person plural form, живу́т, has жив-у́т as its surface stem, making жив- the underlying verbal stem for conjugation purposes. If both the infinitive and the non-past surface stems are of equal length, then the non-past (third person plural) stem is the basic stem: клад-у́т instead of кла́с-ть.

THE VERBAL CLASSIFIER

The majority of verbal basic stems can be divided into **prefix(es)**, **root (CVC)**, and **suffix** -- which is called the **verbal classifier** -- to which grammatical endings (i.e., person, number, tense, gender markers) are added. For example:

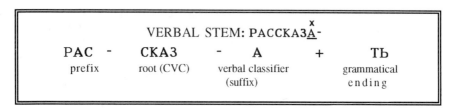

There is also a relatively large group of *un*-suffixed verbal stems in modern Russian; in such verbs, the grammatical ending immediately follows the CVC of the root. For verbs of this kind, the final root consonant functions as the verbal classifier. Thus, for the verbal form живёт, or жив-ёт, the verbal classifier is -в-, which is the final consonant of the CVC root жив-.

The verbal classifier is central to the application of the one-stem system of Russian verbal conjugation. By means of the verbal classifier, the learner can immediately determine the conjugational type (first -ёт or second -ит), the presence or absence of consonantal mutation in the conjugation, and the accentuation pattern of the verb in question. There are eleven verbal classifiers in contemporary standard Russian: -и- -е-, and -жа-, all of the second conjugation, and -а-, -ова-, -ай-, -ей-, -авай-, -ну-, -о-, as well as the group of un-suffixed (Ø ending) types, all belonging to the first conjugation. Of all these types, only three -- -и-, -ай-, -ова- -- are still "productive" (producing new verbs) in the modern language. The particular characteristics of each verbal type are found in the section "Composite List of Stems and Sample Conjugations" on pages 15-22.

CONSONANTAL MUTATION

As mentioned above, the verbal classifier determines whether or not the final root consonant changes form, or mutates, in the conjugation of a particular verb. As a rule, consonantal mutation occurs in the second conjugation before the *first person singular* ending (-ю) of all -и- and -е- verbs (-жа- types are already historically mutated), and before *all vocalic endings* of -а- type verbs of the first conjugation. Not all Russian consonants, however, undergo mutation -- even when they are in the above environments. All possible mutations of consonants in modern Russian are listed below; the most frequent are shown in bold type.

CONSONANTAL MUTATION IN CONJUGATION

DENTALS (hard or soft)		VELARS (hard or soft)		LABIALS (hard or soft)		CHURCH SLAVONIC	
Д	≈ Ж	Г	≈ Ж	б	≈ **бЛЬ**	Д	≈ ЖД
Т	≈ Ч	К	≈ Ч	п	≈ пЛЬ	Т	≈ Щ
З	≈ Ж	Х	≈ Ш	М	≈ мЛЬ		
С	≈ Ш			В	≈ вЛЬ		
СТ	≈ Щ			ф	≈ фЛЬ		
Ц	≈ Ч						

For example:

ПИСА + У = ПИШУ́ [Final root consonant of suffixed verbs with the verbal classifier -<u>a</u>- mutates before all vocalic endings; thus <u>С</u> ≈ <u>Ш</u>.]

ЛЮБ-И + У = ЛЮБЛЮ́ [Final root consonant of suffixed verbs with the verbal classifier -<u>и</u>- mutates before the first person singular ending; thus, <u>Б</u> ≈ <u>БЛЬ</u>.]

ВИ́Д-Е + У = ВИ́ЖУ [Final root consonant of suffixed verbs with the verbal classifier -<u>е</u>- mutates before the first person singular ending; thus <u>Д</u> ≈ <u>Ж</u> (<u>ю</u> is spelled <u>у</u> after <u>ж</u>.)]

REFLEXIVITY AND THE PARTICLE -<u>СЯ</u>

The -<u>ся</u> particle in Russian verbal conjugation most frequently conveys reflexive meaning. Reflexivity makes the subject of a sentence its implied object as well. Compare:

• Мы **встречали** его на вокзале. ⇒　　"**We** <u>met</u> **him** at the train station."

• Мы **встречались** на вокзале. ⇒　　"**We** <u>met</u> (each other) at the station."

The -<u>ся</u> particle does not affect the actual conjugation of the verb; it is simply added on to the end of each conjugated form. The particle is spelled -<u>ся</u> after all consonants, and -<u>сь</u> after all vowels in the grammatical endings:

НАДЕ́<u>Я</u>-СЯ　надéяться "hope"

надéюсь, надéешься, надéется, надéемся, надéетесь, надéются
надéялся, надéялась, надéялось, надéялись. Надéйся! Надéйтесь!

In the Dictionary, verbs that commonly occur in both reflexive and non-reflexive forms are indicated by the placement of parentheses around the particle -ся in the basic stem citation form in the Glossary and Inventories sections, e.g.:

встречáть(ся): **ВСТРЕЧА́Й-(СЯ)**

VERBAL ACCENTUATION PATTERNS
AND THE ONE-STEM SYSTEM

The accentuation, or stress, patterns of all Russian verbs can be characterized as either *fixed* or *shifting*. These patterns are so regular that they can be indicated concisely and accurately by a single mark placed on the basic stem of each verb. Fixed stress is indicated by the mark " ´ " placed over the stressed syllable of the basic verbal stem, whereas shifting stress is signaled by the mark " ˣ " placed over the basic stem.

The majority (about 80%) of all Russian verbs have an accent pattern that is fixed either on the root (**CV́C-**) or on the post-root syllable (**CVĆ-**). For example:

FIXED ROOT STRESS (CV́C-)

ВИ́ДЕ- ви́деть *"see"*
ви́жу, ви́дишь, ви́дит, ви́дим, ви́дите, ви́дят
ви́дел, ви́дела, ви́дело, ви́дели

FIXED POST-ROOT STRESS (CVĆ-)

ЧИТА́Й- чита́ть *"read"*
чита́ю, чита́ешь, чита́ет, чита́ем, чита́ете, чита́ют
чита́л, чита́ла, чита́ло, чита́ли

Though only about 20% of all Russian verbs have a shifting stress pattern in conjugation, some of the most frequently used verbs in the modern language comprise this group and, thus, must be mastered by the learner. There are only three points to be considered in accurately predicting the pattern of shifting stress.

1)   All accentuation shifts in Russian verbs move from the post-root syllable to the root (CVC), i.e., from *right to left*.

$$\boxed{\text{CVC´-} \Rightarrow \text{CV́C-}}$$

2)   For all *suffixed* verbal stems (CVC + suffix/verbal classifier), a shift in stress occurs only in the **NON-PAST** (present or future) tense and affects all conjugational forms *except the first person singular*.

ПИСА́ˣ- ≈ пишу́, but пи́шешь, пи́шет, пи́шем, пи́шете, пи́шут

CVĆ- retracts to the *left* ⇒ CV́C- in non-past tense forms.
Past tense forms are unaffected: писа́л, писа́ла, писа́ло, писа́ли

3) For all *non-suffixed* verbal stems (CVC + ∅), stress shift can occur only in the **PAST** tense and affects all forms **except the feminine.**

ЖИ́В- ≈ жила́, but жил, жи́ло, жи́ли

CVC⁻ stress retracts to the *left* ⟹ CV́C- in past tense forms. The stress of non-past tense forms are unaffected:

живу́, живёшь, живёт, живём, живёте, живу́т

NB: Stress notation marks over non-suffixed verbal stems always refer to the **PAST** tense forms. Unless specifically indicated, stress in the non-past forms of these verbs always falls on *the grammatical endings*.

EXCEPTIONS

1) Verbs of the -ним- type: regular stress shift occurs in *both* past and non-past tense forms. Such verbal stems are indicated in this handbook by *two* shifting stress marks:

СНИ́М- ≈   сня́ть: сня́л, сняла́, сня́ло, сня́ли, as well as

сниму́, сни́мешь, сни́мет, сни́мем, сни́мете, сни́мут

2) A small group of verbs with fixed root stress in the past tense and fixed post-root stress in the non-past tense. Such verbal stems are indicated in this handbook by a fixed stress mark over the final root consonant.

КЛА́Д- ≈   кла́сть: кла́л, кла́ла, кла́ло, кла́ли
кладу́, кладёшь, кладёт, кладём, кладёте, кладу́т

3) Certain verbs experience a stress change in the **past tense** forms resulting from adding the reflexive voice marker -СЯ.

НА́Ч/Н- ≈   нача́ть: на́чал, начала́, на́чало, на́чали

changes to:

НА́Ч/Н-СЯ́ ≈нача́ться: начался́, начала́сь, начало́сь,   начали́сь

The accentuation pattern of the **non**-past forms, however, remains the same for both verbs, falling on the grammatical endings as expected:

нача́ть: начну́, начнёшь, начнёт, начнём, начнёте, начну́т
нача́ться: начну́сь, начнёшься, начнётся, начнёмся, начнётесь, начну́тся

7

IMPERATIVE FORMATION AND THE ONE-STEM SYSTEM

All imperatives in Russian, both familiar/singular (ТЫ) and formal/plural (ВЫ), are formed from the basic stem of each verb. There are -- at most -- three considerations in regular imperative formation in Russian using the one-stem analysis.

1) Add -и to the basic stem of the verb. Normal vowel truncation and mutation rules apply. (Mutation occurs only in those verb types in which mutation occurs before ***all*** vowel endings: -а-, -ова-, and -о- types.) If this -и- ending is under stress, the imperative form is correct and the student need not make any further changes.[1]

Examples: ГОВОРИ́- + и = говори́ ≈ Говори́/те!

СМОТРЕ̣́- + и = смотри́ ≈ Смотри́/те!

ПИСА̣- + и = пиши́ ≈ Пиши́/те!

2) If the -и in the imperative form is NOT under stress, then it is replaced by a soft sign (-ь) added to the spelling of the preceeding stem consonant (except for й; see #3 below).

Examples: ОТВЕ́ТИ- + (и) + ь = отве́ть ≈ Отве́ть/те!

РЕ́ЗА̣- + (и) + ь = ре́жь ≈ Ре́жь/те!

Exceptions to the "dropped -и" rule occur a) when a consonant cluster precedes the -и, regardless of stress;

Examples: ПО́МНИ̣- + и = по́мни ≈ По́мни/те!

ГИ́БНУ̣- + и = ги́бни ≈ Ги́бни/те!

and b) in perfective verbs with the stressed prefix вы́-.

Example: ВЫ́ДЕРЖА̣- + и = вы́держи ≈ Вы́держи/те!

3) If the final consonant of the verbal stem (after alternation) is -й, then the basic stem **is** the imperative form and no soft sign is added.

Examples: ЧИТА́Й̣- + (и) + (ь) = чита́й ≈ Чита́й/те!

ДИКТОВА̣́- + (и) + (ь) = дикту́й ≈ Дикту́й/те!

ОТКРО́Й̣- + (и) + (ь) = откро́й ≈ Откро́й/те!

---

[1] There are three commonly used Russian verbs which have post-root stress, but drop the -и imperative ending nonetheless and must be regarded as exceptions: боя́-ся ≈ Бойся! стоя́- ≈ Стой! and смея́-ся ≈ Смейся!

VERBAL ADJECTIVE (PARTICIPLE) FORMATION
AND THE ONE-STEM SYSTEM

As an active component of the Russian verbal system, verbal adjectives (participles) and their formation can also be described in terms of the one-stem analysis. Both active and passive verbal adjectives have present and past tense forms. Present tense verbal adjectives can be formed only from verbs of the imperfective aspect, since perfective verbs have no present tense forms. Past tense verbal adjectives are usually formed from perfective verbs, although an imperfective form may occasionally occur.

ACTIVE VERBAL ADJECTIVES (Long Form)

<u>Present Tense:</u>

To the basic stem of first conjugation verbs, add the participial ending **-ущ-/ -ющ-**, plus regular adjectival endings indicating case, number and gender of the noun headword. Consonantal mutation occurs in stems which require such alternation throughout non-past forms:

писа̱- пишущий   читай́- читáющий

To second conjugation basic stems, add the ending **-ащ-/-ящ-**, plus regular adjectival endings indicating case, number and gender of the noun headword:

знáчи̱- знáчащий   смотре̱- смотря́щий

<u>Past Tense:</u>

To basic stems which end with the verbal classifier -р̱ or any obstruent (-д̱, -т̱, -с̱, -з̱, -г̱, -к̱, -б̱) add the ending **-ш-**, plus regular adjectival endings indicating case, number and gender of the noun headword:

умр̱- у́мерший

To all other basic stems, add the ending **-вш-**, plus regular adjectival endings indicating case, number and gender of the noun headword:

написа̱- написáвший

PASSIVE VERBAL ADJECTIVES (Long Form)

<u>Present Tense:</u>

To all basic stems of the first conjugation, add the ending **-ём-**, plus regular adjectival endings indicating case, number and gender of the noun headword:

изучáй́- изучáемый

To all basic stems of the second conjugation, add the ending -**им**-,
plus regular adjectival endings indicating case, number and gender of the noun
headword:

виде- ви́д**им**ый

Past Tense:

To basic stems with verbal classifiers -<u>о</u>, -<u>ну</u>, -<u>р</u>, -<u>м</u>, -<u>н</u>, and -<u>й</u>, add the
ending -**т**-, plus regular adjectival endings indicating case, number and gender
of the noun headword:

^х
начн- на́ча**т**ый

To basic stems with verbal classifiers -<u>и</u>-, or an obstruent (-<u>д</u>-, -<u>т</u>-, -<u>с</u>-, -<u>з</u>-,
-<u>г</u>-, -<u>к</u>-, -<u>б</u>-), add the ending -**ённ**-, plus regular adjectival endings indicating
case, number and gender of the noun headword. Consonantal mutation occurs
in stems which require such alternation in any non-past forms:

^х
спрос<u>и</u>- спро́ш**енн**ый

To all other verbal stems, add the ending -**нн**-, plus regular adjectival
endings indicating case, number and gender of the noun headword:

^х
сказ<u>а</u>- ска́за**нн**ый

ACCENTUATION PATTERNS OF LONG-FORM VERBAL ADJECTIVES

Stress patterns of long-form verbal adjectives concur with the suffixed/un-
suffixed and fixed/mobile stress characteristics of the Russian verbal system in
almost all respects; however, there are a few additional points to consider in
determining the correct stress of certain verbal adjective forms.

ACTIVE

Present: For first conjugation verbs, stress in present active verbal adjective
forms retracts to the left when the basic stem shows mobile stress:

^х
пис<u>а</u>- пи́шущий

Verbal stems with fixed stress do not change in present verbal
adjective forms:

чит<u>а́</u>й- чита́ющий

For second conjugation verbs, stress in present active verbal adjective forms does *not* retract, even when the basic stem stress is mobile:

$$\text{ви́де-} \quad \text{ви́дящий} \qquad\qquad \textit{as well as}$$

$$\text{смотре}\underset{x}{\text{-}} \quad \text{смотря́щий}$$

Past: For all suffixed verbal stems, the stress in past active verbal adjective forms does *not* retract, regardless of the stress pattern indicated in the stem:

$$\text{прочита́й-} \quad \text{прочита́вший} \qquad \textit{and}$$

$$\text{написа}\underset{x}{\text{-}} \quad \text{написа́вший}$$

For all un-suffixed verbal stems, stress in past active verbal adjective forms retracts to the left when the verbal stem shows mobile stress:

$$\overset{x}{\text{умр}}\text{-} \quad \text{у́мерший}$$

Verbal stems with fixed stress do not change in past verbal adjective forms:

$$\text{оста́н-ся} \quad \text{оста́вшийся}$$

PASSIVE

Present: Stress in present passive verbal adjectives does *not* retract, even when the basic stem stress is mobile:

$$\text{чита́й-} \quad \text{чита́емый} \qquad\qquad \textit{as well as}$$

$$\text{люби}\underset{x}{\text{-}} \quad \text{люби́мый}$$

Past: For past passive verbal adjectives which take the -**т**- or -**ённ**- endings, stress retracts to the left when the basic stem has mobile stress:

$$\overset{x}{\text{займ}}\text{-} \quad \text{за́нятый} \qquad\qquad\qquad \overset{x}{\text{начн}}\text{-} \quad \text{на́чатый}$$

but remains fixed in stable stressed stems:

$$\text{наден-} \quad \text{наде́тый} \qquad\qquad \text{повтори́-} \quad \text{повторённый}$$

For past passive verbal adjectives which take the -**нн**- ending, stress retracts to the left in *all* basic stems which have post-root (CVC) stress, regardless of the usual stress characteristics of the verb:

$$\overset{x}{\text{сказа}}\text{-} \quad \text{ска́занный} \qquad\qquad \text{прочита́й-} \quad \text{прочи́танный}$$

SHORT-FORM PAST PASSIVE VERBAL ADJECTIVES

This predicate form of the verbal adjective, which is commonly used in modern spoken Russian, is normally formed from verbs of the perfective aspect.

To basic verbal stems which have the classifiers -р-, -м-, -н-, -й-, -в-, -о-, and -ну-, the ending -т- is added to the stem (regular consonantal truncation rules apply), followed by gender/number markers -ø, -а, -о, or -ы:

одéн̲-   одéт   прокол<u>о</u>-   прокол́от   нач/н̲-   нáчат

To any other un-suffixed verbal stems and -и- stems, the ending -ён- is added, followed by the gender/number markers -ø, -а, -о, or -ы. Consonantal alternation occurs at this juncture for -и- stems only (-г/к- stems show automatic alternation as part of their regular conjugational characteristics):

спрос<u>и</u>-   спрóшен   перевёд́-   переведён.

To all remaining verbal stems, add the ending -н- (regular consonantal truncation rules apply), followed by the gender/number markers -ø, -а, -о, or -ы:

сдéл<u>ай</u>-   сдéлан   показ<u>а</u>-   покáзан.

The regular predicate adjective endings marking gender and number (-ø [masculine singular], -а [feminine singular], -о [neuter singular], or -ы [all plurals]) added to short-form past passive verbal adjectives do not affect formation; however, they are a factor in determining proper stress patterns in such forms.

ACCENTUATION PATTERNS OF SHORT-FORM VERBAL ADJECTIVES

Short form past passive verbal adjectives ending in -т- have the same stress pattern demonstrated in the past tense paradigm of the verb. Thus, if the basic stem of a verb indicates a fixed stress pattern in the past tense forms, then the short-form verbal adjective forms of that verb will have fixed stress as well. Similarly, if the basic stem indicates a shift in the stress of past tense forms, the short-form verbal adjective forms will reflect that same shifting stress pattern:

одéн̲- одéл, одéла, одéло, одéли ≈ одéт, одéта, одéто, одéты

BUT

займ̲- зáнял, занялá, зáняло, зáняли ≈ зáнят, занятá, зáнято, зáняты

12

In -**ён**- type short-form verbal adjectives, the -ён- ending is stressed only before the zero-ending (ø). Thus:

решѝ- решён, решена́, решено́, решены́.

For basic stems of this type with shifting stress, the stress in short-form verbal adjectives shifts from the post-root syllable to the root in all forms:

спросѝ- спро́шен, спро́шена, спро́шено, спро́шены.

In -**н**- type short-form verbal adjectives, there is an obligatory stress shift one syllable to the left, regardless of the stress pattern indicated on the basic stem:

написа- напи́сан, напи́сана, напи́сано, напи́саны

нарисова́- нарисо́ван, нарисо́вана, нарисо́вано, нарисо́ваны

VERBAL ADVERB (GERUND) FORMATION
AND THE ONE-STEM SYSTEM

Verbal adverbs (gerunds) can be formed from verbal stems of both aspects: imperfective forms modify action that is simultaneous with the action of the predicate verb; perfective forms refer to action that temporally precedes the action of the predicate verb. Like all other forms of the Russian verbal system, verbal adverbs are generated directly from a single basic stem.

Imperfective Verbal Adverbs

To the basic stem of all imperfective verbs, the ending -**я** (spelled -а after к, г, х and ш, ж, ч, щ, and ц) is added, with consonantal mutation occurring where expected before vocalic endings.

рабо́тай-	+	я	=	рабо́тая
говорѝ-	+	я	=	говоря́
лежа́-	+	я	=	лёжа [-я is spelled -а after ж]
маха-	+	я	=	маша́ [-я is spelled -а after ш]

Perfective Verbal Adverbs

To the basic stem of all perfective verbs, the ending -**в** is added. For all
perfective verbs with the reflexive particle -<u>ся</u>, the ending -**вши**- is
added.

прочит<u>а́й</u>- ˣ	+	**в**	=		прочита́<u>в</u>
сказ<u>а</u>-	+	**в**	=		сказа́<u>в</u>
ко́нч<u>и</u>-ся ˣ	+	**вши**	=		ко́нчи<u>вши</u>сь
наз/в<u>а</u>-ся	+	**вши**	=		назва́<u>вши</u>сь

Further notes on verbal conjugation:

COMPOSITE LIST OF ALL RUSSIAN VERB TYPES AND SAMPLE CONJUGATIONS

SECOND CONJUGATION TYPES

ALL second conjugation verbs have **suffixed stems**, i.e., a root (CVC) plus a verbal classifier (suffix).

TYPE	FEATURES AND SAMPLE CONJUGATION

(1)

Final root consonant mutates in the first person singular form *only*. This type contains thousands of verbs, most of them transitive.

-И-

ПРОСИ^x- проси́ть *"ask, request"*

прошу́, про́сишь, про́сит, про́сим, про́сите, про́сят
проси́л, проси́ла, проси́ло, проси́ли: Проси́/те!

****

(2)

Final root consonant mutates in the first person singular form *only*. This type contains about fifty verbs, mostly intransitive.

-е-

СИДЕ́- сиде́ть *"sit, be sitting"*

сижу́, сиди́шь, сиди́т, сиди́м, сиди́те, сидя́т
сиде́л, сиде́ла, сиде́ло, сиде́ли: Сиди́/те!

****

(3)

The -жа- type represents verbs whose stems end in -жа-, -ша-, -ща-, and -ча-, plus two verbs ending in -я-: стоя́ть and боя́ться. Alternation has already occurred historically within this type which contains about thirty verbs, mostly intransitive.

-жа-

ЛЕЖА́- лежа́ть *"lie, be lying"*
лежу́, лежи́шь, лежи́т, лежи́м, лежи́те, лежа́т
лежа́л, лежа́ла, лежа́ло, лежа́ли: Лежи́/те!

15

FIRST CONJUGATION TYPES

A. **Suffixed Stems**: root (CVC) plus verbal classifier (suffix)

TYPE	FEATURES AND SAMPLE CONJUGATION

(4a)

Final root consonant mutates ***throughout*** the non-past tense.
This type contains about fifty verbs.

-а-

$$\overset{x}{\text{ПИС}\underline{\text{А}}}\text{- писа́ть } \textit{"write"}$$

пишу́, пи́шешь, пи́шет, пи́шем, пи́шете, пи́шут
писа́л, писа́ла, писа́ло, писа́ли: Пиши́/те!

****

(4b)

SUBGROUP: **Non-syllabic stems in -a-**

When the -а- suffix is *preceded by a non-syllabic stem* (C/C),
no consonantal mutation occurs. [A few stems (б/ра- *"take"*, д/ра-
"tear up", з/ва- *"call"*) have an -о- or -ё- inserted between the stem
consonants before vocalic endings. Such cases are indicated by a slash
"/" between root consonants.] Stress shift, when present, occurs in
the past tense paradigm. Fifteen verbs of this type exist.

-а-

$$\overset{x}{\text{ЖД}\underline{\text{А}}}\text{- жда́ть } \textit{"wait"}$$

жду́, ждёшь, ждёт, ждём, ждёте, жду́т
жда́л, ждала́, жда́ло, жда́ли: Жди́/те!

****

(4c)

No consonantal mutation is possible in this type, which
contains twelve verbal stems.

-Я-

НАДЕ́Я-СЯ наде́яться *"hope"*
наде́юсь, наде́ешься, наде́ется, наде́емся, наде́етесь, наде́ются
наде́ялся, наде́ялась, наде́ялось, наде́ялись:
Наде́йся! Наде́йтесь!

TYPE	FEATURES AND SAMPLE CONJUGATION

(5)

The -<u>ова</u>- suffix alternates with -<u>уй</u>- ***throughout*** the present tense. This type contains thousands of verbs, many of which have been borrowed from other languages. Stressed -<u>ова́</u>- alternates with stressed -<u>у́й</u>-. In a few verbs, the -<u>ова</u>- suffix is also a part of the verbal root; in these verbs stress always falls on the grammatical ending: -<u>уй</u>́-. Depending on final root consonant and stress, this suffix may be spelled -<u>ова</u>-, -<u>ёва</u>-, or -<u>ева</u>-.

-ова-

ДИКТ<u>ОВА́</u>- диктова́ть *"dictate"*
дикту́ю, дикту́ешь, дикту́ет, дикту́ем, дикту́ете, дикту́ют
диктова́л, диктова́ла, диктова́ло, диктова́ли: Дикту́й/те!

****

(6)

This type contains thousands of verbs, all imperfective in aspect. Depending on final root consonant, this suffix may be spelled -<u>ай</u>- or -<u>яй</u>-.

-ай-

ЧИТ<u>А́Й</u>- чита́ть *"read"*
чита́ю, чита́ешь, чита́ет, чита́ем, чита́ете, чита́ют
чита́л, чита́ла, чита́ло, чита́ли: Чита́й/те!

****

(7)

This type contains hundreds of verbs, mostly intransitive.

-ей-

УМ<u>Е́Й</u>- уме́ть *"be able"*
уме́ю, уме́ешь, уме́ет, уме́ем, уме́ете, уме́ют
уме́л, уме́ла, уме́ло, уме́ли: Уме́й/те!

****

(8a)

This type contains hundreds of verbs, mostly intransitive, and many describing semelfactive (one-time) actions.

-ну-

ОТДОХ<u>НУ́</u>- отдохну́ть *"rest"*
отдохну́, отдохнёшь, отдохнёт, отдохнём, отдохнёте, отдохну́т
отдохну́л, отдохну́ла, отдохну́ло, отдохну́ли: Отдохни́/те!

TYPE	FEATURES AND SAMPLE CONJUGATION

(8b)

-НУ*-

This sub-class of the -ну- type has the additional characteristic of "dropping" the suffix in all past tense forms.

ГИ́БНУ*- ги́бнуть *"die, perish"*
ги́бну, ги́бнешь, ги́бнет, ги́бнем, ги́бнете, ги́бнут
гиб, ги́бла, ги́бло, ги́бли: Ги́бни/те!

***

(9)

-авай-

The -ава́й- suffix alternates with -ай- ***throughout*** all non-past forms, but, unlike the -ова- type, not in the imperative forms. Only three roots exist in this type: -дава́й- *"give"*, -става́й- *"stand"*, and -знава́й- *"find out"*.

ДАВА́Й- дава́ть
даю́, даёшь, даёт, даём, даёте, даю́т
дава́л, дава́ла, дава́ло, дава́ли: Дава́й/те!

***

(10)

-о-

Alternation of final root consonant -р- with -рь- occurs throughout the non-past tense forms. All four (plus one irregular) verbs in this type have shifting stress:

-боро́-ся *"struggle"*, -коло́- *"split"*, -поло́- *"weed"*, -поро́- *"whip, rip"*, and -моло́- [*irreg.*] (о ≈ e before any vocalic ending: мелю́, ме́лют...) *"grind"*.

БОРО́-СЯ боро́ться *"struggle"*
борю́сь, бо́решься, бо́рется, бо́ремся, бо́ретесь, бо́рются
боро́лся, боро́лась, боро́лось, боро́лись: Бори́/тесь!

B. **Non-Suffixed Stems:** root (CVC) plus ø suffix (verbal classifier is part of the root itself). Stress marks on all non-suffixed verbal stems refer to the *past tense* forms. Unless otherwise specified, stress in all non-past forms falls on the grammatical endings.

TYPE	FEATURES AND SAMPLE CONJUGATION

(11a)

Regular consonantal truncation occurs in this type, which includes only three stems: -жи$\overset{x}{в}$- *"live"*, -плы$\overset{x}{в}$- *"swim"*, -слы$\overset{x}{в}$- *"pass for"*

-В-

$\overset{x}{\textbf{ЖИВ}}$- жи́ть *"live"*

живу́, живёшь, живёт, живём, живёте, живу́т
жи́л, жила́, жи́ло, жи́ли: Живи́/те!

* *

(11b)

Regular consonantal truncation occurs in this type, which contains only four verbs, all of them root-stressed: -де́н- *"put"*, -стря́н- *"stick"*, -ста́н- *"become"*, -сты́н- *"cool"*, and -кля$\overset{x}{н}$-*"curse"*, which has shifting stress.

-Н-

ДÉН- де́ть *"put"*

де́ну, де́нешь, де́нет, де́нем, де́нете, де́нут
де́л, де́ла, де́ло, де́ли: Де́нь/те!

* *

(11c)

Alternation of -о- in the suffix with -ы- before all consonantal endings occurs, as well as regular consonantal truncation. Five verbs of this type exist, all of them root-stressed: -во́й- *"howl"*, -кро́й- *"cover"*, -мо́й- *"wash"*, -но́й- *"ache"*, -ро́й- *"dig"*.

-ОЙ-

КРО́Й- кры́ть *"cover"*

кро́ю, кро́ешь, кро́ет, кро́ем, кро́ете, кро́ют
кры́л, кры́ла, кры́ло, кры́ли: Кро́й/те!

TYPE	FEATURES AND SAMPLE CONJUGATION

(11dɪ)

-Й́-

Regular consonantal truncation occurs in this type, which contains only four stems: -гний́- *"rot"*, -ду́й- *"blow"*, -обу́й- *"shoe"*, -чий́- *"rest"*.

ДУ́Й- ду́ть *"blow"*
ду́ю, ду́ешь, ду́ет, ду́ем, ду́ете, ду́ют
ду́л, ду́ла, ду́ло, ду́ли: Ду́й/те!

(11dɪɪ)

SUBGROUP: <u>Non-syllabic stems in -й-</u>

When this suffix is preceded by a non-syllabic root (consonant only), -и- is inserted before consonantal endings, with regular consonantal truncation. [Imperative forms, however, have an inserted -е-] Only five stems of this type occur:

-бьй́- *"hit"*, -вьй́- *"twist"*, -льй́- *"pour"*, -пьй́- *"drink"*, -шьй́- *"sew"*

-Й́-

ПЬЙ́- пи́ть *"drink"*
пью, пьёшь, пьёт, пьём, пьёте, пьют
пил, пила́, пи́ло, пи́ли: Пе́й/те!

(11e)

-Р̱-

When this suffix is preceeded by a non-syllabic root, final -л- in the masculine past form is dropped. Alternation of -р- with -ере- occurs before the infinitive ending -ть-, and with -ёр- before any other consonantal ending in all four verbal stems of this type:

-мр̱- *"die"*, -пр̱- *"lock"*, -тр̱- *"rub"*, -стр̱- *"wipe"*.

У́-МР̱- умере́ть *"die"*
умру́, умрёшь, умрёт, умрём, умрёте, умру́т
у́мер, умерла́, у́мерло, у́мерли: Умри́/те!

TYPE	FEATURES AND SAMPLE CONJUGATION

(11f)

Alternation of -м- or -н- with -я- before any consonantal endings occurs in all five stems: -ж/м- *"press"*, -ж/н- *"reap"*, -м/н- *crumple"*, на-ч/н- *"begin"*, рас-п/н- *"crucify"*.

-М-/-Н-

НА-Ч/Н-^x начáть *"begin"*

начнý, начнёшь, начнёт, начнём, начнёте, начнýт
нáчал, началá, нáчало, нáчали: Начни́/те!

****

(11gI)

This non-syllabic root occurs after prefixes ending in a vowel. Alternation of -йм- with -ня- occurs before consonantal endings.

-ЙМ-

ПО-ЙМ-^x поня́ть *"understand"*

поймý, поймёшь, поймёт, поймём, поймёте, поймýт
пóнял, понялá, пóняло, пóняли: Пойми́/те!

****

(11gII)

This variant of the -йм- type occurs after prefixes ending in a consonant. Alternation of -им- with -ня- occurs before consonantal endings. Note that ***shifting stress occurs in BOTH tenses***.

-НИМ-

С-НИМ-^{x x} сня́ть *"take"*

снимý, сни́мешь, сни́мет, сни́мем, сни́мете, сни́мут
сня́л, сняла́, сня́ло, сня́ли: Сними́/те!

****

(11h)

SUBGROUP: Obstruent Stems (-д-/-т-, -г-/-к-, and -б-) or -з-/-с-

Regular consonantal truncation occurs in this type, which contains fourteen stems. Alternation of final root -д- or -т- with -с- occurs before the infinitive ending, which is -ти́ if under stress, -ть if root is stressed.

-Д-/-Т-

ВЁД- вести́ *"lead"*

ведý, ведёшь, ведёт, ведём, ведёте, ведýт
вёл, вела́, вело́, вели́: Веди́/те!

TYPE	FEATURES AND SAMPLE CONJUGATION

(11 i)

Seven verbal stems occur in this type. The masculine past tense ending -л- is dropped; however, all other consonantal endings are added to the stem without truncation. Infinitive ending is -ти if under stress, -ть if root stressed.

-з- / -с-

ВЁЗ- везти *"transport"*
везу́, везёшь, везёт, везём, везёте, везу́т
вёз, везла́, везло́, везли́: Вези́/те!

(11 j)

Eleven verbal stems of this type occur. The masculine past tense ending -л- is dropped; however, all other consonantal endings are added to the stem without any truncation. Mutation of -г- or -к- to -ч- before -ё- throughout conjugation and with the usual infinitive ending -ть.

-г- / -к-

ТЁК- течь *"flow"*
теку́, течёшь, течёт, течём, течёте, теку́т
тёк, текла́, текло́, текли́: Теки́/те!

(11k)

The masculine past tense ending -л- is dropped. All other consonantal endings are added without truncation. Alternation of -б- with -с- occurs before the infinitive ending, which is -ти in both instances. Only two stems occur in this type: -грёб- *"comb"*, -скрёб- *"scrape"*.

-б-

ГРЁБ- грести *"comb, rake, row"*
гребу́, гребёшь, гребёт, гребём, гребёте, гребу́т
грёб, гребла́, гребло́, гребли́: Греби́/те!

USING THE DICTIONARY

Each Dictionary entry provides the learner with the following information about the verb and verbal stem to aid in her/his study of the Russian language:

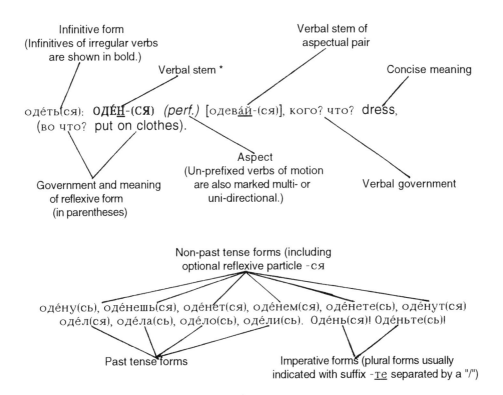

Infinitive form
(Infinitives of irregular verbs
are shown in bold.)

Verbal stem *

Verbal stem of
aspectual pair

Concise meaning

одéть(ся): **ОДÉ̲Н̲-(СЯ)** *(perf.)* [одевáй-(ся)], кого? что? dress,
(во что? put on clothes).

Government and meaning
of reflexive form
(in parentheses)

Aspect
(Un-prefixed verbs of motion
are also marked multi- or
uni-directional.)

Verbal government

Non-past tense forms (including
optional reflexive particle -ся

одéну(сь), одéнешь(ся), одéнет(ся), одéнем(ся), одéнете(сь), одéнут(ся)
одéл(ся), одéла(сь), одéло(сь), одéли(сь). Одéнь(ся)! Одéньте(сь)!

Past tense forms

Imperative forms (plural forms usually
indicated with suffix -те separated by a "/")

*KEY TO VERBAL STEM MARKINGS IN THE DICTIONARY

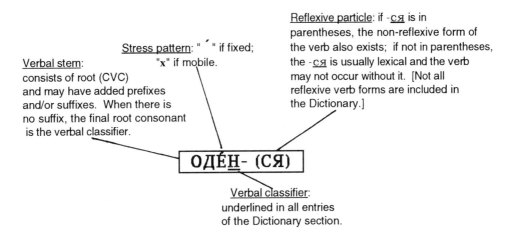

Verbal stem:
consists of root (CVC)
and may have added prefixes
and/or suffixes. When there is
no suffix, the final root consonant
is the verbal classifier.

Stress pattern: " ´ " if fixed;
"**x**" if mobile.

Reflexive particle: if -ся is in
parentheses, the non-reflexive form of
the verb also exists; if not in parentheses,
the -ся is usually lexical and the verb
may not occur without it. [Not all
reflexive verb forms are included in
the Dictionary.]

ОДÉ̲Н̲- (СЯ)

Verbal classifier:
underlined in all entries
of the Dictionary section.

DICTIONARY

Part I: GLOSSARY

**Alphabetical Listing of Verbal Stems
by Infinitive Form**

Aa

адресова́ть: **АДРЕСОВА́**- *(imperf. and perf.)*, что? (кому?) address (to).
    адресу́ю, адресу́ешь, адресу́ет, адресу́ем, адресу́ете, адресу́ют
    адресова́л, адресова́ла, адресова́ло, адресова́ли. Адресу́й/те!

активизи́ровать: **АКТИВИЗИ́РОВА**- *(imperf. and perf.)*, что? to make more active, stir up.
    активизи́рую, активизи́руешь, активизи́рует, активизи́руем, активизи́руете, активизи́руют
    активизи́ровал, активизи́ровала, активизи́ровало, активизи́ровали. Активизи́руй/те!

анализи́ровать: **АНАЛИЗИ́РОВА**- *(imperf.)* (проанализи́рова-), что? analyze.
    анализи́рую, анализи́руешь, анализи́рует, анализи́руем, анализи́руете, анализи́руют
    анализи́ровал, анализи́ровала, анализи́ровало, анализи́ровали. Анализи́руй/те!

ассоции́ровать(ся): **АССОЦИИ́РОВА-(СЯ)** *(imperf. and perf.)*, с чем? с кем? associate (with).
    ассоции́рую(сь), ассоции́руешь(ся), ассоции́рует(ся),
    ассоции́руем(ся), ассоции́руете(сь), ассоции́руют(ся)
    ассоции́ровал(ся), ассоции́ровала(сь), ассоции́ровало(сь),
    ассоции́ровали(сь). Ассоции́руй(ся)! Ассоции́руйте(сь)!

атакова́ть: **АТАКОВА́**- *(imperf. and perf.)*, кого? что? attack.
    атаку́ю, атаку́ешь, атаку́ет, атаку́ем, атаку́ете, атаку́ют
    атакова́л, атакова́ла, атакова́ло, атакова́ли. Атаку́й/те!

Бб

балова́ть: **БАЛОВА́**- *(imperf.)* (избалова́-), что? кого? (чем?) spoil, indulge (with).
    балу́ю, балу́ешь, балу́ет, балу́ем, балу́ете, балу́ют
    балова́л, балова́ла, балова́ло, балова́ли. Балу́й/те!

бе́гать: **БЕ́ГАЙ**- *(imperf.)* (multidirectional), куда? откуда? run.
    бе́гаю, бе́гаешь, бе́гает, бе́гаем, бе́гаете, бе́гают
    бе́гал, бе́гала, бе́гало, бе́гали. Бе́гай/те!

бежа́ть: *(irreg.)* *(imperf.)* (unidirectional), куда? откуда? run.
    бегу́, бежи́шь, бежи́т, бежи́м, бежи́те, бегу́т
    бежа́л, бежа́ла, бежа́ло, бежа́ли. Беги́/те!

белеть: **БЕЛЕЙ**- *(imperf.)* (побелей-), grow white.
    белею, белеешь, белеет, белеем, белеете, белеют
    белел, белела, белело, белели. Белей/те!

беречь: **БЕРЁГ**- *(imperf.)* (сберёг-), что? кого? guard, take care of, look after.
    берегу, бережёшь, бережёт, бережём, бережёте, берегут
    берёг, берегла, берегло, берегли. Береги/те!

беседовать: **БЕСЕДОВА**- *(imperf.)* (побеседова-), с кем? о ком? о чём? talk, have a talk.
    беседую, беседуешь, беседует, беседуем, беседуете, беседуют
    беседовал, беседовала, беседовало, беседовали. Беседуй/те!

беспокоить(ся): **БЕСПОКОИ-(СЯ)** *(imperf.)* (побеспокои-(ся)), кого? чем? worry, make anxious; (о ком? о чём?) worry about.
    беспокою(сь), беспокоишь(ся), беспокоит(ся), беспокоим(ся),
    беспокоите(сь), беспокоят(ся)
    беспокоил(ся), беспокоила(сь), беспокоило(сь), беспокоили(сь).
    Беспокой(ся)! Беспокойте(сь)!

бить: **БЬЙ**- *(imperf.)* (побьй-, пробьй-, раз/бьй-), кого? что? hit, beat.
    бью, бьёшь, бьёт, бьём, бьёте, бьют
    бил, била, било, били. Бей/те!

благодарить: **БЛАГОДАРЙ**- *(imperf.)* (поблагодари-), кого? что? thank.
    благодарю, благодаришь, благодарит, благодарим, благодарите,
    благодарят
    благодарил, благодарила, благодарило, благодарили.
    Благодари/те!

болеть: **БОЛЕ**- *(imperf.)* (3rd person forms only), hurt, ache.
    болит, болят
    болел, болела, болело, болели.

болеть: **БОЛЕЙ**- *(imperf.)*, чем? be ill (with); о ком? о чём? be worried about; за кого? что? root for, support (a team, player).
    болею, болеешь, болеет, болеем, болеете, болеют
    болел, болела, болело, болели. Болей/те!

бормотать: **БОРМОТА**^x- *(imperf.)* (пробормота^x-), что? кому? mutter, mumble.
    бормочу, бормочешь, бормочет, бормочем, бормочете, бормочут
    бормотал, бормотала, бормотало, бормотали. Бормочи/те!

бороться: **БОРО**^x**-СЯ** *(imperf.)*, с кем? с чем? fight with; против кого? против чего? struggle, fight against; за что/кого? struggle, fight for.
    борюсь, борешься, борется, боремся, боретесь, борются
    боролся, боролась, боролось, боролись. Борись! Боритесь!

бояться: **БОЯ-СЯ** *(imperf.)* (belongs to -жа- verb class), кого? чего? fear, be afraid (of).
    боюсь, боишься, боится, боимся, боитесь, боятся
    боялся, боялась, боялось, боялись. Бойся! Бойтесь!

брать: Б/Р**А**- *(imperf.)* (**взять**), кого? что? куда? take.
 беру́, берёшь, берёт, берём, берёте, беру́т
 бра́л, брала́, бра́ло, бра́ли. Бери́/те!

брести́: БРЁД- *(imperf.)* (unidirectional), куда? wander, roam, stroll.
 бреду́, бредёшь, бредёт, бредём, бредёте, бреду́т
 брёл, брела́, брело́, брели́. Бреди́/те!

бри́ть(ся): *(irreg.)* *(imperf.)* (**побри́ть(ся)**), кого? что? shave (oneself).
 бре́ю(сь), бре́ешь(ся), бре́ет(ся), бре́ем(ся), бре́ете(сь), бре́ют(ся)
 брил(ся), бри́ла(сь), бри́ло(сь), бри́ли(сь). Брей(ся)! Бре́йте(сь)!

бродить: БРОД**И**- *(imperf.)* (multidirectional), куда? wander, roam, stroll.
 брожу́, бро́дишь, бро́дит, бро́дим, бро́дите, бро́дят
 броди́л, броди́ла, броди́ло, броди́ли. Броди́/те!

броса́ть: БРОС**А́Й**- *(imperf.)* (бро́с**и**-), кого? что? throw, hurl; give up.
 броса́ю, броса́ешь, броса́ет, броса́ем, броса́ете, броса́ют
 броса́л, броса́ла, броса́ло, броса́ли. Броса́й/те!

бро́сить: БРО́С**И**- *(perf.)* (брос**а́й**-), кого? что? throw, hurl; give up.
 бро́шу, бро́сишь, бро́сит, бро́сим, бро́сите, бро́сят
 бро́сил, бро́сила, бро́сило, бро́сили. Брось/те!

буди́ть: БУД**И**- *(imperf.)* (разбуди-), кого? что? wake up (someone).
 бужу́, бу́дишь, бу́дит, бу́дим, бу́дите, бу́дят
 буди́л, буди́ла, будило, буди́ли. Буди́/те!

быва́ть: БЫВ**А́Й**- *(imperf.)* (побыв**а́й**-), visit; *(imperf.only)*, occur, happen.
 быва́ю, быва́ешь, быва́ет, быва́ем, быва́ете, быва́ют
 быва́л, быва́ла, быва́ло, быва́ли. Быва́й/те!

бы́ть: *(irreg.)* *(imperf.)*, be.
 бу́ду, бу́дешь, бу́дет, бу́дем, бу́дете, бу́дут
 был, была́, бы́ло, бы́ли. Бу́дь/те!

$$\boxed{\text{Вв}}$$

валя́ться: ВАЛ**Я́Й**-СЯ *(imperf.)*, где? lie about, be scattered about.
 валя́юсь, валя́ешься, валя́ется, валя́емся, валя́етесь, валя́ются
 валя́лся, валя́лась, валя́лось, валя́лись. Валя́йся! Валя́йтесь!

варить(ся) : ВАР**И**-(СЯ) *(imperf.)* (свар**и**-(ся)), что? boil, cook.
 варю́(сь), ва́ришь(ся), ва́рит(ся), ва́рим(ся), ва́рите(сь), ва́рят(ся)
 вари́л(ся), вари́ла(сь), вари́ло(сь), вари́ли(сь). Вари́/те(сь)!

вдохновить: **ВДОХНОВИ́-** *(perf.)* (вдохновл**я́й**-), кого? что? inspire.
вдохновлю́, вдохнови́шь, вдохнови́т, вдохнови́м, вдохнови́те, вдохновя́т
вдохнови́л, вдохнови́ла, вдохнови́ло, вдохнови́ли. Вдохнови́/те!

вдохновля́ть: **ВДОХНОВЛЯ́Й-** *(imperf.)* (вдохнови́-), кого? что? inspire.
вдохновля́ю, вдохновля́ешь, вдохновля́ет, вдохновля́ем, вдохновля́ете, вдохновля́ют
вдохновля́л, вдохновля́ла, вдохновля́ло, вдохновля́ли. Вдохновля́й/те!

везти́: **ВЁЗ-** *(imperf.)* (unidirectional), кого? что? куда? take, carry (by conveyance).
везу́, везёшь, везёт, везём, везёте, везу́т
вёз, везла́, везло́, везли́. Вези́/те!

везти́: **ВЁЗ-** *(imperf.)* (повёз-), кому? (в чём?) (3rd person impersonal only) be lucky (at).
везёт
везло́

веле́ть: **ВЕЛЕ́-** *(imperf. & perf.)*, кому? чему? (+ infinitive) order, command.
велю́, вели́шь, вели́т, вели́м, вели́те, веля́т
веле́л, веле́ла, веле́ло, веле́ли. Вели́/те!

ве́рить: **ВЕ́РИ-** *(imperf.)* (пове́ри-), кому? чему? (в кого? во что?) believe (in).
ве́рю, ве́ришь, ве́рит, ве́рим, ве́рите, ве́рят
ве́рил, ве́рила, ве́рило, ве́рили. Верь/те!

верну́ть(ся): **ВЕРНУ́-(СЯ)** *(perf.)* (возвраща́й-(ся)), что? кому? куда? return, give back; (к кому? к чему? куда? откуда? come back, return).
верну́(сь), вернёшь(ся), вернёт(ся), вернём(ся), вернёте(сь), верну́т(ся)
верну́л(ся), верну́ла(сь), верну́ло(сь), верну́ли(сь). Верни́/те(сь)!

весели́ть(ся): **ВЕСЕЛИ́-(СЯ)** *(imperf.)* (развесели́-(ся)), кого? что? cheer, amuse; (с кем? have a good time, enjoy oneself).
веселю́(сь), весели́шь(ся), весели́т(ся), весели́м(ся), весели́те(сь), веселя́т(ся)
весели́л(ся), весели́ла(сь), весели́ло(сь), весели́ли(сь). Весели́/те(сь)!

ве́сить: **ВЕ́СИ-** *(imperf.)* (intransitive), weigh, have weight.
ве́шу, ве́сишь, ве́сит, ве́сим, ве́сите, ве́сят
ве́сил, ве́сила, ве́сило, ве́сили. Весь/те!

вести́: **ВЁД-** *(imperf.)* (unidirectional), кого? что? куда? lead (on foot); что? drive, conduct.
веду́, ведёшь, ведёт, ведём, ведёте, веду́т
вёл, вела́, вело́, вели́. Веди́/те!

вéшать: **ВÉШАЙ**- *(imperf.)* (повéс_и_-), что? куда? hang.
    вéшаю, вéшаешь, вéшает, вéшаем, вéшаете, вéшают
    вéшал, вéшала, вéшало, вéшали. Вéшай/те!

вéшать: **ВÉШАЙ**- *(imperf.)* (свéш_ай_-), что? (на что?) weigh (on).
    вéшаю, вéшаешь, вéшает, вéшаем, вéшаете, вéшают
    вéшал, вéшала, вéшало, вéшали. Вéшай/те!

вéять: **ВÉ_Я_**- *(imperf.)* (повé_я_-) (intransitive), что? откуда? blow gently, waft.
    вéю, вéешь, вéет, вéем, вéете, вéют
    вéял, вéяла, вéяло, вéяли. Вéй/те!

вживáться: **ВЖИВÁЙ-СЯ** *(imperf.)* (вжи̱в-ся), во что? get used, get accustomed (to).
    вживáюсь, вживáешься, вживáется, вживáемся, вживáетесь, вживáются
    вживáлся, вживáлась, вживáлось, вживáлись. Вживáйся! Вживáйтесь!

вжи́ться: **ВЖИ̱В-СЯ** *(perf.)* (вжив_áй_-ся), во что? get used, get accustomed (to).
    вживу́сь, вживёшься, вживётся, вживёмся, вживётесь, вживу́тся
    вжи́лся, вжилáсь, вжи́лось, вжи́лись. Вживи́/тесь!

взволновáть(ся): **ВЗВОЛНОВÁ-(СЯ)** *(perf.)* (волн_овá_-(ся)), кого? worry, upset; (из-за кого? из-за чего? be upset, be worried (because of)).
    взволну́ю(сь), взволну́ешь(ся), взволну́ет(ся), взволну́ем(ся), взволну́ете(сь), взволну́ют(ся)
    взволновáл(ся), взволновáла(сь), взволновáло(сь), взволновáли(сь). Взволну́й(ся)! Взволну́йте(сь)!

взгля́дывать: **ВЗГЛЯ́ДЫВАЙ**- *(imperf.)* (взглян_у̱_-), куда? look at, take a glance at.
    взгля́дываю, взгля́дываешь, взгля́дывает, взгля́дываем, взгля́дываете, взгля́дывают
    взгля́дывал, взгля́дывала, взгля́дывало, взгля́дывали. Взгля́дывай/те!

взгляну́ть: **ВЗГЛЯНУ̱**- *(perf.)* (взгля́дыв_ай_-), куда? look at, take a glance at.
    взгляну́, взгля́нешь, взгля́нет, взгля́нем, взгля́нете, взгля́нут
    взгляну́л, взгляну́ла, взгляну́ло, взгляну́ли. Взгляни́/те!

вздыхáть: **ВЗДЫХÁЙ**- *(imperf.)* (вздохн_у̱_-), sigh; exhale.
    вздыхáю, вздыхáешь, вздыхáет, вздыхáем, вздыхáете, вздыхáют
    вздыхáл, вздыхáла, вздыхáло, вздыхáли. Вздыхáй/те!

вздохну́ть: **ВЗДОХНУ̱**- *(perf.)* (вздых_áй_-), sigh; exhale.
    вздохну́, вздохнёшь, вздохнёт, вздохнём, вздохнёте, вздохну́т
    вздохну́л, вздохну́ла, вздохну́ло, вздохну́ли. Вздохни́/те!

взя́ть: *(irreg.)* *(perf.)* (б/ра̲-), что? кого? куда? take.
 возьму́, возьмёшь, возьмёт, возьмём, возьмёте, возьму́т
 взял, взяла́, взя́ло, взя́ли. Возьми́/те!

ви́деть: **ВИ́ДЕ-** *(imperf.)* (уви́де̲-), кого? что? see.
 ви́жу, ви́дишь, ви́дит, ви́дим, ви́дите, ви́дят
 ви́дел, ви́дела, ви́дело, ви́дели. [No regular imperative.]

вини́ть: **ВИНИ́-** *(imperf.)* (обвини́-), кого? что? (в чём?) blame (for).
 виню́, вини́шь, вини́т, вини́м, вини́те, виня́т
 вини́л, вини́ла, вини́ло, вини́ли. Вини́/те!

висе́ть: **ВИСЕ́-** *(imperf.)* (intransitive), где? на чём? hang, be suspended.
 вишу́, виси́шь, виси́т, виси́м, виси́те, вися́т
 висе́л, висе́ла, висе́ло, висе́ли. Виси́/те!

вить(ся): **ВЬЙ-(СЯ)** *(imperf.)* (с/вьй-(ся)), что? twist, weave.
 вью́(сь), вьёшь(ся), вьёт(ся), вьём(ся), вьёте(сь), вью́т(ся)
 вил(ся), вила́(сь), ви́ло(сь), ви́ли(сь). Вей(ся)! Ве́йте(сь)!

вкла́дывать: **ВКЛА́ДЫВАЙ-** *(imperf.)* (вложи́-), что? куда? put in, insert.
 вкла́дываю, вкла́дываешь, вкла́дывает, вкла́дываем, вкла́дываете,
 вкла́дывают
 вкла́дывал, вкла́дывала, вкла́дывало, вкла́дывали. Вкла́дывай/те!

включа́ть: **ВКЛЮЧА́Й-** *(imperf.)* (включи́-), что? turn on; что? кого? include.
 включа́ю, включа́ешь, включа́ет, включа́ем, включа́ете, включа́ют
 включа́л, включа́ла, включа́ло, включа́ли. Включа́й/те!

включи́ть: **ВКЛЮЧИ́-** *(perf.)* (включа́й-), что? turn on; что? кого? include.
 включу́, включи́шь, включи́т, включи́м, включи́те, включа́т
 включи́л, включи́ла, включи́ло, включи́ли. Включи́/те!

владе́ть: **ВЛАДЕ́Й-** *(imperf.)* (овладе́й-), чем? кем? own; control; have use of.
 владе́ю, владе́ешь, владе́ет, владе́ем, владе́ете, владе́ют
 владе́л, владе́ла, владе́ло, владе́ли. Владе́й/те!

влия́ть: **ВЛИЯ́Й-** *(imperf.)* (повлия́й-), на кого? на что? (чем?) influence
(with, by).
 влия́ю, влия́ешь, влия́ет, влия́ем, влия́ете, влия́ют
 влия́л, влия́ла, влия́ло, влия́ли. Влия́й/те!

вложи́ть: **ВЛОЖИ́-** *(perf.)* (вкла́дывай-), что? куда? put in, insert.
 вложу́, вло́жишь, вло́жит, вло́жим, вло́жите, вло́жат
 вложи́л, вложи́ла, вложи́ло, вложи́ли. Вложи́/те!

влюби́ться: **ВЛЮБИ́-СЯ** *(perf.)* (влюбля́й-ся), в кого? во что? fall in love
(with).
 влюблю́сь, влю́бишься, влю́бится, влю́бимся, влю́битесь, влю́бятся
 влюби́лся, влюби́лась, влюби́лось, влюби́лись. Влюби́/тесь!

влюбляться: **ВЛЮБЛ<u>Я́Й</u>-СЯ** *(imperf.)* (влюб<u>и</u>-ся)[x], в кого? во что? fall in love (with).
влюбля́юсь, влюбля́ешься, влюбля́ется, влюбля́емся, влюбля́етесь, влюбля́ются
влюбля́лся, влюбля́лась, влюбля́лось, влюбля́лись. Влюбля́йся! Влюбля́йтесь!

вмеша́ться: **ВМЕШ<u>А́Й</u>-СЯ** *(perf.)* (вме́ш<u>ивай</u>-ся), во что? interfere (in).
вмеша́юсь, вмеша́ешься, вмеша́ется, вмеша́емся, вмеша́етесь, вмеша́ются
вмеша́лся, вмеша́лась, вмеша́лось, вмеша́лись. Вмеша́йся! Вмеша́йтесь!

вме́шиваться: **ВМ<u>Е́ШИВАЙ</u>-СЯ** *(imperf.)* (вмеш<u>а́й</u>-ся), во что? interfere (in).
вме́шиваюсь, вме́шиваешься, вме́шивается, вме́шиваемся, вме́шиваетесь, вме́шиваются
вме́шивался, вме́шивалась, вме́шивалось, вме́шивались. Вме́шивайся! Вме́шивайтесь!

внести́: **ВН<u>ЁС</u>́-**[x] *(perf.)* (внос<u>и</u>-), кого? что? куда? carry in; что? во что? introduce.
внесу́, внесёшь, внесёт, внесём, внесёте, внесу́т
внёс, внесла́, внесло́, внесли́. Внеси́/те!

вноси́ть: **ВНОС<u>И́</u>-**[x] *(imperf.)* (вн<u>ёс</u>́-), кого? что? куда? carry in; что? во что? introduce.
вношу́, вно́сишь, вно́сит, вно́сим, вно́сите, вно́сят
вноси́л, вноси́ла, вноси́ло, вноси́ли. Вноси́/те!

води́ть: **ВОД<u>И́</u>-**[x] *(imperf.)* (multidirectional), кого? что? куда? lead (on foot); что? drive, lead.
вожу́, во́дишь, во́дит, во́дим, во́дите, во́дят
води́л, води́ла, води́ло, води́ли. Води́/те!

возврати́ть(ся): **ВОЗВРАТ<u>И́</u>-(СЯ)** *(perf.)* (возвращ<u>а́й</u>-(ся)), что? кому? куда? return, give back; (к кому? к чему? куда? откуда? come back, return).
возвращу́(сь), возврати́шь(ся), возврати́т(ся), возврати́м(ся), возврати́те(сь), возвратя́т(ся)
возврати́л(ся), возврати́ла(сь), возврати́ло(сь), возврати́ли(сь). Возврати́/те(сь)!

возвраща́ть(ся): **ВОЗВРАЩ<u>А́Й</u>-(СЯ)** *(imperf.)* (возврат<u>и́</u>-(ся) and верн<u>у́</u>-(ся)), что? кому? куда? return, give back; (к кому? к чему? куда? откуда? come back, return).
возвраща́ю(сь), возвраща́ешь(ся), возвраща́ет(ся), возвраща́ем(ся), возвраща́ете(сь), возвраща́ют(ся)
возвраща́л(ся), возвраща́ла(сь), возвраща́ло(сь), возвраща́ли(сь). Возвраща́й(ся)! Возвраща́йте(сь)!

возгла́вить: **ВОЗГЛА́В<u>И</u>-** *(perf.)* (возглавл<u>я́й</u>-), что? head, be at the head (of).
возгла́влю, возгла́вишь, возгла́вит, возгла́вим, возгла́вите, возгла́вят
возгла́вил, возгла́вила, возгла́вило, возгла́вили. Возгла́вь/те!

возглавля́ть: **ВОЗГЛАВЛЯ́Й**- *(imperf.)* (возгла́ви-), что? head, be at the head (of).
   возглавля́ю, возглавля́ешь, возглавля́ет, возглавля́ем, возглавля́ете, возглавля́ют
   возглавля́л, возглавля́ла, возглавля́ло, возглавля́ли. Возглавля́й/те!

вози́ть: **ВОЗИ́**- *(imperf.)* (multidirectional), что? кого? куда? carry (by conveyance).
   вожу́, во́зишь, во́зит, во́зим, во́зите, во́зят
   вози́л, вози́ла, вози́ло, вози́ли. Вози́/те!

возлага́ть: **ВОЗЛАГА́Й**- *(imperf.)* (возложи́-), что? place.
   возлага́ю, возлага́ешь, возлага́ет, возлага́ем, возлага́ете, возлага́ют
   возлага́л, возлага́ла, возлага́ло, возлага́ли. Возлага́й/те!

возложи́ть: **ВОЗЛОЖИ́**- *(perf.)* (возлага́й-), что? place.
   возложу́, возло́жишь, возло́жит, возло́жим, возло́жите, возло́жат
   возложи́л, возложи́ла, возложи́ло, возложи́ли. Возложи́/те!

возмути́ться: **ВОЗМУТИ́-СЯ** *(perf.)* (возмуща́й-ся), чем? кем? become indignant.
   возмущу́сь, возмути́шься, возмути́тся, возмути́мся, возмути́тесь, возмутя́тся
   возмути́лся, возмути́лась, возмути́лось, возмути́лись. Возмути́/тесь!

возмуща́ться: **ВОЗМУЩА́Й-СЯ** *(imperf.)* (возмути́-ся), чем? кем? become indignant.
   возмуща́юсь, возмуща́ешься, возмуща́ется, возмуща́емся, возмуща́етесь, возмуща́ются
   возмуща́лся, возмуща́лась, возмуща́лось, возмуща́лись. Возмуща́йся! Возмуща́йтесь!

возника́ть: **ВОЗНИКА́Й**- *(imperf.)* (возни́кну*-), arise, crop up.
   возника́ю, возника́ешь, возника́ет, возника́ем, возника́ете, возника́ют
   возника́л, возника́ла, возника́ло, возника́ли. Возника́й/те!

возни́кнуть: **ВОЗНИ́КНУ***- *(perf.)* (возника́й-), arise, crop up.
   возни́кну, возни́кнешь, возни́кнет, возни́кнем, возни́кнете, возни́кнут
   возни́к, возни́кла, возни́кло, возни́кли. Возни́кни/те!

возобнови́ть(ся): **ВОЗОБНОВИ́-(СЯ)** *(perf.)* (возобновля́й-(ся), resume.
   [1st and 2nd person not used.] возобнови́т(ся), возобновя́т(ся)
   возобнови́л(ся), возобнови́ла(сь), возобнови́ло(сь), возобнови́ли(сь).

возобновля́ться: **ВОЗОБНОВЛЯ́Й-СЯ** *(imperf.)* (возобнови́-ся), resume, begin again.
   [1st and 2nd person not used.] возобновля́ется, возобновля́ются
   возобновля́лся, возобновля́лась, возобновля́лось, возобновля́лись.

возража́ть: **ВОЗРАЖА́Й**- *(imperf.)* (возрази́-), против чего? против кого? (кому?) raise an objection (to).
    возража́ю, возража́ешь, возража́ет, возража́ем, возража́ете, возража́ют
    возража́л, возража́ла, возража́ло, возража́ли. Возража́й/те!

возрази́ть: **ВОЗРАЗИ́**- *(imperf.)* (возража́й-), против чего? против кого? (кому?) raise an objection (to).
    возражу́, возрази́шь, возрази́т, возрази́м, возрази́те, возразя́т
    возрази́л, возрази́ла, возрази́ло, возрази́ли. Возрази́/те!

волнова́ть(ся): **ВОЛНОВА́-(СЯ)** *(imperf.)* (взволнова́-(ся)), кого? worry, make nervous; (из-за кого? из-за чего? be upset, be worried (because of)).
    волну́ю(сь), волну́ешь(ся), волну́ет(ся), волну́ем(ся), волну́ете(сь), волну́ют(ся)
    волнова́л(ся), волнова́ла(сь), волнова́ло(сь), волнова́ли(сь). Волну́й(ся)! Волну́йте(сь)!

воображать: **ВООБРАЖА́Й**- *(imperf.)* (вообрази́-), что? кого? imagine.
    вообража́ю, вообража́ешь, вообража́ет, вообража́ем, вообража́ете, вообража́ют
    вообража́л, вообража́ла, вообража́ло, вообража́ли. Вообража́й/те!

вообрази́ть: **ВООБРАЗИ́**- *(perf.)* (вообража́й-), что? кого? imagine.
    воображу́, вообрази́шь, вообрази́т, вообрази́м, вообрази́те, вообразя́т
    вообрази́л, вообрази́ла, вообрази́ло, вообрази́ли. Вообрази́/те!

воскли́кнуть: **ВОСКЛИ́КНУ**- *(perf.)* (восклица́й-), что? exclaim.
    воскли́кну, воскли́кнешь, воскли́кнет, воскли́кнем, воскли́кнете, воскли́кнут
    воскли́кнул, воскли́кнула, воскли́кнуло, воскли́кнули. Воскли́кни/те!

восклица́ть: **ВОСКЛИЦА́Й**- *(imperf.)* (воскли́кну-), что? exclaim.
    восклица́ю, восклица́ешь, восклица́ет, восклица́ем, восклица́ете, восклица́ют
    восклица́л, восклица́ла, восклица́ло, восклица́ли. Восклица́й/те!

воспита́ть: **ВОСПИТА́Й**- *(perf.)* (воспи́тывай-), что? кого? educate, bring up, raise.
    воспита́ю, воспита́ешь, воспита́ет, воспита́ем, воспита́ете, воспита́ют
    воспита́л, воспита́ла, воспита́ло, воспита́ли. Воспита́й/те!

воспи́тывать: **ВОСПИ́ТЫВАЙ**- *(imperf.)* (воспита́й-), что? кого? educate, bring up, raise.
    воспи́тываю, воспи́тываешь, воспи́тывает, воспи́тываем, воспи́тываете, воспи́тывают
    воспи́тывал, воспи́тывала, воспи́тывало, воспи́тывали. Воспи́тывай/те!

воспо́льзоваться: **ВОСПО́ЛЬЗ<u>ОВА</u>-СЯ** *(perf.)* (по́льз<u>ова</u>-ся), чем? use, make use of.
воспо́льзуюсь, воспо́льзуешься, воспо́льзуется, воспо́льзуемся, воспо́льзуетесь, воспо́льзуются
воспо́льзовался, воспо́льзовалась, воспо́льзовалось, воспо́льзовались. Воспо́льзуйся! Воспо́льзуйтесь!

воспроизвести́: **ВОСПРОИЗВЁД^х-**- *(perf.)* (воспроизвод<u>и</u>-), что? reproduce, recreate.
воспроизведу́, воспроизведёшь, воспроизведёт, воспроизведём, воспроизведёте, воспроизведу́т
воспроизвёл, воспроизвела́, воспроизвело́, воспроизвели́. Воспроизведи́/те!

воспроизводи́ть: **ВОСПРОИЗВОД<u>И</u>^х-** *(imperf.)* (воспроизвёд⁻-), что? reproduce, recreate.
воспроизвожу́, воспроизво́дишь, воспроизво́дит, воспроизво́дим, воспроизво́дите, воспроизво́дят
воспроизводи́л, воспроизводи́ла, воспроизводи́ло, воспроизводи́ли. Воспроизводи́/те!

восстава́ть: **ВОССТА<u>ВА́Й</u>-** *(imperf.)* (восста́<u>н</u>-), против чего? против кого? rise in rebellion (against).
восстаю́, восстаёшь, восстаёт, восстаём, восстаёте, восстаю́т
восстава́л, восстава́ла, восстава́ло, восстава́ли. Восстава́й/те!

восстана́вливать: **ВОССТАНА́ВЛИВ<u>АЙ</u>-** *(imperf.)* (восстанов<u>и</u>^х-), что? restore, reconstruct, re-establish.
восстана́вливаю, восстана́вливаешь, восстана́вливает, восстана́вливаем, восстана́вливаете, восстана́вливают
восстана́вливал, восстана́вливала, восстана́вливало, восстана́вливали. Восстана́вливай/те!

восстанови́ть: **ВОССТАНОВ<u>И</u>^х-** *(perf.)* (восстана́влив<u>ай</u>-), что? restore, reconstruct, re-establish.
восстановлю́, восстано́вишь, восстано́вит, восстано́вим, восстано́вите, восстано́вят
восстанови́л, восстанови́ла, восстанови́ло, восстанови́ли. Восстанови́/те!

восста́ть: **ВОССТА́<u>Н</u>-** *(perf.)* (восста<u>ва́й</u>-), против чего? против кого? rise in rebellion (against).
восста́ну, восста́нешь, восста́нет, восста́нем, восста́нете, восста́нут
восста́л, восста́ла, восста́ло, восста́ли. Восста́нь/те!

восхити́ть(ся): **ВОСХИТ<u>И́</u>-(СЯ)** *(perf.)* (восхищ<u>а́й</u>-(ся)), кого? что? delight; (кем? чем? be delighted (with), admire.)
восхищу́(сь), восхити́шь(ся), восхити́т(ся), восхити́м(ся), восхити́те(сь), восхитя́т(ся)
восхити́л(ся), восхити́ла(сь), восхити́ло(сь), восхити́ли(сь). Восхити́/те(сь)!

восхища́ть(ся): **ВОСХИЩА́Й-(СЯ)** *(imperf.)* (восхити́-(ся)), кого? что?
    delight; (кем? чем? be delighted (with), admire.)
    восхища́ю(сь), восхища́ешь(ся), восхища́ет(ся), восхища́ем(ся),
    восхища́ете(сь), восхища́ют(ся)
    восхища́л(ся), восхища́ла(сь), восхища́ло(сь), восхища́ли(сь).
    Восхища́й(ся)! Восхища́йте(сь)!

впада́ть: **ВПАДА́Й-** *(imperf.)* (впа<u>д</u>-), во что? fall into.
    впада́ю, впада́ешь, впада́ет, впада́ем, впада́ете, впада́ют
    впада́л, впада́ла, впада́ло, впада́ли. Впада́й/те!

впасть: **ВПА<u>Д́</u>-** *(perf.)* (впад<u>а́й</u>-), во что? fall into.
    впаду́, впадёшь, впадёт, впадём, впадёте, впаду́т
    впал, впа́ла, впа́ло, впа́ли. Впади́/те!

вписа́ть: **ВПИСА́-**ˣ *(perf.)* (впи́сыв<u>ай</u>-), что? во что? write in.
    впишу́, впи́шешь, впи́шет, впи́шем, впи́шете, впи́шут
    вписа́л, вписа́ла, вписа́ло, вписа́ли. Впиши́/те!

впи́сывать: **ВПИ́СЫВАЙ-** *(imperf.)* (впис<u>а</u>-)ˣ, что? во что? write in.
    впи́сываю, впи́сываешь, впи́сывает, впи́сываем, впи́сываете,
    впи́сывают
    впи́сывал, впи́сывала, впи́сывало, впи́сывали. Впи́сывай/те!

впита́ть: **ВПИТА́Й-** *(perf.)* (впи́тыв<u>ай</u>-), что? absorb, drink in.
    впита́ю, впита́ешь, впита́ет, впита́ем, впита́ете, впита́ют
    впита́л, впита́ла, впита́ло, впита́ли. Впита́й/те!

впи́тывать: **ВПИ́ТЫВАЙ-** *(imperf.)* (впит<u>а́й</u>-), что? absorb, drink in.
    впи́тываю, впи́тываешь, впи́тывает, впи́тываем, впи́тываете,
    впи́тывают
    впи́тывал, впи́тывала, впи́тывало, впи́тывали. Впи́тывай/те!

вруча́ть: **ВРУЧА́Й-** *(imperf.)* (вручи́-), что? кому? hand (to), deliver.
    вруча́ю, вруча́ешь, вруча́ет, вруча́ем, вруча́ете, вруча́ют
    вруча́л, вруча́ла, вруча́ло, вруча́ли. Вруча́й/те!

вручи́ть: **ВРУЧИ́-** *(perf.)* (вруч<u>а́й</u>-), что? кому? hand (to), deliver.
    вручу́, вручи́шь, вручи́т, вручи́м, вручи́те, вруча́т
    вручи́л, вручи́ла, вручи́ло, вручи́ли. Вручи́/те!

вска́кивать: **ВСКА́КИВАЙ-** *(imperf.)* (вскочи́-)ˣ, на что? на кого? во что?
    jump on, jump in.
    вска́киваю, вска́киваешь, вска́кивает, вска́киваем, вска́киваете,
    вска́кивают
    вска́кивал, вска́кивала, вска́кивало, вска́кивали. Вска́кивай/те!

вскипа́ть: **ВСКИПА́Й-** *(imperf.)* (вскипе́-), boil, seethe.
    вскипа́ю, вскипа́ешь, вскипа́ет, вскипа́ем, вскипа́ете, вскипа́ют
    вскипа́л, вскипа́ла, вскипа́ло, вскипа́ли. Вскипа́й/те!

вскипе́ть: **ВСКИПЕ́-** *(perf.)* (кипе́- or вскипа́й-), boil, seethe.
вскиплю́, вскипи́шь, вскипи́т, вскипи́м, вскипи́те, вскипя́т
вскипе́л, вскипе́ла, вскипе́ло, вскипе́ли. Вскипи́/те!

вскочи́ть: **ВСКОЧИ́-** ˣ *(perf.)* (вска́кивай-), на что? на кого? во что? jump on, jump in.
вскочу́, вско́чишь, вско́чит, вско́чим, вско́чите, вско́чат
вскочи́л, вскочи́ла, вскочи́ло, вскочи́ли. Вскочи́/те!

вскри́кивать: **ВСКРИ́КИВАЙ-** *(imperf.)* (вскри́кну-), что? cry out.
вскри́киваю, вскри́киваешь, вскри́кивает, вскри́киваем, вскри́киваете, вскри́кивают
вскри́кивал, вскри́кивала, вскри́кивало, вскри́кивали. Вскри́кивай/те!

вскри́кнуть: **ВСКРИ́КНУ-** *(perf.)* (вскри́кивай-), что? cry out.
вскри́кну, вскри́кнешь, вскри́кнет, вскри́кнем, вскри́кнете, вскри́кнут
вскри́кнул, вскри́кнула, вскри́кнуло, вскри́кнули. Вскри́кни/те!

вслу́шаться: **ВСЛУ́ШАЙ-СЯ** *(perf.)* (вслу́шивай-ся), во что? listen attentively (to).
вслу́шаюсь, вслу́шаешься, вслу́шается, вслу́шаемся, вслу́шаетесь, вслу́шаются
вслу́шался, вслу́шалась, вслу́шалось, вслу́шались. Вслу́шайся! Вслу́шайтесь!

вслу́шиваться: **ВСЛУ́ШИВАЙ-СЯ** *(imperf.)* (вслу́шай-ся), во что? listen attentively (to).
вслу́шиваюсь, вслу́шиваешься, вслу́шивается, вслу́шиваемся, вслу́шиваетесь, вслу́шиваются
вслу́шивался, вслу́шивалась, вслу́шивалось, вслу́шивались. Вслу́шивайся! Вслу́шивайтесь!

всма́триваться: **ВСМА́ТРИВАЙ-СЯ** *(imperf.)* (всмотре́-ся), ˣ во что? в кого? scrutinize, look deeply (into), take a good look (at).
всма́триваюсь, всма́триваешься, всма́тривается, всма́триваемся, всма́триваетесь, всма́триваются
всма́тривался, всма́тривалась, всма́тривалось, всма́тривались. Всма́тривайся! Всма́тривайтесь!

всмотре́ться: **ВСМОТРЕ́-СЯ** ˣ *(perf.)* (всма́тривай-ся), во что? в кого? scrutinize, look deeply (into), take a good look (at).
всмотрю́сь, всмо́тришься, всмо́трится, всмо́тримся, всмо́тритесь, всмо́трятся
всмотре́лся, всмотре́лась, всмотре́лось, всмотре́лись. Всмотри́/тесь!

вспомина́ть: **ВСПОМИНА́Й-** *(imperf.)* (вспо́мни-), что? кого? о чём? recollect, remember.
вспомина́ю, вспомина́ешь, вспомина́ет, вспомина́ем, вспомина́ете, вспомина́ют
вспомина́л, вспомина́ла, вспомина́ло, вспомина́ли. Вспомина́й/те!

вспо́мнить: **ВСПО́МНИ**- *(perf.)* (вспомнин**а́й**-), что? кого? о чём? recollect, remember.

    вспо́мню, вспо́мнишь, вспо́мнит, вспо́мним, вспо́мните, вспо́мнят
    вспо́мнил, вспо́мнила, вспо́мнило, вспо́мнили. Вспо́мни/те!

встава́ть: **ВСТАВА́Й**- *(imperf.)* (вст**а́н**-), откуда? rise, get up.

    встаю́, встаёшь, встаёт, встаём, встаёте, встаю́т
    встава́л, встава́ла, встава́ло, встава́ли. Встава́й/те!

вста́вить: **ВСТА́ВИ**- *(perf.)* (вставл**я́й**-), кого? что? во что? insert, put (into, in).

    вста́влю, вста́вишь, вста́вит, вста́вим, вста́вите, вста́вят
    вста́вил, вста́вила, вста́вило, вста́вили. Вста́вь/те!

вставля́ть: **ВСТАВЛЯ́Й**- *(imperf.)* (вста́в**и**-), кого? что? во что? insert, put (into, in).

    вставля́ю, вставля́ешь, вставля́ет, вставля́ем, вставля́ете, вставля́ют
    вставля́л, вставля́ла, вставля́ло, вставля́ли. Вставля́й/те!

вста́ть: **ВСТА́Н**- *(perf.)* (встав**а́й**-), откуда? rise, get up.

    вста́ну, вста́нешь, вста́нет, вста́нем, вста́нете, вста́нут
    встал, вста́ла, вста́ло, вста́ли. Встань/те!

встрево́жить(ся): **ВСТРЕВО́ЖИ-(СЯ)** *(perf.)* (трево́ж**и**-(ся)), worry, alarm (be worried, be alarmed).

    встрево́жу(сь), встрево́жишь(ся), встрево́жит(ся), встрево́жим(ся), встрево́жите(сь), встрево́жат(ся)
    встрево́жил(ся), встрево́жила(сь), встрево́жило(сь), встрево́жили(сь). Встрево́жь(ся)! Встрево́жьте(сь)!

встрепену́ться: **ВСТРЕПЕНУ́-СЯ** *(perf.)* rouse oneself.

    встрепену́сь, встрепенёшься, встрепенётся, встрепенёмся, встрепенётесь, встрепену́тся
    встрепену́лся, встрепену́лась, встрепену́лось, встрепену́лись. Встрепени́/те(сь)!

встре́тить(ся) : **ВСТРЕ́ТИ-(СЯ)** *(perf.)* (встреч**а́й**-(ся)), кого? что? meet; (с кем? с чем? meet (with)).

    встре́чу(сь), встре́тишь(ся), встре́тит(ся), встре́тим(ся), встре́тите(сь), встре́тят(ся)
    встре́тил(ся), встре́тила(сь), встре́тило(сь), встре́тили(сь). Встре́ть(ся)! Встре́тьте(сь)!

встреча́ть(ся) : **ВСТРЕЧА́Й-(СЯ)** *(imperf.)* (встре́т**и**-(ся)), кого? что? meet; (с кем? с чем? meet (with)).

    встреча́ю(сь), встреча́ешь(ся), встреча́ет(ся), встреча́ем(ся), встреча́ете(сь), встреча́ют(ся)
    встреча́л(ся), встреча́ла(сь), встреча́ло(сь), встреча́ли(сь). Встреча́й(ся)! Встреча́йте(сь)!

выбира́ть: **ВЫБИРА́Й**- *(imperf.)* (вы́б/ра-), кого? что? choose, select.
    выбира́ю, выбира́ешь, выбира́ет, выбира́ем, выбира́ете, выбира́ют
    выбира́л, выбира́ла, выбира́ло, выбира́ли. Выбира́й/те!

вы́брать: **ВЫ́Б/РА**- *(perf.)* (выбира́й-), кого? что? choose, select.
    вы́беру, вы́берешь, вы́берет, вы́берем, вы́берете, вы́берут
    вы́брал, вы́брала, вы́брало, вы́брали. Вы́бери/те!

вы́весить: **ВЫ́ВЕСИ**- *(perf.)* (вывéшивай-), что? где? hang up, put up.
    вы́вешу, вы́весишь, вы́весит, вы́весим, вы́весите, вы́весят
    вы́весил, вы́весила, вы́весило, вы́весили. Вы́весь/те!

вывéшивать: **ВЫВÉШИВАЙ**- *(imperf.)* (вы́веси-), что? где? hang up, put up.
    вывéшиваю, вывéшиваешь, вывéшивает, вывéшиваем, вывéшиваете,
    вывéшивают
    вывéшивал, вывéшивала, вывéшивало, вывéшивали. Вывéшивай/те!

вы́глядеть: **ВЫ́ГЛЯДЕ**- *(imperf.)* как? look (in appearance).
    вы́гляжу, вы́глядишь, вы́глядит, вы́глядим, вы́глядите, вы́глядят
    вы́глядел, вы́глядела, вы́глядело, вы́глядели. Вы́гляди/те!

выдава́ть: **ВЫДАВА́Й**- *(imperf.)* (**вы́дать**), что? кому? give out.
    выдаю́, выдаёшь, выдаёт, выдаём, выдаёте, выдаю́т
    выдава́л, выдава́ла, выдава́ло, выдава́ли. Выдава́й/те!

вы́дать: *(irreg.)* *(perf.)* (выдава́й-), что? кому? give out.
    вы́дам, вы́дашь, вы́даст, вы́дадим, вы́дадите, вы́дадут
    вы́дал, вы́дала, вы́дало, вы́дали. Вы́дай(те)!

выделя́ть: **ВЫДЕЛЯ́Й**- *(imperf.)* (вы́дели-), что? кого? give, spare; single
out, choose.
    выделя́ю, выделя́ешь, выделя́ет, выделя́ем, выделя́ете, выделя́ют
    выделя́л, выделя́ла, выделя́ло, выделя́ли. Выделя́й/те!

вы́делить: **ВЫ́ДЕЛИ**- *(perf.)* (выделя́й-), что? кого? give, spare; single out,
choose.
    вы́делю, вы́делишь, вы́делит, вы́делим, вы́делите, вы́делят
    вы́делил, вы́делила, вы́делило, вы́делили. Вы́дели/те!

вы́держать: **ВЫ́ДЕРЖА**- *(perf.)* (выдéрживай-), что? кого? stand, endure.
    вы́держу, вы́держишь, вы́держит, вы́держим, вы́держите,
    вы́держат
    вы́держал, вы́держала, вы́держало, вы́держали. Вы́держи/те!

выдéрживать: **ВЫДÉРЖИВАЙ**- *(imperf.)* (вы́держа-), что? кого? stand,
endure.
    выдéрживаю, выдéрживаешь, выдéрживает, выдéрживаем,
    выдéрживаете, выдéрживают
    выдéрживал, выдéрживала, выдéрживало, выдéрживали.
    Выдéрживай/те!

вы́думать: **ВЫ́ДУМАЙ**- *(perf.)* (выду́мывай-), что? think up, invent.
    вы́думаю, вы́думаешь, вы́думает, вы́думаем, вы́думаете, вы́думают
    вы́думал, вы́думала, вы́думало, вы́думали. Вы́думай/те!

выду́мывать: **ВЫДУ́МЫВАЙ**- *(imperf.)* (вы́думай-), что? think up, invent.
  выду́мываю, выду́мываешь, выду́мывает, выду́мываем,
  выду́мываете, выду́мывают
  выду́мывал, выду́мывала, выду́мывало, выду́мывали.
  Выду́мывай/те!

выезжа́ть: **ВЫЕЗЖА́Й**- *(imperf.)* (**вы́ехать**), откуда? drive out (of).
  выезжа́ю, выезжа́ешь, выезжа́ет, выезжа́ем, выезжа́ете, выезжа́ют
  выезжа́л, выезжа́ла, выезжа́ло, выезжа́ли. Выезжа́й/те!

вы́ехать: *(irreg.)* *(perf.)* (выезжа́й-), откуда? drive out (of).
  вы́еду, вы́едешь, вы́едет, вы́едем, вы́едете, вы́едут
  вы́ехал, вы́ехала, вы́ехало, вы́ехали. (Выезжа́й/те!)

вы́звать: **ВЫ́З/ВА**- *(perf.)* (вызыва́й-), что? кого? summon, call forth.
  вы́зову, вы́зовешь, вы́зовет, вы́зовем, вы́зовете, вы́зовут
  вы́звал, вы́звала, вы́звало, вы́звали. Вы́зови/те!

вызыва́ть: **ВЫЗЫВА́Й**- *(imperf.)* (вы́з/ва-), что? кого? summon, call forth.
  вызыва́ю, вызыва́ешь, вызыва́ет, вызыва́ем, вызыва́ете, вызыва́ют
  вызыва́л, вызыва́ла, вызыва́ло, вызыва́ли. Вызыва́й/те!

выздора́вливать: **ВЫЗДОРА́ВЛИВАЙ**- *(imperf.)* (вы́здоровей-), get better, recover.
  выздора́вливаю, выздора́вливаешь, выздора́вливает,
  выздора́вливаем, выздора́вливаете, выздора́вливают
  выздора́вливал, выздора́вливала, выздора́вливало,
  выздора́вливали. Выздора́вливай/те!

вы́здороветь: **ВЫ́ЗДОРОВЕЙ**- *(perf.)* (выздора́вливай-), get better, recover.
  вы́здоровею, вы́здоровеешь, вы́здоровеет, вы́здоровеем,
  вы́здоровеете, вы́здоровеют
  вы́здоровел, вы́здоровела, вы́здоровело, вы́здоровели.
  Вы́здоровей/те!

вы́играть: **ВЫ́ИГРАЙ**- *(perf.)* (выи́грывай-), что? у кого? win.
  вы́играю, вы́играешь, вы́играет, вы́играем, вы́играете, вы́играют
  вы́играл, вы́играла, вы́играло, вы́играли. Вы́играй/те!

выи́грывать: **ВЫИ́ГРЫВАЙ**- *(imperf.)* (вы́играй-), что? у кого? win.
  выи́грываю, выи́грываешь, выи́грывает, выи́грываем, выи́грываете,
  выи́грывают
  выи́грывал, выи́грывала, выи́грывало, выи́грывали. Выи́грывай/те!

^x
вы́йти: *(irreg.)* *(perf.)* (выходи́-), куда? откуда? go out, exit (on foot).
  вы́йду, вы́йдешь, вы́йдет, вы́йдем, вы́йдете, вы́йдут
  вы́шел, вы́шла, вы́шло, вы́шли. Вы́йди/те!

выключа́ть: **ВЫКЛЮЧА́Й**- *(imperf.)* (вы́ключи-), что? turn off.
  выключа́ю, выключа́ешь, выключа́ет, выключа́ем, выключа́ете,
  выключа́ют
  выключа́л, выключа́ла, выключа́ло, выключа́ли. Выключа́й/те!

выключить: **ВЫ́КЛЮЧИ**- *(perf.)* (выключа<u>а́й</u>-), что? turn off.
     вы́ключу, вы́ключишь, вы́ключит, вы́ключим, вы́ключите, вы́ключат
     вы́ключил, вы́ключила, вы́ключило, вы́ключили. Вы́ключи/те!

выкупать(ся): **ВЫ́КУПАЙ-(СЯ)** *(perf.)* (купа<u>а́й</u>-(ся)), что? кого? give a bath;
(где? bathe oneself, swim).
     вы́купаю(сь), вы́купаешь(ся), вы́купает(ся), вы́купаем(ся),
     вы́купаете(сь), вы́купают(ся)
     вы́купал(ся), вы́купала(сь), вы́купало(сь), вы́купали(сь). Вы́купай(ся)!
Вы́купайте(сь)!

вылета́ть: **ВЫЛЕТА́Й**- *(imperf.)* (вы́лете-), куда? откуда? shoot out, to take
off.
     вылета́ю, вылета́ешь, вылета́ет, вылета́ем, вылета́ете, вылета́ют
     вылета́л, вылета́ла, вылета́ло, вылета́ли. Вылета́й/те!

вылететь: **ВЫ́ЛЕТЕ**-*(perf.)* (вылета<u>а́й</u>-), куда? откуда? shoot out, to take off.
     вы́лечу, вы́летишь, вы́летит, вы́летим, вы́летите, вы́летят
     вы́летел, вы́летела, вы́летело, вы́летели. Вы́лети/те!

вылечить(ся): **ВЫ́ЛЕЧИ-(СЯ)** *(perf.)* (лечи́-(ся)), что? кого? treat, cure.
     вы́лечу(сь), вы́лечишь(ся), вы́лечит(ся), вы́лечим(ся), вы́лечите(сь),
     вы́лечат(ся)
     вы́лечил(ся), вы́лечила(сь), вы́лечило(сь), вы́лечили(сь).
Вы́лечи/те(сь)!

вымыть(ся): **ВЫ́МОЙ-(СЯ)** *(perf.)* (мо́й-(ся)), что? кого? wash (oneself).
     вы́мою(сь), вы́моешь(ся), вы́моет(ся), вы́моем(ся), вы́моете(сь),
     вы́моют(ся)
     вы́мыл(ся), вы́мыла(сь), вы́мыло(сь), вы́мыли(сь). Вы́мой(ся)!
Вы́мойте(сь)!

вынима́ть: **ВЫНИМА́Й**- *(imperf.)* (вы́<u>ну</u>-), что? кого? откуда? take out, pull
out, extract.
     вынима́ю, вынима́ешь, вынима́ет, вынима́ем, вынима́ете, вынима́ют
     вынима́л, вынима́ла, вынима́ло, вынима́ли. Вынима́й/те!

вы́нуть: **ВЫ́НУ**- *(perf.)* (вынима<u>а́й</u>-), что? кого? откуда? take out, pull out,
extract.
     вы́ну, вы́нешь, вы́нет, вы́нем, вы́нете, вы́нут
     вы́нул, вы́нула, вы́нуло, вы́нули. Вы́нь/те!

вы́писать: **ВЫ́ПИСА**- *(perf.)* (выпи́сыв<u>ай</u>-), что? из чего? write out.
     вы́пишу, вы́пишешь, вы́пишет, вы́пишем, вы́пишете, вы́пишут
     вы́писал, вы́писала, вы́писало, вы́писали. Вы́пиши/те!

выпи́сывать: **ВЫПИ́СЫВАЙ**- *(imperf.)* (вы́писа<u>а</u>-), что? из чего? write out.
     выпи́сываю, выпи́сываешь, выпи́сывает, выпи́сываем, выпи́сываете,
     выпи́сывают
     выпи́сывал, выпи́сывала, выпи́сывало, выпи́сывали. Выпи́сывай/те!

вы́пить: **ВЫ́ПЬЙ**- *(perf.)* (пьй̆-), drink.
выпью, вы́пьешь, вы́пьет, вы́пьем, вы́пьете, вы́пьют
вы́пил, вы́пила, вы́пило, вы́пили. Вы́пей/те!

вы́полнить: **ВЫ́ПОЛНИ**- *(perf.)* (выполня́й-), что? complete, fulfill, comply (with).
вы́полню, вы́полнишь, вы́полнит, вы́полним, вы́полните, вы́полнят
вы́полнил, вы́полнила, вы́полнило, вы́полнили. Вы́полни/те!

выполня́ть: **ВЫПОЛНЯ́Й**- *(imperf.)* (вы́полни-), что? complete, fulfill, comply (with).
выполня́ю, выполня́ешь, выполня́ет, выполня́ем, выполня́ете, выполня́ют
выполня́л, выполня́ла, выполня́ло, выполня́ли. Выполня́й/те!

выпуска́ть: **ВЫПУСКА́Й**- *(imperf.)* (вы́пусти-), что? publish, put out.
выпуска́ю, выпуска́ешь, выпуска́ет, выпуска́ем, выпуска́ете, выпуска́ют
выпуска́л, выпуска́ла, выпуска́ло, выпуска́ли. Выпуска́й/те!

вы́пустить: **ВЫ́ПУСТИ**- *(perf.)* (выпуска́й-), что? publish, put out.
вы́пущу, вы́пустишь, вы́пустит, вы́пустим, вы́пустите, вы́пустят
вы́пустил, вы́пустила, вы́пустило, вы́пустили. Вы́пусти/те!

выраба́тывать: **ВЫРАБА́ТЫВАЙ**- *(imperf.)* (вы́работай-), что? (из чего?) work out, draw up, elaborate (from).
выраба́тываю, выраба́тываешь, выраба́тывает, выраба́тываем, выраба́тываете, выраба́тывают
выраба́тывал, выраба́тывала, выраба́тывало, выраба́тывали. Выраба́тывай/те!

вы́работать: **ВЫ́РАБОТАЙ**- *(perf.)* (выраба́тывай-), что? (из чего?) work out, draw up, elaborate (from).
вы́работаю, вы́работаешь, вы́работает, вы́работаем, вы́работаете, вы́работают
вы́работал, вы́работала, вы́работало, вы́работали. Вы́работай/те!

выража́ть: **ВЫРАЖА́Й**- *(imperf.)* (вы́рази-), что? чем? express, convey (by).
выража́ю, выража́ешь, выража́ет, выража́ем, выража́ете, выража́ют
выража́л, выража́ла, выража́ло, выража́ли. Выража́й/те!

вы́разить: **ВЫ́РАЗИ**- *(perf.)* (выража́й-), что? чем? express, convey (by).
вы́ражу, вы́разишь, вы́разит, вы́разим, вы́разите, вы́разят
вы́разил, вы́разила, вы́разило, вы́разили. Вы́рази/те!

выраста́ть: **ВЫРАСТА́Й**- *(imperf.)* (**вы́расти**), grow up.
выраста́ю, выраста́ешь, выраста́ет, выраста́ем, выраста́ете, выраста́ют
выраста́л, выраста́ла, выраста́ло, выраста́ли. Выраста́й/те!

вы́расти: *(irreg.)* *(perf.)* (выраста́й- and **расти́**), grow up.
вы́расту, вы́растешь, вы́растет, вы́растем, вы́растете, вы́растут
вы́рос, вы́росла, вы́росло, вы́росли. Вы́расти/те!

вырастить: **ВЫ́РАСТИ**- *(perf.)* (выра́щивай-), что? кого? raise, grow.
вы́ращу, вы́растишь, вы́растит, вы́растим, вы́растите, вы́растят
вы́растил, вы́растила, вы́растило, вы́растили. Вы́расти/те!

выра́щивать: **ВЫРА́ЩИВАЙ**- *(imperf.)* (вы́расти-), что? кого? raise, grow.
выра́щиваю, выра́щиваешь, выра́щивает, выра́щиваем, выра́щиваете,
выра́щивают
выра́щивал, выра́щивала, выра́щивало, выра́щивали. Выра́щивай/те!

выруба́ть: **ВЫРУБА́Й**- *(imperf.)* (вы́руби-), что? cut, chop down.
выруба́ю, выруба́ешь, выруба́ет, выруба́ем, выруба́ете, выруба́ют
выруба́л, выруба́ла, выруба́ло, выруба́ли. Выруба́й/те!

вы́рубить: **ВЫ́РУБИ**- *(perf.)* (выруба́й-), что? cut, chop down.
вы́рублю, вы́рубишь, вы́рубит, вы́рубим, вы́рубите, вы́рубят
вы́рубил, вы́рубила, вы́рубило, вы́рубили. Вы́руби/те!

вы́сказать: **ВЫ́СКАЗА**- *(perf.)* (выска́зывай-), что? state, say.
вы́скажу, вы́скажешь, вы́скажет, вы́скажем, вы́скажете, вы́скажут
вы́сказал, вы́сказала, вы́сказало, вы́сказали. Вы́скажи/те!

выска́зывать: **ВЫСКА́ЗЫВАЙ**- *(imperf.)* (вы́сказа-), что? state, say.
выска́зываю, выска́зываешь, выска́зывает, выска́зываем,
выска́зываете, выска́зывают
выска́зывал, выска́зывала, выска́зывало, выска́зывали.
Выска́зывай/те!

вы́стирать: **ВЫ́СТИРАЙ**- *(perf.)* (стира́й), что? в чём? wash, launder.
вы́стираю, вы́стираешь, вы́стирает, вы́стираем, вы́стираете,
вы́стирают
вы́стирал, вы́стирала, вы́стирало, вы́стирали. Вы́стирай/те!

выступа́ть: **ВЫСТУПА́Й**- *(imperf.)* (вы́ступи-), где? с чем? appear, perform.
выступа́ю, выступа́ешь, выступа́ет, выступа́ем, выступа́ете,
выступа́ют
выступа́л, выступа́ла, выступа́ло, выступа́ли. Выступа́й/те!

вы́ступить: **ВЫ́СТУПИ**- *(perf.)* (выступа́й-), где? с чем? appear, perform.
вы́ступлю, вы́ступишь, вы́ступит, вы́ступим, вы́ступите, вы́ступят
вы́ступил, вы́ступила, вы́ступило, вы́ступили. Вы́ступи/те!

вытека́ть: **ВЫТЕКА́Й**- *(imperf.)* (вы́тек-), откуда? из чего? flow out.
вытека́ю, вытека́ешь, вытека́ет, вытека́ем, вытека́ете, вытека́ют
вытека́л, вытека́ла, вытека́ло, вытека́ли. Вытека́й/те!

вы́тереть: **ВЫ́ТР**- *(perf.)* (вытира́й-), что? wipe off, dry.
вы́тру, вы́трешь, вы́трет, вы́трем, вы́трете, вы́трут
вы́тер, вы́терла, вы́терло, вы́терли. Вы́три/те!

вы́течь: **ВЫ́ТЕК**- *(perf.)* (вытека́й-), откуда? из чего? flow out.
вы́теку, вы́течешь, вы́течет, вы́течем, вы́течете, вы́текут
вы́тек, вы́текла, вы́текло, вы́текли. Вы́теки/те!

вытира́ть: **ВЫТИРА́Й**- *(imperf.)* (вы́тр-), что? wipe off, dry.
вытира́ю, вытира́ешь, вытира́ет, вытира́ем, вытира́ете, вытира́ют
вытира́л, вытира́ла, вытира́ло, вытира́ли. Вытира́й/те!

вы́ть: **ВО́Й**- *(imperf.)*, howl, wail.
во́ю, во́ешь, во́ет, во́ем, во́ете, во́ют
вы́л, вы́ла, вы́ло, вы́ли. Во́й/те!

вы́учить: **ВЫ́УЧИ**- *(perf.)* (учи́-)ˣ, что? learn (by heart), memorize.
вы́учу, вы́учишь, вы́учит, вы́учим, вы́учите, вы́учат
вы́учил, вы́учила, вы́учило, вы́учили. Вы́учи/те!

выходи́ть: **ВЫХОДИ́**-ˣ *(imperf.)* (**вы́йти**), куда? откуда? go out, exit (on foot).
выхожу́, выхо́дишь, выхо́дит, выхо́дим, выхо́дите, выхо́дят
выходи́л, выходи́ла, выходи́ло, выходи́ли. Выходи́/те!

вычёркивать: **ВЫЧЁРКИВАЙ**- *(imperf.)* (вы́черкну-), что? cross out.
вычёркиваю, вычёркиваешь, вычёркивает, вычёркиваем,
вычёркиваете, вычёркивают
вычёркивал, вычёркивала, вычёркивало, вычёркивали.
Вычёркивай/те!

вы́черкнуть: **ВЫ́ЧЕРКНУ**- *(perf.)* (вычёркивай-), что? cross out.
вы́черкну, вы́черкнешь, вы́черкнет, вы́черкнем, вы́черкнете,
вы́черкнут
вы́черкнул, вы́черкнула, вы́черкнуло, вы́черкнули. Вы́черкни/те!

вы́яснить(ся): **ВЫ́ЯСНИ-(СЯ)** *(perf.)* (выясня́й-(ся)), что? find out, turn out.
вы́ясню(сь), вы́яснишь(ся), вы́яснит(ся), вы́ясним(ся),
вы́ясните(сь), вы́яснят(ся)
вы́яснил(ся), вы́яснила(сь), вы́яснило(сь), вы́яснили(сь).
Вы́ясни/те(сь)!

выясня́ть(ся): **ВЫЯСНЯ́Й-(СЯ)** *(imperf.)* (вы́ясни-(ся)), что? find out, turn out.
выясня́ю(сь), выясня́ешь(ся), выясня́ет(ся), выясня́ем(ся),
выясня́ете(сь), выясня́ют(ся)
выясня́л(ся), выясня́ла(сь), выясня́ло(сь), выясня́ли(сь).
Выясня́й(ся)! Выясня́йте(сь)!

Гг

гармони́ровать: **ГАРМОНИ́РОВА**- *(imperf.)*, с чем? go with, harmonize.
гармони́рую, гармони́руешь, гармони́рует, гармони́руем,
гармони́руете, гармони́руют
гармони́ровал, гармони́ровала, гармони́ровало, гармони́ровали.
Гармони́руй/те!

гасить: **ГАСИ̂-** *(imperf.)* (погаси̲-), что? put out, extinguish.
    гашу́, га́сишь, га́сит, га́сим, га́сите, га́сят
    гаси́л, гаси́ла, гаси́ло, гаси́ли. Гаси/те!

га́снуть: **ГА́СНУ•-** *(imperf.)* (пога́сну•-), go out, die out.
    га́сну, га́снешь, га́снет, га́снем, га́снете, га́снут
    га́с, га́сла, га́сло, га́сли. Га́сни/те!

ги́бнуть: **ГИ́БНУ•-** *(imperf.)* (поги́бну•-), от чего? be killed, die, perish (from).
    ги́бну, ги́бнешь, ги́бнет, ги́бнем, ги́бнете, ги́бнут
    ги́б, ги́бла, ги́бло, ги́бли. Ги́бни/те!

гла́дить: **ГЛА́ДИ-** *(imperf.)* (погла́ди̲-), что? iron, press; что? кого? по чему? stroke, pet.
    гла́жу, гла́дишь, гла́дит, гла́дим, гла́дите, гла́дят
    гла́дил, гла́дила, гла́дило, гла́дили. Гла́дь/те!

глота́ть: **ГЛОТА́Й-** *(imperf.)* (глотну́-), что? кого? swallow.
    глота́ю, глота́ешь, глота́ет, глота́ем, глота́ете, глота́ют
    глота́л, глота́ла, глота́ло, глота́ли. Глота́й/те!

глотну́ть: **ГЛОТНУ́-** *(perf.)* (глота́й-), что? кого? take a swallow.
    глотну́, глотнёшь, глотнёт, глотнём, глотнёте, глотну́т
    глотну́л, глотну́ла, глотну́ло, глотну́ли. Глотни/те!

гло́хнуть: **ГЛО́ХНУ•-** *(imperf.)* (огло́хну•-), become deaf.
    гло́хну, гло́хнешь, гло́хнет, гло́хнем, гло́хнете, гло́хнут
    гло́х, гло́хла, гло́хло, гло́хли. Гло́хни/те!

гляде́ть: **ГЛЯДЕ́-** *(imperf.)* (погляде́-), на что? на кого? look, glance at.
    гляжу́, гляди́шь, глядит, гляди́м, гляди́те, глядя́т
    гляде́л, гляде́ла, гляде́ло, гляде́ли. Погляди/те!

гна́ть: *(irreg.)* *(imperf.)* (unidirectional), drive, prod.
    гоню́, го́нишь, го́нит, го́ним, го́ните, го́нят
    гна́л, гнала́, гна́ло, гна́ли. Гони/те!

гну́ть(ся): **ГНУ́-(СЯ)** *(imperf.)* (согну́-(ся)), что? bend, bow.
    гну́(сь), гнёшь(ся), гнёт(ся), гнём(ся), гнёте(сь), гну́т(ся)
    гну́л(ся), гну́ла(сь), гну́ло(сь), гну́ли(сь). Гни/те(сь)!

говори́ть: **ГОВОРИ̂-** *(imperf.)* (сказа̲-), что? кому? о чём? talk, say, speak; (поговори́-), с кем? о чём? have a talk.
    говорю́, говори́шь, говори́т, говори́м, говори́те, говоря́т
    говори́л, говори́ла, говори́ло, говори́ли. Говори́/те!

годи́ться: **ГОДИ́-СЯ** *(imperf.)* на что? для чего? кому? be fit for, do for, be suitable, be seemly.
    гожу́сь, годи́шься, годи́тся, годи́мся, годи́тесь, годя́тся
    годи́лся, годи́лась, годи́лось, годи́лись. [No imperative.]

голода́ть: **ГОЛОДА́Й-** *(imperf.)* (проголода́й-(ся)), starve, suffer with hunger; (grow hungry).
голода́ю, голода́ешь, голода́ет, голода́ем, голода́ете, голода́ют
голода́л, голода́ла, голода́ло, голода́ли. Голода́й! Голода́йте!

голосова́ть: **ГОЛОСОВА́-** *(imperf.)* (проголосова́-), за кого? за что? vote (for).
голосу́ю, голосу́ешь, голосу́ет, голосу́ем, голосу́ете, голосу́ют
голосова́л, голосова́ла, голосова́ло, голосова́ли. Голосу́й/те!

горди́ться: **ГОРДИ́-СЯ** *(imperf.)* кем? чем? be proud (of), take pride (in).
горжу́сь, горди́шься, горди́тся, горди́мся, горди́тесь, горди́тся
горди́лся, горди́лась, горди́лось, горди́лись. Горди́/тесь!

горе́ть: **ГОРЕ́-** *(imperf.)* (сгоре́-), burn, be on fire.
горю́, гори́шь, гори́т, гори́м, гори́те, горя́т
горе́л, горе́ла, горе́ло, горе́ли. Гори́/те!

гости́ть: **ГОСТИ́-** *(imperf.)* (погости́-), кого? что? stay (with), be a guest (of), visit.
гощу́, гости́шь, гости́т, гости́м, гости́те, гостя́т
гости́л, гости́ла, гости́ло, гости́ли. Гости́/те!

гото́вить: **ГОТО́ВИ-** *(imperf.)* (приготови́-), что? кого? prepare.
гото́влю, гото́вишь, гото́вит, гото́вим, гото́вите, гото́вят,
гото́вил, гото́вила, гото́вило, гото́вили. Гото́вь/те!

гото́виться: **ГОТО́ВИ-СЯ** *(imperf.)* (подготови́-ся), к чему? get ready for, prepare oneself.
гото́влюсь, гото́вишься, гото́вится, гото́вимся, гото́витесь, гото́вятся,
гото́вился, гото́вилась, гото́вилось, гото́вились. Гото́вься!
Гото́вьтесь!

гре́ть(ся): **ГРЕ́Й-(СЯ)** *(imperf.)* give warmth; (согре́й-(ся)), что? кого? to heat, warm (oneself).
гре́ю(сь), гре́ешь(ся), гре́ет(ся), гре́ем(ся), гре́ете(сь), гре́ют(ся)
гре́л(ся), гре́ла(сь), гре́ло(сь), гре́ли(сь). Гре́й(ся)! Гре́йте(сь)!

грози́ть: **ГРОЗИ́-** *(imperf.)* (погрози́-), что? кого? threaten.
грожу́, грози́шь, грози́т, грози́м, грози́те, грозя́т
грози́л, грози́ла, грози́ло, грози́ли. Грози́/те

губи́ть: **ГУБИ́-** *(perf.)* (погуби́-), что? кого? destroy, ruin, spoil.
гублю́, гу́бишь, гу́бит, гу́бим, гу́бите, гу́бят
губи́л, губи́ла, губи́ло, губи́ли. Губи́/те!

гуля́ть: **ГУЛЯ́Й-** *(imperf.)* (погуля́й-), где? по чему? stroll, walk.
гуля́ю, гуля́ешь, гуля́ет, гуля́ем, гуля́ете, гуля́ют
гуля́л, гуля́ла, гуля́ло, гуля́ли. Гуля́й/те!

Дд

давáть: **ДАВÁЙ-** *(imperf.)* (**дáть**), что? кому? give.
    даю́, даёшь, даёт, даём, даёте, даю́т
    давáл, давáла, давáло, давáли. Давáй/те!

дари́ть: **ДАРИ́-** *(imperf.)* (подари́-), что? кого? (кому?) present a gift (to someone).
    дарю́, дáришь, дáрит, дáрим, дáрите, дáрят
    дари́л, дари́ла, дари́ло, дари́ли. Дари́/те!

дáть: *(irreg.)* *(perf.)* (давáй-), что? кому? give.
    дáм, дáшь, дáст, дади́м, дади́те, даду́т
    дáл, далá, дáло, дáли. Дáй/те!

дви́гать(ся): **ДВИ́ГАЙ-(СЯ)** *(imperf.)* (дви́ну-(ся)), что? кого? move, stir (move oneself).
    дви́гаю(сь), дви́гаешь(ся), дви́гает(ся), дви́гаем(ся), дви́гаете(сь), дви́гают(ся)
    дви́гал(ся), дви́гала(сь), дви́гало(сь), дви́гали(сь). Дви́гай(ся)! Дви́гайте(сь)!

дви́нуть(ся): **ДВИ́НУ-(СЯ)** *(perf.)* (дви́гай-(ся)), что? кого? move, stir (move oneself).
    дви́ну(сь), дви́нешь(ся), дви́нет(ся), дви́нем(ся), дви́нете(сь), дви́нут(ся)
    дви́нул(ся), дви́нула(сь), дви́нуло(сь), дви́нули(сь). Дви́нь(ся)! Дви́ньте(сь)!

дебюти́ровать: **ДЕБЮТИ́РОВА-** *(imperf. and perf.)* make one's debut.
    дебюти́рую, дебюти́руешь, дебюти́рует, дебюти́руем, дебюти́руете, дебюти́руют
    дебюти́ровал, дебюти́ровала, дебюти́ровало, дебюти́ровали. Дебюти́руй/те!

дéлать: **ДÉЛАЙ-** *(imperf.)* (сдéлай-), что? make, do.
    дéлаю, дéлаешь, дéлает, дéлаем, дéлаете, дéлают
    дéлал, дéлала, дéлало, дéлали. Дéлай(те)!

дели́ть: **ДЕЛИ́-** *(imperf.)* (раздели́-), что? divide; (подели́-), (с кем?) share (with).
    делю́, дéлишь, дéлит, дéлим, дéлите, дéлят
    дели́л, дели́ла, дели́ло, дели́ли. Дели́/те!

дели́ться: **ДЕЛИ́-СЯ** *(imperf.)* (раздели́-ся), (на что?) divide (into); (подели́-ся), чем? (с кем?) share (with).
    делю́сь, дéлишься, дéлится, дéлимся, дéлитесь, дéлятся
    дели́лся, дели́лась, дели́лось, дели́лись. Дели́/тесь!

держа́ть: **ДЕРЖА́-** *(imperf.)* что? кого? hold, keep, support.
     держу́, де́ржишь, де́ржит, де́ржим, де́ржите, де́ржат
     держа́л, держа́ла, держа́ло, держа́ли. Держи́/те!

дифференци́ровать: **ДИФФЕРЕНЦИ́РОВА-** *(imperf.* and *perf.)* differentiate.
     дифференци́рую, дифференци́руешь, дифференци́рует,
     дифференци́руем, дифференци́руете, дифференци́руют
     дифференци́ровал, дифференци́ровала, дифференци́ровало,
     дифференци́ровали. Дифференци́руй/те!

доба́вить: **ДОБА́ВИ-** *(perf.)* (добавля́й-), что? (к чему?) add (to).
     доба́влю, доба́вишь, доба́вит, доба́вим, доба́вите, доба́вят
     доба́вил, доба́вила, доба́вило, доба́вили. Доба́вь/те!

добавля́ть: **ДОБАВЛЯ́Й-** *(imperf.)* (доба́ви-), что? (к чему?) add (to).
     добавля́ю, добавля́ешь, добавля́ет, добавля́ем, добавля́ете,
     добавля́ют
     добавля́л, добавля́ла, добавля́ло, добавля́ли. Добавля́й/те!

добега́ть: **ДОБЕГА́Й-** *(imperf.)* (**добежа́ть**), куда? до чего? до кого? reach by running.
     добега́ю, добега́ешь, добега́ет, добега́ем, добега́ете, добега́ют
     добега́л, добега́ла, добега́ло, добега́ли. Добега́й/те!

добежа́ть *(irreg.)* *(perf.)* (добега́й-), куда? до чего? до кого? reach by running.
     добегу́, добежи́шь, добежи́т, добежи́м, добежи́те, добегу́т
     добежа́л, добежа́ла, добежа́ло, добежа́ли. Добеги́/те!

добива́ться: **ДОБИВА́Й-СЯ** *(imperf.)* (добьи́-ся), чего? get, obtain, achieve.
     добива́юсь, добива́ешься, добива́ется, добива́емся, добива́етесь,
     добива́ются
     добива́лся, добива́лась, добива́лось, добива́лись. Добива́йся!
     Добива́йтесь!

добира́ться: **ДОБИРА́Й-СЯ** *(imperf.)* (доб/ра́-ся), до чего? до кого?, reach, get (to).
     добира́юсь, добира́ешься, добира́ется, добира́емся, добира́етесь,
     добира́ются
     добира́лся, добира́лась, добира́лось, добира́лись. Добира́йся!
     Добира́йтесь!

доби́ться: **ДОБЬЙ́СЯ** *(perf.)* (добива́й-ся), чего? get, obtain, achieve.
     добью́сь, добьёшься, добьётся, добьёмся, добьётесь, добью́тся
     доби́лся, доби́лась, доби́лось, доби́лись. Добе́йся! Добе́йтесь!

добра́ться: **ДОБ/РА́-СЯ** *(perf.)* (добира́й-ся), до чего? до кого?, reach, get (to).
     доберу́сь, добере́шься, добере́тся, добере́мся, добере́тесь,
     доберу́тся
     добра́лся, добрала́сь, добрало́сь, добрали́сь. Добери́/тесь!

доверить: **ДОВЕ́РИ-** *(perf.)* (доверя́й-), что? (кому?) entrust (to).
     доверю, дове́ришь, дове́рит, дове́рим, дове́рите, дове́рят
     дове́рил, дове́рила, дове́рило, дове́рили. Дове́рь/те!

доверя́ть: **ДОВЕРЯ́Й-** *(imperf.)* (дове́ри-), что? (кому?) entrust (to).
     доверя́ю, доверя́ешь, доверя́ет, доверя́ем, доверя́ете, доверя́ют
     доверя́л, доверя́ла, доверя́ло, доверя́ли. Доверя́й/те!

догада́ться: **ДОГАДА́Й-СЯ** *(imperf.)* (догадывай-ся), о чём? guess.
     догада́юсь, догада́ешься, догада́ется, догада́емся, догада́етесь,
     догада́ются
     догада́лся, догада́лась, догада́лось, догада́лись. Догада́йся!
     Догада́йтесь!

дога́дываться: **ДОГА́ДЫВАЙ-СЯ** *(perf.)* (догада́й-ся), о чём? guess.
     дога́дываюсь, дога́дываешься, дога́дывается, дога́дываемся,
     дога́дываетесь, дога́дываются
     дога́дывался, дога́дывалась, дога́дывалось, дога́дывались.
     Дога́дывайся! Дога́дывайтесь!

догова́риваться: **ДОГОВА́РИВАЙ-СЯ** *(imperf.)* (договори́-ся), о чём? с
     кем? agree, reach agreement.
     догова́риваюсь, догова́риваешься, догова́ривается,
     догова́риваемся, догова́риваетесь, догова́риваются
     догова́ривался, догова́ривалась, догова́ривалось,
     догова́ривались. Догова́ривайся! Догова́ривайтесь!

договори́ться: **ДОГОВОРИ́-СЯ** *(imperf.)* (догова́ривай-ся), о чём? с кем?
     agree, reach agreement.
     договорю́сь, договори́шься, договори́тся, договори́мся,
     договори́тесь, договоря́тся
     договори́лся, договори́лась, договори́лось, договори́лись.
     Договори́/тесь!

догна́ть *(irreg.) (perf.)* (догоня́й-), что? кого? catch up (with), overtake.
     догоню́, дого́нишь, дого́нит, дого́ним, дого́ните, дого́нят
     догна́л, догнала́, догна́ло, догна́ли. Догони́/те!

догоня́ть: **ДОГОНЯ́Й-** *(imperf.)* (**догна́ть**), что? кого? catch up (with).
     догоня́ю, догоня́ешь, догоня́ет, догоня́ем, догоня́ете, догоня́ют
     догоня́л, догоня́ла, догоня́ло, догоня́ли. Догоня́й/те!

доезжа́ть: **ДОЕЗЖА́Й-** *(imperf.)* (**дое́хать**), до чего? reach (by conveyance).
     доезжа́ю, доезжа́ешь, доезжа́ет, доезжа́ем, доезжа́ете, доезжа́ют
     доезжа́л, доезжа́ла, доезжа́ло, доезжа́ли. Доезжа́й/те!

дое́хать: *(irreg.) (perf.)* (доезжа́й-), до чего? reach (by conveyance).
     дое́ду, дое́дешь, дое́дет, дое́дем, дое́дете, дое́дут
     дое́хал, дое́хала, дое́хало, дое́хали. (Доезжа́й/те!)

дождаться: **ДОЖДА́-СЯ** *(perf.)* (дожида́й-ся), чего? кого? wait for.
     дожду́сь, дождёшься, дождётся, дождёмся, дождётесь, дожду́тся
     дожда́лся, дождала́сь, дождало́сь, дожда́ли́сь. Дожди́/тесь!

дожида́ться: **ДОЖИДА́Й-СЯ** *(imperf.)* (дожда́-ся), чего? кого? wait for.
дожида́юсь, дожида́ешься, дожида́ется, дожида́емся, дожида́етесь, дожида́ются
дожида́лся, дожида́лась, дожида́лось, дожида́лись. Дожида́йся! Дожида́йтесь!

дойти́ *(irreg.)* *(perf.)* (доходи́-), reach (by foot).
дойду́, дойдёшь, дойдёт, дойдём, дойдёте, дойду́т
дошёл, дошла́, дошло́, дошли́. Дойди́/те!

доказа́ть: **ДОКАЗА́-** *(perf.)* (дока́зывай-), что? (кому?) prove (to).
докажу́, дока́жешь, дока́жет дока́жем, дока́жете, дока́жут
доказа́л, доказа́ла, доказа́ло, доказа́ли. Докажи́/те!

дока́зывать: **ДОКА́ЗЫВАЙ-** *(imperf.)* (доказа́-), что? (кому?) prove (to).
дока́зываю, дока́зываешь, дока́зывает, дока́зываем, дока́зываете, дока́зывают
дока́зывал, дока́зывала, дока́зывало, дока́зывали. Дока́зывай/те!

допо́лнить: **ДОПО́ЛНИ-** *(perf.)* (дополня́й-), что? (чем?), amplify, supplement (with).
допо́лню, допо́лнишь, допо́лнит, допо́лним, допо́лните, допо́лнят
допо́лнил, допо́лнила, допо́лнило, допо́лнили. Допо́лни/те!

дополня́ть: **ДОПОЛНЯ́Й-** *(imperf.)* (допо́лни-), что? (чем?), amplify, supplement (with).
дополня́ю, дополня́ешь, дополня́ет, дополня́ем, дополня́ете, дополня́ют
дополня́л, дополня́ла, дополня́ло, дополня́ли. Дополня́й/те!

допуска́ть: **ДОПУСКА́Й-** *(imperf.)* (допусти́-), что? кого? allow, permit.
допуска́ю, допуска́ешь, допуска́ет, допуска́ем, допуска́ете, допуска́ют
допуска́л, допуска́ла, допуска́ло, допуска́ли. Допуска́й/те!

допусти́ть: **ДОПУСТИ́-** *(perf.)* (допуска́й-), что? кого? allow, permit.
допущу́, допу́стишь, допу́стит, допу́стим, допу́стите, допу́стят
допусти́л, допусти́ла, допусти́ло, допусти́ли. Допусти́/те!

дораба́тывать: **ДОРАБА́ТЫВАЙ-** *(imperf.)* (дорабо́тай-), что? improve.
дораба́тываю, дораба́тываешь, дораба́тывает, дораба́тываем, дораба́тываете, дораба́тывают
дораба́тывал, дораба́тывала, дораба́тывало, дораба́тывали. Дораба́тывай/те!

дорабо́тать: **ДОРАБО́ТАЙ-** *(perf.)* (дораба́тывай-), что? improve.
дорабо́таю, дорабо́таешь, дорабо́тает, дорабо́таем, дорабо́таете, дорабо́тают
дорабо́тал, дорабо́тала, дорабо́тало, дорабо́тали. Дорабо́тай/те!

доскака́ть: **ДОСКАКА̲-** *(perf.)* до чего? reach by jumping.
доскачу́, доска́чешь, доска́чет, доска́чем, доска́чете, доска́чут
доскака́л, доскака́ла, доскака́ло, доскака́ли. Доскачи́/те!

доставáть: **ДОСТАВА́Й-** *(imperf.)* (доста́н̲-), что? (откуда?) reach, get (from).
достаю́, достаёшь, достаёт, достаём, достаёте, достаю́т
достава́л, достава́ла, достава́ло, достава́ли. Достава́й/те!

доста́ть: **ДОСТА́Н̲-** *(perf.)* (достава́й-), что? (откуда?) reach, get (from).
доста́ну, доста́нешь, доста́нет, доста́нем, доста́нете, доста́нут
доста́л, доста́ла, доста́ло, доста́ли. Доста́нь/те!

достигáть: **ДОСТИГА́Й-** *(imperf.)* (дости́гну̲•-), чего? reach, attain, achieve.
достига́ю, достига́ешь, достига́ет, достига́ем, достига́ете,
достига́ют
достига́л, достига́ла, достига́ло, достига́ли. Достига́й/те!

дости́гнуть: **ДОСТИ́ГНУ•-** *(perf.)* (достига́й-), чего? reach, attain, achieve.
дости́гну, дости́гнешь, дости́гнет, дости́гнем, дости́гнете,
дости́гнут
дости́г, дости́гла, дости́гло, дости́гли. Дости́гни/те!

доходи́ть: **ДОХОДИ̲-** *(imperf.)* (**дойти́**), reach (by foot).
дохожу́, дохо́дишь, дохо́дит, дохо́дим, дохо́дите, дохо́дят
доходи́л, доходи́ла, доходи́ло, доходи́ли. Доходи́/те!

дремáть: **ДРЕМА̲-** *(imperf.)* doze, slumber.
дремлю́, дре́млешь, дре́млет, дре́млем, дре́млете, дре́млют
дрема́л, дрема́ла, дрема́ло, дрема́ли. Дремли́/те!

дрожáть: **ДРОЖА̲-** *(imperf.)* shake, shiver, tremble.
дрожу́, дрожи́шь, дрожи́т, дрожи́м, дрожи́те, дрожа́т
дрожа́л, дрожа́ла, дрожа́ло, дрожа́ли. Дрожи́/те!

дружи́ть: **ДРУЖИ̲-** *(imperf.)* с кем? be friends with.
дружу́, дру́жишь, дру́жит, дру́жим, дру́жите, дру́жат
дружи́л, дружи́ла, дружи́ло, дружи́ли. Дружи́/те!

дружи́ться: **ДРУЖИ̲-СЯ** *(imperf.)* (подружи̲-ся), (с кем?) make friends (with).
дружу́сь, дру́жишься, дру́жится, дру́жимся, дру́житесь,
дру́жатся
дружи́лся, дружи́лась, дружи́лось, дружи́лись. Дружи́/тесь!

дýмать: **ДУ́МАЙ-** *(imperf.)* (поду́май-), о чём? о ком? think (about).
ду́маю, ду́маешь, ду́мает, ду́маем, ду́маете, ду́мают
ду́мал, ду́мала, ду́мало, ду́мали. Ду́май/те!

дýть: **ДУ́Й-** *(imperf.)* (подýй-), куда? откуда? (на что? на кого?), blow (on).
  дýю, дýешь, дýет, дýем, дýете, дýют
  дýл, дýла, дýло, дýли. Дýй/те!

дышáть: **ДЫША́-** *(imperf.)* чем? breathe.
  дышý, ды́шишь, ды́шит, ды́шим, ды́шите, ды́шат
  дышáл, дышáла, дышáло, дышáли. Дыши́/те!

$$\boxed{\textbf{Ee}}$$

éздить: **ЕЗДИ-** *(imperf.)* (multidirectional), куда? на чём? в чём? go (by conveyance); drive.
  éзжу, éздишь, éздит, éздим, éздите, éздят
  éздил, éздила, éздило, éздили. Éзди/те!

éсть: *(irreg.)* *(imperf.)* (**съéсть**), что? eat.
  éм, éшь, éст, еди́м, еди́те, едя́т
  éл, éла, éло, éли. Éшь/те!

éхать: *(irreg.)* *(imperf.)* (unidirectional), куда? на чём? в чём? go (by conveyance); drive.
  éду, éдешь, éдет, éдем, éдете, éдут
  éхал, éхала, éхало, éхали. (Поезжáй/те!)

Жж

жалéть: **ЖАЛÉЙ**- *(imperf.)* (пожалéй-), что? кого? pity, be sorry (for); spare.
    жалéю, жалéешь, жалéет, жалéем, жалéете, жалéют
    жалéл, жалéла, жалéло, жалéли. Жалéй/те!

жáловаться: **ЖÁЛОВА-СЯ** *(imperf.)* (пожáлова-ся), на что? на кого?
complain (about, of).
    жáлуюсь, жáлуешься, жáлуется, жáлуемся, жáлуетесь, жáлуются
    жáловался, жáловалась, жáловалось, жáловались. Жáлуйся!
Жáлуйтесь!

жáрить: **ЖÁРИ**- *(imperf.)* (зажáри- or изжáри-), что? кого? roast, fry.
    жáрю, жáришь, жáрит, жáрим, жáрите, жáрят
    жáрил, жáрила, жáрило, жáрили. Жáрь/те!

ждáть: **ЖДА**- *(imperf.)* что? чего? кого? wait (for).
    ждý, ждёшь, ждёт, ждём, ждёте, ждýт
    ждáл, ждалá, ждáло, ждáли. Жди/те!

жевáть: **ЖЕВÁ**- *(imperf.)* что? chew.
    жую, жуёшь, жуёт, жуём, жуёте, жуют
    жевáл, жевáла, жевáло, жевáли. Жýй/те!

желáть: **ЖЕЛÁЙ**- *(imperf.)* (пожелáй-), чего? кому? wish, desire.
    желáю, желáешь, желáет, желáем, желáете, желáют
    желáл, желáла, желáло, желáли. Желáй/те!

желтéть: **ЖЕЛТÉЙ**- *(imperf.)* (пожелтéй-), turn yellow.
    желтéю, желтéешь, желтéет, желтéем, желтéете, желтéют
    желтéл, желтéла, желтéло, желтéли. Желтéй/те!

женúться: **ЖЕНИ-СЯ** *(imperf. and perf.)*, на ком? get married (to a woman).
    женюсь, жéнишься, жéнится, жéнимся, жéнитесь, жéнятся
    женúлся, женúлись. Женú/тесь!

жéчь: **Ж/Г-**(*imperf.*) (с/ж/г-), что? кого? burn.
    жгý, жжёшь, жжёт, жжём, жжёте, жгýт
    жёг, жглá, жглó, жгли. Жги/те!

жúть: **ЖИВ**- *(imperf.)* где? у кого? live.
    живý, живёшь, живёт, живём, живёте, живýт
    жúл, жилá, жúло, жúли. Живи/те!

журчáть: **ЖУРЧÁ**- *(imperf.)* как? murmur.
    журчý, журчúшь, журчúт, журчúм, журчúте, журчáт
    журчáл, журчáла, журчáло, журчáли. Журчи/те!

Зз

забега́ть: **ЗАБЕГА́Й**- *(imperf.)* (**забежа́ть**), куда? drop in, stop by.
  забега́ю, забега́ешь, забега́ет, забега́ем, забега́ете, забега́ют
  забега́л, забега́ла, забега́ло, забега́ли. Забега́й/те!

забежа́ть: *(irreg.) (perf.)* (забега́й-), куда? drop in on someone, stop by.
  забегу́, забежи́шь, забежи́т, забежи́м, забежи́те, забегу́т
  забежа́л, забежа́ла, забежа́ло, забежа́ли. Забеги́/те!

                                x
заблуди́ться: **ЗАБЛУДИ́-СЯ** *(perf.)* (заблужда́й-ся), где? get lost, lose one's way.
  заблужу́сь, заблу́дишься, заблу́дится, заблу́димся, заблу́дитесь, заблу́дятся
  заблуди́лся, заблуди́лась, заблуди́лось, заблуди́лись.
  Заблуди́/тесь!

                                      x
заблужда́ться: **ЗАБЛУЖДА́Й-СЯ** *(imperf.)* (заблуди́-ся), где? get lost, lose one's way.
  заблужда́юсь, заблужда́ешься, заблужда́ется, заблужда́емся, заблужда́етесь, заблужда́ются
  заблужда́лся, заблужда́лась, заблужда́лось, заблужда́лись.
  Заблужда́йся! Заблужда́йтесь!

заболева́ть: **ЗАБОЛЕВА́Й**- *(imperf.)* (заболе́й- and боле́й-), чем? get sick.
  заболева́ю, заболева́ешь, заболева́ет, заболева́ем, заболева́ете, заболева́ют
  заболева́л, заболева́ла, заболева́ло, заболева́ли. Заболева́й/те!

заболе́ть: **ЗАБОЛЕ́Й**- *(perf.)* (заболева́й-), чем? get sick.
  заболе́ю, заболе́ешь, заболе́ет, заболе́ем, заболе́ете, заболе́ют
  заболе́л, заболе́ла, заболе́ло, заболе́ли. Заболе́й/те!

забо́титься: **ЗАБО́ТИ-СЯ** *(imperf.)* (позабо́ти-ся), о чём? о ком? be worried (about), look after, take care of.
  забо́чусь, забо́тишься, забо́тится, забо́тимся, забо́титесь, забо́тятся
  забо́тился, забо́тилась, забо́тилось, забо́тились. Забо́ться!
  Забо́тьтесь!

забыва́ть: **ЗАБЫВА́Й**- *(imperf.)* (**забы́ть**), что? кого? (о чём? о ком?) forget (about).
  забыва́ю, забыва́ешь, забыва́ет, забыва́ем, забыва́ете, забыва́ют
  забыва́л, забыва́ла, забыва́ло, забыва́ли. Забыва́й/те!

забы́ть: *(irreg.) (perf.)* (забыва́й-), что? кого? (о чём? о ком?) forget (about).
  забу́ду, забу́дешь, забу́дет, забу́дем, забу́дете, забу́дут
  забы́л, забы́ла, забы́ло, забы́ли. Забу́дь/те!

заве́довать: **ЗАВЕ́ДОВА**- *(imperf.)* чем? кем? be in charge (of), manage, head.
заве́дую, заве́дуешь, заве́дует, заве́дуем, заве́дуете, заве́дуют
заве́довал, заве́довала, заве́довало, заве́довали. Заве́дуй/те!

заверша́ть: **ЗАВЕРША́Й**- *(imperf.)* (заверши́-), что? complete, conclude.
заверша́ю, заверша́ешь, заверша́ет, заверша́ем, заверша́ете, заверша́ют
заверша́л, заверша́ла, заверша́ло, заверша́ли. Заверша́й/те!

заверши́ть: **ЗАВЕРШИ́**- *(perf.)* (заверша́й-), что? complete, conclude.
завершу́, заверши́шь, заверши́т, заверши́м, заверши́те, заверша́т
заверши́л, заверши́ла, завершило, заверши́ли. Заверши́/те!

зави́сеть: **ЗАВИ́СЕ**- *(imperf.)*, от чего? от кого? depend (on).
зави́шу, зави́сишь, зави́сит, зави́сим, зави́сите, зави́сят
зави́сел, зави́села, зави́село, зави́сели. Зави́сь/те!

завладева́ть: **ЗАВЛАДЕВА́Й**- *(imperf.)* (завладе́й-), чем? кем? take possession of.
завладева́ю, завладева́ешь, завладева́ет, завладева́ем, завладева́ете, завладева́ют
завладева́л, завладева́ла, завладева́ло, завладева́ли. Завладева́й/те!

завладе́ть: **ЗАВЛАДЕ́Й**- *(perf.)* (завладева́й-), чем? кем? take possession of.
завладе́ю, завладе́ешь, завладе́ет, завладе́ем, завладе́ете, завладе́ют
завладе́л, завладе́ла, завладе́ло, завладе́ли. Завладе́й/те!

за́втракать: **ЗА́ВТРАКАЙ**- *(imperf.)* (поза́втракай-), где? чем? have breakfast.
за́втракаю, за́втракаешь, за́втракает, за́втракаем, за́втракаете, за́втракают
за́втракал, за́втракала, за́втракало, за́втракали. За́втракай/те!

загада́ть: **ЗАГАДА́Й**- *(perf.)* (зага́дывай-), что? кому? think of.
загада́ю, загада́ешь, загада́ет, загада́ем, загада́ете, загада́ют
загада́л, загада́ла, загада́ло, загада́ли. Загада́й/те!

зага́дывать: **ЗАГА́ДЫВАЙ**- *(imperf.)* (загада́й-), что? кому? think of.
зага́дываю, зага́дываешь, зага́дывает, зага́дываем, зага́дываете, зага́дывают
зага́дывал, зага́дывала, зага́дывало, зага́дывали. Зага́дывай/те!

загля́дывать: **ЗАГЛЯ́ДЫВАЙ**- *(imperf.)* (загляну́-), куда? во что?. к кому? glance (at), look, peep into; drop in at someone's place.
загля́дываю, загля́дываешь, загля́дывает, загля́дываем, загля́дываете, загля́дывают
загля́дывал, загля́дывала, загля́дывало, загля́дывали. Загля́дывай/те!

загляну́ть: **ЗАГЛЯНУ̲-** *(perf.)* (загля́дыв**ай**-), куда? во что?. к кому? glance (at), look, peep into; drop in at someone's place.
заглянý, загля́нешь, загля́нет, загля́нем, загля́нете, загля́нут
заглянý л, заглянý ла, заглянý ло, заглянý ли. Загляни/те!

загора́ть: **ЗАГОР А̲Й̲-** *(imperf.)* (загор**е́**-), get a suntan, sunbathe.
загора́ю, загора́ешь, загора́ет, загора́ем, загора́ете, загора́ют
загора́л, загора́ла, загора́ло, загора́ли. Загора́й/те!

загоре́ть: **ЗАГОР Е̲-** *(perf.)* (загор**а́й**-), get a suntan, sunbathe.
загорю́, загори́шь, загори́т, загори́м, загори́те, загоря́т
загоре́л, загоре́ла, загоре́ло, загоре́ли. Загори́/те!

задава́ть: **ЗАД АВА̲Й̲-** *(imperf.)* (**зада́ть**), что? кому? assign, pose.
задаю́, задаёшь, задаёт, задаём, задаёте, задаю́т
задава́л, задава́ла, задава́ло, задава́ли. Задава́й/те!

зада́ть: *(irreg.)* *(perf.)* (зад**ава́й**-), что? кому? assign, pose.
зада́м, зада́шь, зада́ст, задади́м, задади́те, зададу́т
за́дал, задала́, за́дало, за́дали. Зада́й/те!

задержа́ть(ся): **ЗАДЕРЖ А̲-(СЯ)** *(perf.)* (заде́ржив**ай**-(ся)), что? кого? delay, detain; (где? be detained, be too slow).
задержý(сь), заде́ржишь(ся), заде́ржит(ся), заде́ржим(ся), заде́ржите(сь), заде́ржат(ся)
задержа́л(ся), задержа́ла(сь), задержа́ло(сь), задержа́ли(сь). Задержи́/те(сь)!

заде́рживать(ся): **ЗАДЕ́РЖИВ А̲Й̲-(СЯ)** *(imperf.)* (задерж**а́**-(ся)), что? кого? delay, detain; (где? be detained, be too slow).
заде́рживаю(сь), заде́рживаешь(ся), заде́рживает(ся), заде́рживаем(ся), заде́рживаете(сь), заде́рживают(ся)
заде́рживал(ся), заде́рживала(сь), заде́рживало(сь), заде́рживали(сь).
Заде́рживай(ся)! Заде́рживайте(сь)!

задохну́ться: **ЗАДОХНУ̲́-СЯ** and **ЗАДО́ХНУ•-СЯ** *(perf.)* (задых**а́й**-ся), choke, suffocate.
задохнýсь, задохнёшься, задохнётся, задохнёмся, задохнётесь, задохнýтся
задохнýлся, задохнýлась, задохнýлось, задохнýлись. *or*
задо́хся, задо́хлась, задо́хлось, задо́хлись. Задохни́/тесь!

заду́мать: **ЗАД У̲́МАЙ̲-** *(perf.)* (заду́мыв**ай**-), что? plan, conceive of an idea.
заду́маю, заду́маешь, заду́мает, заду́маем, заду́маете, заду́мают
заду́мал, заду́мала, заду́мало, заду́мали. Заду́май/те!

задуматься: **ЗАДУ́МАЙ-СЯ** *(perf.)* (задумыв<u>ай</u>-ся), над чем? think, ponder (about).
задумаюсь, задумаешься, задумается, задумаемся, задумаетесь, задумаются
задумался, задумалась, задумалось, задумались. Задумайся! Задумайтесь!

задумывать: **ЗАДУ́МЫВАЙ-** *(imperf.)* (задум<u>ай</u>-), что? plan, conceive of an idea.
задумываю, задумываешь, задумывает, задумываем, задумываете, задумывают
задумывал, задумывала, задумывало, задумывали. Задумывай/те!

задумываться: **ЗАДУ́МЫВ<u>АЙ</u>-СЯ** *(imperf.)* (задум<u>ай</u>-ся), над чем? think, ponder (about).
задумываюсь, задумываешься, задумывается, задумываемся, задумываетесь, задумываются
задумывался, задумывалась, задумывалось, задумывались. Задумывайся! Задумывайтесь!

задыха́ться: **ЗАДЫХ<u>АЙ</u>-СЯ** *(imperf.)* (задох<u>ну́</u>-ся *and* задо́х<u>ну</u>*-ся), choke, suffocate.
задыха́юсь, задыха́ешься, задыха́ется, задыха́емся, задыха́етесь, задыха́ются
задыха́лся, задыха́лась, задыха́лось, задыха́лись. Задыхайся! Задыхайтесь!

заезжа́ть: **ЗАЕЗЖ<u>А́Й</u>-** *(imperf.)* (**зае́хать**), за чем? за кем? call for, pick up.
заезжа́ю, заезжа́ешь, заезжа́ет, заезжа́ем, заезжа́ете, заезжа́ют
заезжа́л, заезжа́ла, заезжа́ло, заезжа́ли. Заезжа́й/те!

зае́хать: *(irreg.)* *(perf.)* (заезж<u>а́й</u>-), за чем? за кем? call for, pick up.
зае́ду, зае́дешь, зае́дет, зае́дем, зае́дете, зае́дут
зае́хал, зае́хала, зае́хало, зае́хали. (Заезжа́й/те!)

зажа́рить: **ЗАЖА́РИ-** *(perf.)* (жа́р<u>и</u>), что? кого? roast, fry.
зажа́рю, зажа́ришь, зажа́рит, зажа́рим, зажа́рите, зажа́рят
зажа́рил, зажа́рила, зажа́рило, зажа́рили. Зажа́рь/те!

заинтересова́ть(ся): **ЗАИНТЕРЕСОВА́-(СЯ)** *(perf.)* (интерес<u>ова́</u>-(ся)), что? кого? interest; (чем? кем? be interested in).
заинтересу́ю(сь), заинтересу́ешь(ся), заинтересу́ет(ся), заинтересу́ем(ся), заинтересу́ете(сь), заинтересу́ют(ся)
заинтересова́л(ся), заинтересова́ла(сь), заинтересова́ло(сь), заинтересова́ли(сь). Заинтересу́й(ся)! Заинтересу́йте(сь)!

х
зайти́: *(irreg.)* *(perf.)* (заход<u>и</u>-), куда? к кому? call on, drop in, stop by; за что? go behind.
зайду́, зайдёшь, зайдёт, зайдём, зайдёте, зайду́т
зашёл, зашла́, зашло́, зашли. Зайди́/те!

заказа́ть: **ЗАКАЗА́**- *(perf.)* (зака́зыв<u>ай</u>-), что? кому? у кого? place an order; book, reserve.
> закажу́, зака́жешь, зака́жет, зака́жем, зака́жете, зака́жут
> заказа́л, заказа́ла, заказа́ло, заказа́ли. Закажи́/те!

зака́зывать: **ЗАКА́ЗЫВ<u>АЙ</u>**- *(imperf.)* (закаₓза-), что? кому? у кого? place an order; book, reserve.
> зака́зываю, зака́зываешь, зака́зывает, зака́зываем, зака́зываете, зака́зывают
> зака́зывал, зака́зывала, зака́зывало, зака́зывали. Зака́зывай/те!

закла́дывать: **ЗАКЛА́ДЫВ<u>АЙ</u>**- *(imperf.)* (залож<u>и</u>-), что? to lay (the foundation of). что? куда? to put (behind).
> закла́дываю, закла́дываешь, закла́дывает, закла́дываем, закла́дываете, закла́дывают
> закла́дывал, закла́дывала, закла́дывало, закла́дывали. Закла́дывай/те!

заключа́ть: **ЗАКЛЮЧ<u>А́Й</u>**- *(imperf.)* (заключ<u>и́</u>-), что? чем? complete, finalize, conclude. что? кого? куда? во что? confine, enclose.
> заключа́ю, заключа́ешь, заключа́ет, заключа́ем , заключа́ете, заключа́ют
> заключа́л, заключа́ла, заключа́ло, заключа́ли. Заключа́й/те!

заключи́ть: **ЗАКЛЮЧ<u>И́</u>**- *(perf.)* (заключ<u>а́й</u>-), что? чем? complete, finalize, conclude. что? кого? куда? во что? confine, enclose.
> заключу́, заключи́шь, заключи́т, заключи́м, заключи́те, заключа́т
> заключи́л, заключи́ла, заключи́ло, заключи́ли. Заключи́/те!

законспекти́ровать: **ЗАКОНСПЕКТИ́РОВ<u>А</u>**- *(perf.)* (конспекти́р<u>ова</u>-), что? take notes, summarize, abstract.
> законспекти́рую, законспекти́руешь, законспекти́рует, законспекти́руем, законспекти́руете, законспекти́руют
> законспекти́ровал, законспекти́ровала, законспекти́ровало, законспекти́ровали. Законспекти́руй/те!

закрыва́ть: **ЗАКРЫВ<u>А́Й</u>**- *(imperf.)* (закр<u>о́й</u>-), что? кого? (чем?) shut off, close, cover (with).
> закрыва́ю, закрыва́ешь, закрыва́ет, закрыва́ем, закрыва́ете, закрыва́ют
> закрыва́л, закрыва́ла, закрыва́ло, закрыва́ли. Закрыва́й/те!

закры́ть: **ЗАКР<u>О́Й</u>**- *(perf.)* (закрыв<u>а́й</u>-), что? кого? (чем?) shut off, close, cover (with).
> закро́ю, закро́ешь, закро́ет, закро́ем, закро́ете, закро́ют
> закры́л, закры́ла, закры́ло, закры́ли. Закро́й/те!

заложи́ть: **ЗАЛОₓЖИ́**- *(perf.)* (закла́дыв<u>ай</u>-), что? to lay (the foundation of). что? куда? to put (behind).
> заложу́, зало́жишь, зало́жит, зало́жим, зало́жите, зало́жат
> заложи́л, заложи́ла, заложи́ло, заложи́ли. Заложи́/те!

замерзáть: **ЗАМЕРЗÁЙ**- *(imperf.)* (замёрзну*-), freeze, be frozen.
замерзáю, замерзáешь, замерзáет, замерзáем, замсрзáсте, замерзáют
замерзáл, замерзáла, замерзáло, замерзáли. Замерзáй/те!

замёрзнуть: **ЗАМЁРЗНУ***- *(perf.)* (замерзáй-) or (мёрзну-*), freeze, be frozen.
замёрзну, замёрзнешь, замёрзнет, замёрзнем, замёрзнете, замёрзнут
замёрз, замёрзла, замёрзло, замёрзли. Замёрзни/те!

замéтить: **ЗАМÉТИ**- *(perf.)* (замечáй-), что? кого? notice, remark.
замéчу, замéтишь, замéтит, замéтим, замéтите, замéтят
замéтил, замéтила, замéтило, замéтили. Замéть/те!

замечáть: **ЗАМЕЧÁЙ**- *(imperf.)* (замéти-), что? кого? notice, remark.
замечáю, замечáешь, замечáет, замечáем, замечáете, замечáют
замечáл, замечáла, замечáло, замечáли. Замечáй/те!

занимáть: **ЗАНИМÁЙ**- *(imperf.)* (займ-), что? кого? чем? occupy; take.
занимáю, занимáешь, занимáет, занимáем, занимáете, занимáют
занимáл, занимáла, занимáло, занимáли. Занимáй/те!

занимáться: **ЗАНИМÁЙ**-**СЯ** *(imperf.)* (займ́-ся), где? чем? be occupied,
study, work, have as an occupation.
занимáюсь, занимáешься, занимáется, занимáемся, занимáетесь,
занимáются
занимáлся, занимáлась, занимáлось, занимáлись. Занимáйся!
Занимáйтесь!

заня́ть: **ЗÁЙМ**- *(perf.)* (занимáй-), что? кого? чем? occupy; take.
займý, займёшь, займёт, займём, займёте, займýт
зáнял, заняля́, зáняло, зáняли. Займú/те!

заня́ться: **ЗÁЙМ**-**СЯ** *(perf.)* (занимáй-ся), где? чем? be occupied, study,
work, have as an occupation.
займýсь, займёшься, займётся, займёмся, займётесь, займýтся
занялся́, заняля́сь, занялóсь, занялúсь. Займú/тесь!

запáчкать: **ЗАПÁЧКАЙ**- *(perf.)* (пáчкай), что? (чем?) soil, stain (with).
запáчкаю, запáчкаешь, запáчкает, запáчкаем, запáчкаете, запáчкают
запáчкал, запáчкала, запáчкало, запáчкали. Запáчкай/те!

заперéть: **ЗÁПР**- *(perf.)* (запирáй-), что? чем? на что? close; lock.
запрý, запрёшь, запрёт, запрём, запрёте, запрýт
зáпер, заперля́, зáперло, зáперли. Запрú/те!

запирáть: **ЗАПИРÁЙ**-*(imperf.)* (запр-), что? чем? на что? close; lock.
запирáю, запирáешь, запирáет, запирáем, запирáете, запирáют
запирáл, запирáла, запирáло, запирáли. Запирáй/те!

записáть: **ЗАПИСÁ**- *(perf.)* (запúсывай-), что? во что? на что? sign up (for).
что? где? write down, take notes.
запишý, запúшешь, запúшет, запúшем, запúшете, запúшут
записáл, записáла, записáло, записáли. Запишú/те!

записа́ться: **ЗАПИСА́-СЯ** *(perf.)* (запи́сывай-ся), куда? во что? на что? к кому? join, enroll, make an appointment (for).
запишу́сь, запи́шешься, запи́шется, запи́шемся, запи́шетесь, запи́шутся
записа́лся, записа́лась, записа́лось, записа́лись. Запиши́сь! Запиши́тесь!

запи́сывать: **ЗАПИ́СЫВАЙ-** *(imperf.)* (записа́-), что? во что? на что? sign up (for) что? где? write down, take notes.
запи́сываю, запи́сываешь, запи́сывает, запи́сываем, запи́сываете, запи́сывают
запи́сывал, запи́сывала, запи́сывало, запи́сывали. Запи́сывай/те!

запи́сываться: **ЗАПИ́СЫВАЙ-СЯ** *(imperf.)* (записа́-ся), куда? во что? на что? к кому? join, enroll, make an appointment (for).
запи́сываюсь, запи́сываешься, запи́сывается, запи́сываемся, запи́сываетесь, запи́сываются
запи́сывался, запи́сывалась, запи́сывалось, запи́сывались. Запи́сывайся! Запи́сывайтесь!

запла́кать: **ЗАПЛА́КА-** *(perf.)* (пла́ка-], to start up crying.
запла́чу, запла́чешь, запла́чет, запла́чем, запла́чете, запла́чут
запла́кал, запла́кала, запла́кало, запла́кали. Запла́чь/те!

заплати́ть: **ЗАПЛАТИ́-** *(perf.)* (плати́-), что? (за что?), pay (for).
заплачу́, запла́тишь, запла́тит, запла́тим, запла́тите, запла́тят
заплати́л, заплати́ла, заплати́ло, заплати́ли. Заплати́/те!

запо́лнить: **ЗАПО́ЛНИ-** *(perf.)* (заполня́й-), что? fill (out, in).
запо́лню, запо́лнишь, запо́лнит, запо́лним, запо́лните, запо́лнят
запо́лнил, запо́лнила, запо́лнило, запо́лнили. Запо́лни/те!

заполня́ть: **ЗАПОЛНЯ́Й-** *(imperf.)* (заполни́-), что? fill (out, in).
заполня́ю, заполня́ешь, заполня́ет, заполня́ем, заполня́ете, заполня́ют
заполня́л, заполня́ла, заполня́ло, заполня́ли. Заполня́й/те!

запомина́ть: **ЗАПОМИНА́Й-** *(imperf.)* (запо́мни-), что? кого? remember, keep in mind.
запомина́ю, запомина́ешь, запомина́ет, запомина́ем, запомина́ете, запомина́ют
запомина́л, запомина́ла, запомина́ло, запомина́ли. Запомина́й/те!

запо́мнить: **ЗАПО́МНИ-** *(perf.)* (запомина́й-), что? кого? remember, keep in mind.
запо́мню, запо́мнишь, запо́мнит, запо́мним, запо́мните, запо́мнят
запо́мнил, запо́мнила, запо́мнило, запо́мнили. Запо́мни/те!

запрети́ть: **ЗАПРЕТИ́-** *(perf.)* (запреща́й-), что? кому? forbid.
запрещу́, запрети́шь, запрети́т, запрети́м, запрети́те, запретя́т
запрети́л, запрети́ла, запрети́ло, запрети́ли. Запрети́/те!

запреща́ть: **ЗАПРЕЩА́Й**- *(imperf.)* (запрети́-), что? кому? forbid.
запреща́ю, запреща́ешь, запреща́ет, запреща́ем, запреща́ете,
запреща́ют
запреща́л, запреща́ла, запреща́ло, запреща́ли. Запреща́й/те!

запруди́ть: **ЗАПРУ́ДИ**-ˣ *(perf.)* (запру́живай-), что? (чем?) crowd (with).
запружу́, запру́дишь, запру́дит, запру́дим, запру́дите, запру́дят
запруди́л, запруди́ла, запруди́ло, запруди́ли. Запруди́/те!

запру́живать: **ЗАПРУ́ЖИВАЙ**- *(imperf.)* (запруди́-ˣ), что? (чем?) crowd
(with).
запру́живаю, запру́живаешь, запру́живает, запру́живаем,
запру́живаете, запру́живают
запру́живал, запру́живала, запру́живало, запру́живали.
Запру́живай/те!

зараба́тывать: **ЗАРАБА́ТЫВАЙ**- *(imperf.)* (зарабо́тай-), что? earn, make a
living.
зараба́тываю, зараба́тываешь, зараба́тывает, зараба́тываем,
зараба́тываете, зараба́тывают
зараба́тывал, зараба́тывала, зараба́тывало, зараба́тывали.
Зараба́тывай/те!

зарабо́тать: **ЗАРАБО́ТАЙ**- *(perf.)* (зараба́тывай-), что? earn, make a living.
зарабо́таю, зарабо́таешь, зарабо́тает, зарабо́таем, зарабо́таете,
зарабо́тают
зарабо́тал, зарабо́тала, зарабо́тало, зарабо́тали. Зарабо́тай/те!

заслу́живать: **ЗАСЛУ́ЖИВАЙ**- *(imperf.)* (заслужи́-ˣ), что? deserve.
заслу́живаю, заслу́живаешь, заслу́живает, заслу́живаем,
заслу́живаете, заслу́живают
заслу́живал, заслу́живала,заслу́живало, заслу́живали.
Заслу́живай/те!

заслужи́ть: **ЗАСЛУЖИ́**-ˣ *(perf.)* (заслу́живай-), что? deserve.
заслужу́, заслу́жишь, заслу́жит, заслу́жим, заслу́жите, заслу́жат
заслужи́л, заслужи́ла, заслужи́ло, заслужи́ли. Заслужи́/те!

засмея́ться: **ЗАСМЕЯ́-СЯ** *(perf.)* begin to laugh, burst out laughing.
засмею́сь, засмеёшься, засмеётся, засмеёмся, засмеётесь,
засмею́тся
засмея́лся, засмея́лась, засмея́лось, засмея́лись. Засме́йся!
Засме́йтесь!

засну́ть: **ЗАСНУ́**- *(perf.)* (засыпа́й-), fall asleep.
засну́, заснёшь, заснёт, заснём, заснёте, засну́т
засну́л, засну́ла, засну́ло, засну́ли. Засни́/те!

застава́ть: **ЗАСТАВА́Й**- *(imperf.)* (заста́н-), кого? где? find someone
(someplace).
застаю́, застаёшь, застаёт, застаём, застаёте, застаю́т
застава́л, застава́ла, застава́ло, застава́ли. Застава́й/те!

застáть: **ЗАСТÁН**- *(perf.)* (заставáй-), когó? где? find someone (someplace).
застáну, застáнешь, застáнет, застáнем, застáнете, застáнут
застáл, застáла, застáло, застáли. Застáнь/те!

застревáть: **ЗАСТРЕВÁЙ**- *(imperf.)* (застрян-), где? stick, get stuck.
застревáю, застревáешь, застревáет, застревáем, застревáете,
застревáют
застревáл, застревáла, застревáло, застревáли. Застревáй/те!

застрéливать(ся): **ЗАСТРÉЛИВАЙ**-(СЯ) *(imperf.)* (застрели-(ся)), когó?
shoot (oneself) dead.
застрéливаю(сь), застрéливаешь(ся), застрéливает(ся),
застрéливаем(ся), застрéливаете(сь), застрéливают(ся)
застрéливал(ся), застрéливала(сь), застрéливало(сь),
застрéливали(сь). Застрéливай(ся)! Застрéливайте(сь)!

застрелúть(ся): **ЗАСТРЕЛИ**-(СЯ) *(perf.)* (застрéливай-ся), когó? shoot
(oneself) dead.
застрелю́(сь), застрéлишь(ся), застрéлит(ся), застрéлим(ся),
застрéлите(сь), застрéлят(ся)
застрелúл(ся), застрелúла(сь), застрелúло(сь), застрелúли(сь).
Застрелú/те(сь)!

застря́ть: **ЗАСТРЯН**- *(perf.)* (застревáй-), где? stick, get stuck.
застря́ну, застря́нешь, застря́нет, застря́нем, застря́нете, застря́нут
застря́л, застря́ла, застря́ло, застря́ли. Застря́нь/те!

застывáть: **ЗАСТЫВÁЙ**- *(imperf.)* (застын-), freeze.
застывáю, застывáешь, застывáет, застывáем, застывáете, застывáют
застывáл, застывáла, застывáло, застывáли. Застывáй/те!

засты́ть: **ЗАСТЫН**- *(perf.)* (застывáй-), freeze.
засты́ну, засты́нешь, засты́нет, засты́нем, засты́нете, засты́нут
засты́л, засты́ла, засты́ло, засты́ли. Засты́нь/те!

засýчивать: **ЗАСÝЧИВАЙ**- *(imperf.)* (засучи-), что? roll up, tuck under.
засýчиваю, засýчиваешь, засýчивает, засýчиваем, засýчиваете,
засýчивают
засýчивал, засýчивала, засýчивало, засýчивали. Засýчивай/те!

засучúть: **ЗАСУЧИ**- *(perf.)* (засýчивай-), что? roll up, tuck under.
засучý, засýчишь, засýчит, засýчим, засýчите, засýчат
засучúл, засучúла, засучúло, засучúли. Засучú/те!

засыпáть: **ЗАСЫПÁЙ**- *(imperf.)* (засну-), fall asleep.
засыпáю, засыпáешь, засыпáет, засыпáем, засыпáете, засыпáют
засыпáл, засыпáла, засыпáло, засыпáли. Засыпáй/те!

засыпáть: **ЗАСЫПÁЙ**- *(imperf.)* (засы́па-), что? когó? чем? fill up (with),
cover.
засыпáю, засыпáешь, засыпáет, засыпáем, засыпáете, засыпáют
засыпáл, засыпáла, засыпáло, засыпáли. Засыпáй/те!

засыпать: **ЗАСЫ́ПА**- *(perf.)* (засыпа́й-), что? кого? чем? fill up (with), cover.
засы́плю, засы́плешь, засы́плет, засы́плем, засы́плете, засы́плют
засы́пал, засы́пала, засы́пало, засы́пали. Засы́пь/те!

затаивать: **ЗАТА́ИВАЙ**- *(imperf.)* (зата́й-), что? suppress, conceal, hold back.
зата́иваю, зата́иваешь, зата́ивает, зата́иваем, зата́иваете, зата́ивают
зата́ивал, зата́ивала, зата́ивало, зата́ивали. Зата́ивай/те!

затаить: **ЗАТА́Й**- *(perf.)* (зата́ивай-), что? suppress, conceal, hold back.
зата́ю, зата́ишь, зата́ит, зата́им, зата́ите, зата́ят
зата́ил, зата́ила, зата́ило, зата́или. Зата́й/те!

затра́гивать: **ЗАТРА́ГИВАЙ**- *(imperf.)* (затро́ну-), что? кого? touch (on), broach.
затра́гиваю, затра́гиваешь, затра́гивает, затра́гиваем, затра́гиваете, затра́гивают
затра́гивал, затра́гивала, затра́гивало, затра́гивали. Затра́гивай/те!

затро́нуть: **ЗАТРО́НУ**- *(perf.)* (затра́гивай-), что? кого? touch (on), broach.
затро́ну, затро́нешь, затро́нет, затро́нем, затро́нете, затро́нут
затро́нул, затро́нула, затро́нуло, затро́нули. Затро́нь/те!

затрудни́ть: **ЗАТРУДНИ́**- *(perf.)* (затрудня́й-), что? кого? trouble, bother.
затрудню́, затрудни́шь, затрудни́т, затрудни́м, затрудни́те, затрудня́т
затрудни́л, затрудни́ла, затрудни́ло, затрудни́ли. Затрудни́/те!

затрудня́ть: **ЗАТРУДНЯ́Й**- *(imperf.)* (затрудни́-), что? кого? trouble, bother.
затрудня́ю, затрудня́ешь, затрудня́ет, затрудня́ем, затрудня́ете, затрудня́ют
затрудня́л, затрудня́ла, затрудня́ло, затрудня́ли. Затрудня́й/те!

зау́чивать: **ЗАУ́ЧИВАЙ**- *(imperf.)* (заучи́-), что? memorize.
зау́чиваю, зау́чиваешь, зау́чивает, зау́чиваем, зау́чиваете, зау́чивают
зау́чивал, зау́чивала, зау́чивало, зау́чивали. Зау́чивай/те!

заучи́ть: **ЗАУЧИ́**- *(perf.)* (зау́чивай-), что? memorize.
заучу́, зау́чишь, зау́чит, зау́чим, зау́чите, зау́чат
заучи́л, заучи́ла, заучи́ло, заучи́ли. Заучи́/те!

заходи́ть: **ЗАХОДИ́**- *(imperf.)* (**зайти́**), куда? к кому? call on, drop in, stop by; за что? go behind.
захожу́, захо́дишь, захо́дит, захо́дим, захо́дите, захо́дят
заходи́л, заходи́ла, заходи́ло, заходи́ли. Заходи́/те!

зачи́слить: **ЗАЧИ́СЛИ**- *(perf.)* (зачисля́й-), кого? (во что? на что?) register, enroll (in).
зачи́слю, зачи́слишь, зачи́слит, зачи́слим, зачислите, зачи́слят
зачи́слил, зачи́слила, зачи́слило, зачи́слили. Зачи́сли/те!

зачисля́ть: **ЗАЧИСЛЯ́Й**-*(imperf.)* (зачи́сли-), кого? (во что? на что?) register, enroll (in).
зачисля́ю, зачисля́ешь, зачисля́ет, зачисля́ем, зачисля́ете, зачисля́ют
зачисля́л, зачисля́ла, зачисля́ло, зачисля́ли. Зачисля́й/те!

зачита́ться: **ЗАЧИТА́Й-СЯ** *(perf.)* (зачи́тывай-ся), чем? become engrossed in reading.
зачита́юсь, зачита́ешься, зачита́ется, зачита́емся, зачита́етесь, зачита́ются
зачита́лся, зачита́лась, зачита́лось, зачита́лись. Зачита́йся! Зачита́йтесь!

зачи́тываться: **ЗАЧИ́ТЫВАЙ-СЯ** *(imperf.)* (зачита́й-ся), чем? become engrossed in reading.
зачи́тываюсь, зачи́тываешься, зачи́тывается, зачи́тываемся, зачи́тываетесь, зачи́тываются
зачи́тывался, зачи́тывалась, зачи́тывалось, зачи́тывались. Зачи́тывайся! Зачи́тывайтесь!

зашага́ть: **ЗАШАГА́Й**- *(perf.)* куда? start walking.
зашага́ю, зашага́ешь, зашага́ет, зашага́ем, зашага́ете, зашага́ют
зашага́л, зашага́ла, зашага́ло, зашага́ли. Зашага́й/те!

защити́ть: **ЗАЩИТИ́**- *(perf.)* (защища́й-), что? кого? (от чего? от кого?) defend (from).
защищу́, защити́шь, защити́т, защити́м, защити́те, защитя́т
защити́л, защити́ла, защити́ло, защити́ли. Защити́/те!

защища́ть: **ЗАЩИЩА́Й**- *(imperf.)* (защити́-), что? кого? (от чего? от кого?) defend (from).
защища́ю, защища́ешь, защища́ет, защища́ем, защища́ете, защища́ют
защища́л, защища́ла, защища́ло, защища́ли. Защища́й/те!

зва́ть: **З/ВА́**- *(imperf.)* (поз/ва́-), что? кого? куда? call, summon.
зову́, зовёшь, зовёт, зовём, зовёте, зову́т
зва́л, звала́, зва́ло, зва́ли. Зови́/те!

звене́ть: **ЗВЕНЕ́**- *(imperf.)* (прозвене́-), чем? ring (out).
звеню́, звени́шь, звени́т, звени́м, звени́те, звеня́т
звене́л, звене́ла, звене́ло, звене́ли. Звени́/те!

звони́ть: **ЗВОНИ́**- *(imperf.)* (позвони́-), кому? куда? call up, telephone.
звоню́, звони́шь, звони́т, звони́м, звони́те, звоня́т
звони́л, звони́ла, звони́ло, звони́ли. Звони́/те!

звуча́ть: **ЗВУЧА́**- *(imperf.)* (прозвуча́-), be heard.
звучу́, звучи́шь, звучи́т, звучи́м, звучи́те, звуча́т
звуча́л, звуча́ла, звуча́ло, звуча́ли. Звучи́/те!

здоро́ваться: **ЗДОРО́ВАЙ-СЯ** *(imperf.)* (поздоро́вай-ся), с кем? greet, say
hello to.
    здоро́ваюсь, здоро́ваешься, здоро́вается, здоро́ваемся,
здоро́ваетесь, здоро́ваются
здоро́вался, здоро́валась, здоро́валось, здоро́вались. Здоро́вайся!
Здоро́вайтесь!

знако́миться: **ЗНАКО́МИ-СЯ** *(imperf.)* (познако́ми-ся), с кем? meet, become
acquainted, be introduced.
    знако́млюсь, знако́мишься, знако́мится, знако́мимся, знако́митесь,
знако́мятся
знако́мился, знако́милась, знако́милось, знако́мились. Знако́мься!
Знако́мьтесь!

знать: **ЗНА́Й-** *(imperf.)* что? кого? о чём? о ком? know (about).
    зна́ю, зна́ешь, зна́ет, зна́ем, зна́ете, зна́ют
зна́л, зна́ла, зна́ло, зна́ли. Зна́й/те!

зна́чить: **ЗНА́ЧИ-** *(imperf.)* что? mean.
    зна́чу, зна́чишь, зна́чит, зна́чим, зна́чите, зна́чат
зна́чил, зна́чила, зна́чило, зна́чили. [No regular imperative.]

знобить: **ЗНОБИ́-** *(imperf.)* что? кого? feel feverish. [3rd pers. forms only]
    знобит, знобило.

Ии

игра́ть: **ИГРА́Й-** *(imperf.)* (сыгра́й-), во что? play (a game); на чём? play (a
musical instrument). что? кого? play (a part).
    игра́ю, игра́ешь, игра́ет, игра́ем, игра́ете, игра́ют
игра́л, игра́ла, игра́ло, игра́ли. Игра́й/те!

идти́: *(irreg.)* *(imperf.)* (unidirectional), walk, go (on foot).
    иду́, идёшь, идёт, идём, идёте, иду́т
шёл, шла́, шло́, шли́. Иди́/те!

избалова́ть: **ИЗБАЛОВА́-** *(perf.)* (балова́-), что? кого? (чем?) spoil, indulge
(with).
    избалу́ю, избалу́ешь, избалу́ет, избалу́ем, избалу́ете, избалу́ют
избалова́л, избалова́ла, избалова́ло, избалова́ли. Избалу́й/те!

избежа́ть: *(irreg.)* *(imperf.)* (избега́й-), что? кого? avoid.
    избегу́, избежи́шь, избежи́т, избежи́м, избежи́те, избегу́т
избежа́л, избежа́ла, избежа́ло, избежа́ли. Избеги́/те!

избега́ть: **ИЗБЕГА́Й-** *(perf.)* (**избежа́ть**), что? кого? avoid.
    избега́ю, избега́ешь, избега́ет, избега́ем, избега́ете, избега́ют
избега́л, избега́ла, избега́ло, избега́ли. Избега́й/те!

извини́ть: **ИЗВИНИ́**- *(perf.)* (извин<u>я́й</u>-), что? кого? (за что?) excuse, pardon (for). кому? что? forgive.
извиню́, извини́шь, извини́т, извини́м, извини́те, извиня́т
извини́л, извини́ла, извини́ло, извини́ли. Извини́/те!

извини́ться: **ИЗВИНИ́-СЯ** *(perf.)* (извин<u>я́й</u>-ся), перед кем? (за что?) apologize to (for).
извиню́сь, извини́шься, извини́тся, извини́мся, извини́тесь, извиня́тся
извини́лся, извини́лась, извини́лось, извини́лись. Извини́/тесь!

извиня́ть: **ИЗВИНЯ́Й**- *(imperf.)* (извин<u>и́</u>-), что? кого? (за что?) excuse, pardon (for). кому? что? forgive.
извиня́ю, извиня́ешь, извиня́ет, извиня́ем, извиня́ете, извиня́ют
извиня́л, извиня́ла, извиня́ло, извиня́ли. Извиня́й/те!

извиня́ться: **ИЗВИНЯ́Й-СЯ** *(imperf.)* (извин<u>и́</u>-ся), перед кем? (за что?) apologize to (for).
извиня́юсь, извиня́ешься, извиня́ется, извиня́емся, извиня́етесь, извиня́ются
извиня́лся, извиня́лась, извиня́лось, извиня́лись. Извиня́йся! Извиня́йтесь!

издава́ть: **ИЗДАВА́Й**- *(imperf.)* (**изда́ть**), что? publish, issue.
издаю́, издаёшь, издаёт, издаём, издаёте, издаю́т
издава́л, издава́ла, издава́ло, издава́ли. Издава́й/те!

изда́ть: *(irreg.) (perf.)* (изд<u>ава́й</u>-), что? publish, issue.
изда́м, изда́шь, изда́ст, издади́м, издади́те, издаду́т
изда́л, изда́ла, изда́ло, изда́ли. Изда́й/те!

изжа́рить: **ИЗЖА́РИ**- *(perf.)* (жа́р<u>и</u>), что? кого? roast, fry.
изжа́рю, изжа́ришь, изжа́рит, изжа́рим, изжа́рите, изжа́рят
изжа́рил, изжа́рила, изжа́рило, изжа́рили. Изжа́рь/те!

излага́ть: **ИЗЛАГА́Й**- *(imperf.)* (изл^xож<u>и</u>-), что? кому? state, expound (a point of view, request, etc.).
излага́ю, излага́ешь, излага́ет, излага́ем, излага́ете, излага́ют
излага́л, излага́ла, излага́ло, излага́ли. Излага́й/те!

изложи́ть: **ИЗЛО^xЖИ́**- *(perf.)* (излаг<u>а́й</u>-), что? кому? state, expound (a point of view, request, etc.).
изложу́, изло́жишь, изло́жит, изло́жим, изло́жите, изло́жат
изложи́л, изложи́ла, изложи́ло, изложи́ли. Изложи́/те!

измени́ть(ся): **ИЗМЕ^xНИ́-(СЯ)** *(perf.)* (измен<u>я́й</u>-(ся)), что? кого? change, alter (oneself).
изменю́(сь), изме́нишь(ся), изме́нит(ся), изме́ним(ся), изме́ните(сь), изме́нят(ся)
измени́л(ся), измени́ла(сь), измени́ло(сь), измени́ли(сь). Измени́/те(сь)!

изменять(ся) **ИЗМЕНЯ́Й-(СЯ)** *(imperf.)* (измени́-(ся)), что? кого? change,
     alter (oneself).
     изменя́ю(сь), изменя́ешь(ся), изменя́ет(ся), изменя́ем(ся),
     изменя́ете(сь), изменя́ют(ся)
     изменя́л(ся), изменя́ла(сь), изменя́ло(сь), изменя́ли(сь). Изменя́й(ся)!
     Изменя́йте(сь)!

изобража́ть: **ИЗОБРАЖА́Й-** *(imperf.)* (изобрази́-), что? кого? portray.
     изобража́ю, изобража́ешь, изобража́ет, изобража́ем, изобража́ете,
     изобража́ют
     изобража́л, изобража́ла, изобража́ло, изобража́ли. Изобража́й/те!

изобража́ться: **ИЗОБРАЖА́Й-СЯ** *(imperf.)* (изобрази́-ся), be shown, appear.
     изобража́юсь, изобража́ешься, изобража́ется, изобража́емся,
     изобража́етесь, изобража́ются
     изобража́лся, изобража́лась, изобража́лось, изобража́лись.
     Изобража́йся! Изобража́йтесь!

изобрази́ть: **ИЗОБРАЗИ́-** *(perf.)* (изобража́й-), что? кого? portray.
     изображу́, изобрази́шь, изобрази́т, изобрази́м, изобрази́те,
     изобразя́т
     изобрази́л, изобрази́ла, изобрази́ло, изобрази́ли. Изобрази́/те!

изобрази́ться: **ИЗОБРАЗИ́-СЯ** *(perf.)* (изобража́й-ся), be shown, appear.
     изображу́сь, изобрази́шься, изобрази́тся, изобрази́мся,
     изобрази́тесь, изобразя́тся
     изобрази́лся, изобрази́лась, изобрази́лось, изобрази́лись.
     Изобрази́/тесь!

изобрести́: **ИЗОБРЁТ-** *(perf.)* (изобрета́й-), что? invent.
     изобрету́, изобретёшь, изобретёт, изобретём, изобретёте, изобрету́т
     изобрёл, изобрела́, изобрело́, изобрели́. Изобрети́/те!

изобрета́ть: **ИЗОБРЕТА́Й-** *(imperf.)* (изобрёт-), что? invent.
     изобрета́ю, изобрета́ешь, изобрета́ет, изобрета́ем, изобрета́ете,
     изобрета́ют
     изобрета́л, изобрета́ла, изобрета́ло, изобрета́ли. Изобрета́й/те!

изуча́ть: **ИЗУЧА́Й-** *(imperf.)* (изучи́-), что? study in depth.
     изуча́ю, изуча́ешь, изуча́ет, изуча́ем, изуча́ете, изуча́ют
     изуча́л, изуча́ла, изуча́ло, изуча́ли. Изуча́й/те!

изучи́ть: **ИЗУЧИ́-** *(perf.)* (изуча́й-), что? study in depth.
     изучу́, изу́чишь, изу́чит, изу́чим, изу́чите, изу́чат
     изучи́л, изучи́ла, изучи́ло, изучи́ли. Изучи́/те!

име́ть: **ИМЕ́Й-** *(imperf.)* что? кого? have, possess.
     име́ю, име́ешь, име́ет, име́ем, име́ете, име́ют
     име́л, име́ла, име́ло, име́ли. Име́й/те!

имити́ровать: **ИМИТИ́РОВА**- *(imperf.)* что? кого? imitate.
    имити́рую, имити́руешь, имити́рует, имити́руем, имити́руете,
    имити́руют
    имити́ровал, имити́ровала, имити́ровало, имити́ровали.
    Имити́руй/те!

интересова́ть(ся): **ИНТЕРЕСОВА́-(СЯ)** *(imperf.)* (заинтересова́-(ся)), что?
    кого? interest; (чем? кем? be interested in).
    интересу́ю(сь), интересу́ешь(ся), интересу́ет(ся), интересу́ем(ся),
    интересу́ете(сь), интересу́ют(ся)
    интересова́л(ся), интересова́ла(сь), интересова́ло(сь),
    интересова́ли(сь). Интересу́й(ся)! Интересу́йте(сь)!

иска́ть: **ИСКА**- *(imperf.)* что? кого? look for, search for.
    ищу́, и́щешь, и́щет, и́щем, и́щете, и́щут
    иска́л, иска́ла, иска́ло, иска́ли. Ищи́/те!

исключа́ть: **ИСКЛЮЧА́Й**- *(imperf.)* (исключи́-), что? кого? (из чего?) expel
    (from), keep out (of).
    исключа́ю, исключа́ешь, исключа́ет, исключа́ем, исключа́ете,
    исключа́ют
    исключа́л, исключа́ла, исключа́ло, исключа́ли. Исключа́й/те!

исключи́ть: **ИСКЛЮЧИ́**- *(perf.)* (исключа́й-), что? кого? (из чего?) expel
    (from), keep out (of).
    исключу́, исключи́шь, исключи́т, исключи́м, исключи́те, исключа́т
    исключи́л, исключи́ла, исключи́ло, исключи́ли. Исключи́/те!

искупа́ть(ся): **ИСКУПА́Й-(СЯ)** *(perf.)* (купа́й-(ся)), что? кого? give a bath;
    (где? bathe oneself, swim).
    искупа́ю(сь), искупа́ешь(ся), искупа́ет(ся), искупа́ем(ся),
    искупа́ете(сь), искупа́ют(ся)
    искупа́л(ся), искупа́ла(сь), искупа́ло(сь), искупа́ли(сь). Искупа́й(ся)!
    Искупа́йте(сь)!

испа́чкать: **ИСПА́ЧКАЙ**- *(perf.)* (па́чкай-), что? (чем?) soil, stain (with).
    испа́чкаю, испа́чкаешь, испа́чкает, испа́чкаем, испа́чкаете,
    испа́чкают
    испа́чкал, испа́чкала, испа́чкало, испа́чкали. Испа́чкай/те!

испе́чь: **ИСПЁК**- *(perf.)* (пёк-), что? bake.
    испеку́, испечёшь, испечёт, испечём, испечёте, испеку́т
    испёк, испекла́, испекло́, испекли́. Испеки́/те!

испо́лнить: **ИСПО́ЛНИ**- *(perf.)* (исполня́й-), что? accomplish, perform.
    испо́лню, испо́лнишь, испо́лнит, испо́лним, испо́лните, испо́лнят
    испо́лнил, испо́лнила, испо́лнило, испо́лнили. Испо́лни/те!

испо́лниться: **ИСПО́ЛНИ-СЯ** *(perf.)* (исполня́й-ся), come true, attain.
    испо́лнюсь, испо́лнишься, испо́лнится, испо́лнимся, испо́лнитесь,
    испо́лнятся
    испо́лнился, испо́лнилась, испо́лнилось, испо́лнились.
    Испо́лни/тесь!

исполня́ть: **ИСПОЛНЯ́Й**- *(imperf.)* (испо́лни-), что? accomplish, perform.
исполня́ю, исполня́ешь, исполня́ет, исполня́ем, исполня́ете, исполня́ют
исполня́л, исполня́ла, исполня́ло, исполня́ли. Исполня́й/те!

исполня́ться: **ИСПОЛНЯ́Й**-**СЯ** *(imperf.)* (испо́лни-ся), come true, attain.
исполня́юсь, исполня́ешься, исполня́ется, исполня́емся, исполня́етесь, исполня́ются
исполня́лся, исполня́лась, исполня́лось, исполня́лись.
Исполня́йся! Исполня́йтесь!

испо́льзовать: **ИСПО́ЛЬЗОВА**- *(imperf. and perf.)* , что? кого? use, utilize, make use of.
испо́льзую, испо́льзуешь, испо́льзует, испо́льзуем, испо́льзуете, испо́льзуют
испо́льзовал, испо́льзовала, испо́льзовало, испо́льзовали.
Испо́льзуй/те!

испо́ртить(ся): **ИСПО́РТИ**-**(СЯ)** *(perf.)* (по́рти-(ся)), что? (чем?) ruin, spoil (oneself).
испо́рчу(сь), испо́ртишь(ся), испо́ртит(ся), испо́ртим(ся), испо́ртите(сь), испо́ртят(ся)
испо́ртил(ся), испо́ртила(сь), испо́ртило(сь), испо́ртили(сь).
Испо́рть(ся)! Испо́ртьте(сь)! and Испо́рти(сь)! Испо́ртьте(сь)!

испра́вить(ся): **ИСПРА́ВИ**-**(СЯ)** *(perf.)* (исправля́й-(ся)), что? кого? correct (oneself).
испра́влю(сь), испра́вишь(ся), испра́вит(ся), испра́вим(ся), испра́вите(сь), испра́вят(ся)
испра́вил(ся), испра́вила(сь), испра́вило(сь), испра́вили(сь).
Испра́вь(ся)! Испра́вьте(сь)!

исправля́ть(ся): **ИСПРАВЛЯ́Й**-**(СЯ)** *(imperf.)* (испра́ви-(ся)), что? кого? correct (oneself).
исправля́ю(сь), исправля́ешь(ся), исправля́ет(ся), исправля́ем(ся), исправля́ете(сь), исправля́ют(ся)
исправля́л(ся), исправля́ла(сь), исправля́ло(сь), исправля́ли(сь).
Исправля́й(ся)! Исправля́йте(сь)!

испуга́ть(ся): **ИСПУГА́Й**-**(СЯ)** *(perf.)* (пуга́й-(ся)), что? кого? frighten, scare, (be frightened, be scared).
испуга́ю(сь), испуга́ешь(ся), испуга́ет(ся), испуга́ем(ся), испуга́ете(сь), испуга́ют(ся)
испуга́л(ся), испуга́ла(сь), испуга́ло(сь), испуга́ли(сь). Испуга́й(ся)! Испуга́йте(сь)!

испыта́ть: **ИСПЫТА́Й**- *(perf.)* (испы́тывай-), что? кого? test, feel, experience.
испыта́ю, испыта́ешь, испыта́ет, испыта́ем, испыта́ете, испыта́ют
испыта́л, испыта́ла, испыта́ло, испыта́ли. Испыта́й/те!

испы́тывать: **ИСПЫ́ТЫВА́Й**- *(imperf.)* (испыта́й-), что? кого? test, feel, experience.
    испы́тываю, испы́тываешь, испы́тывает, испы́тываем, испы́тываете, испы́тывают
    испы́тывал, испы́тывала, испы́тывало, испы́тывали. Испы́тывай/те!

исслéдовать: **ИССЛÉДОВА**- *(imperf. and perf.)*, что? кого? investigate, explore, research.
    исслéдую, исслéдуешь, исслéдует, исслéдуем, исслéдуете, исслéдуют
    исслéдовал, исслéдовала, исслéдовало, исслéдовали. Исслéдуй/те!

истоми́ть: **ИСТОМИ́**- *(perf.)* (томи́-), что? кого? где? чем? torment.
    истомлю́, истоми́шь, истоми́т, истоми́м, истоми́те, истомя́т
    истоми́л, истоми́ла, истоми́ло, истоми́ли. Истоми́/те!

истоми́ться: **ИСТОМИ́-СЯ** *(perf.)* (томи́-ся), где? от чего? languish.
    истомлю́сь, истоми́шься, истоми́тся, истоми́мся, истоми́тесь, истомя́тся
    истоми́лся, истоми́лась, истоми́лось, истоми́лись. Истоми́/тесь!

истрáтить: **ИСТРÁТИ**-*(perf.)* (трáти-), что? (на кого? на что?) spend, expend, waste (on).
    истрáчу, истрáтишь, истрáтит, истрáтим, истрáтите, истрáтят
    истрáтил, истрáтила, истрáтило, истрáтили. Истрáть/те!

исчезáть: **ИСЧЕЗÁЙ**- *(imperf.)* (исчéзну*-), откуда? где? disappear.
    исчезáю, исчезáешь, исчезáет, исчезáем, исчезáете, исчезáют
    исчезáл, исчезáла, исчезáло, исчезáли. Исчезáй/те!

исчéзнуть: **ИСЧÉЗНУ***- *(perf.)* (исчезáй-), откуда? где? disappear.
    исчéзну, исчéзнешь, исчéзнет, исчéзнем, исчéзнете, исчéзнут
    исчéз, исчéзла, исчéзло, исчéзли. Исчéзни/те!

Кк

казáться: **КАЗА́- СЯ** *(imperf.)* (показа́-ся), чем? кем? (кому?) seem (to)
    кажу́сь, кáжешься, кáжется, кáжемся, кáжетесь, кáжутся
    казáлся, казáлась, казáлось, казáлись.

касáться: **КАСÁЙ- СЯ** *(imperf.)* (косну́-ся), чего? кого? touch (upon), concern, apply (to).
    касáюсь, касáешься, касáется, касáемся, касáетесь, касáются
    касáлся, касáлась, касáлось, касáлись. Касáйся! Касáйтесь!

катáться: **КАТÁЙ-СЯ** *(imperf.)* (multidirectional), куда? откуда? roll. в чём? на чём? ride (by conveyance).
    катáюсь, катáешься, катáется, катáемся, катáетесь, катáются
    катáлся, катáлась, катáлось, катáлись. Катáйся! Катáйтесь!

кати́ться: **КАТИ́-СЯ** *(imperf.)* (unidirectional), куда? откуда? roll. в чём? на чём? ride (by conveyance).

    качу́сь, ка́тишься, ка́тится, ка́тимся, ка́титесь, ка́тятся
    кати́лся, кати́лась, кати́лось, кати́лись. Кати́/тесь!

кача́ть: **КАЧА́Й-** *(imperf.)* (качну́-), что? кого? rock, swing, sway. что?

    кача́ю, кача́ешь, кача́ет, кача́ем, кача́ете, кача́ют
    кача́л, кача́ла, кача́ло, кача́ли. Кача́й/те!

кача́ться: **КАЧА́Й-СЯ** *(imperf.)* (качну́-ся), что? кого? rock, swing, sway (oneself).

    кача́юсь, кача́ешься, кача́ется, кача́емся, кача́етесь, кача́ются
    кача́лся, кача́лась, кача́лось, кача́лись. Кача́йся! Кача́йтесь!

качну́ть: **КАЧНУ́-** *(perf.)* (кача́й-), что? кого? rock, swing, sway. что?

    качну́, качнёшь, качнёт, качнём, качнёте, качну́т
    качну́л, качну́ла, качну́ло, качну́ли. Качни́/те!

качну́ться: **КАЧНУ́-СЯ** *(perf.)* (кача́й-ся), что? кого? rock, swing, sway (oneself).

    качну́сь, качнёшься, качнётся, качнёмся, качнётесь, качну́тся
    качну́лся, качну́лась, качну́лось, качну́лись. Качни́/тесь!

кива́ть: **КИВА́Й-** *(imperf.)* (кивну́-), чем? (кому? на кого?) nod (to).

    кива́ю, кива́ешь, кива́ет, кива́ем, кива́ете, кива́ют
    кива́л, кива́ла, кива́ло, кива́ли. Кива́й/те!

кивну́ть: **КИВНУ́-** *(perf.)* (кива́й-), чем? (кому? на кого?) nod (to).

    кивну́, кивнёшь, кивнёт, кивнём, кивнёте, кивну́т
    кивну́л, кивну́ла, кивну́ло, кивну́ли. Кивни́/те!

кида́ть: **КИДА́Й-** *(imperf.)* (ки́ну-), что? кого? leave, throw (away).

    кида́ю, кида́ешь, кида́ет, кида́ем, кида́ете, кида́ют
    кида́л, кида́ла, кида́ло, кида́ли. Кида́й/те!

ки́нуть: **КИ́НУ-** *(perf.)* (кида́й-), что? кого? leave, throw (away).

    ки́ну, ки́нешь, ки́нет, ки́нем, ки́нете, ки́нут
    ки́нул, ки́нула, ки́нуло, ки́нули. Кинь/те!

кипе́ть: **КИПЕ́-** *(imperf.)* (вскипе́-), boil, seethe.

    киплю́, кипи́шь, кипи́т, кипи́м, кипи́те, кипя́т
    кипе́л, кипе́ла, кипе́ло, кипе́ли. Кипи́/те!

кла́сть: **КЛАД-** *(imperf.)* (положи́-), что? кого? куда? put, place (in a lying position).

    кладу́, кладёшь, кладёт, кладём, кладёте, кладу́т
    клал, кла́ла, кла́ло, кла́ли. Клади́/те!

колебáться: **КОЛЕБА́-СЯ**• *(imperf.)* (поколеба́-ся), от чего? vacillate, hesitate, waver (from).
  колéблюсь, колéблешься, колéблется, колéблемся, колéблетесь, колéблются
  колебáлся, колебáлась, колебáлось, колебáлись. Колéблись! Колéблитесь!

колóть: **КОЛО̲̌-** *(imperf.)* (расколо̲̌-), что? чем? stick, stab, split, break.
  колю́, кóлешь, кóлет, кóлем, кóлете, кóлют
  колóл, колóла, колóло, колóли. Коли́/те!

компенси́ровать: **КОМПЕНСИ́РОВА-** *(imperf. and perf.)* что? кого? (чем?) compensate (with).
  компенси́рую, компенси́руешь, компенси́рует, компенси́руем, компенси́руете, компенси́руют
  компенси́ровал, компенси́ровала, компенси́ровало, компенси́ровали. Компенси́руй/те!

конспекти́ровать: **КОНСПЕКТИ́РОВА-** *(imperf.)* (законспекти́рова-), что? take notes, summarize, abstract.
  конспекти́рую, конспекти́руешь, конспекти́рует, конспекти́руем, конспекти́руете, конспекти́руют
  конспекти́ровал, конспекти́ровала, конспекти́ровало, конспекти́ровали. Конспекти́руй/те!

консульти́ровать(ся): **КОНСУЛЬТИ́РОВА-(СЯ)** *(imperf.)* (проконсульти́рова-(ся)), что? кого? consult (с кем? consult with).
  консульти́рую(сь), консульти́руешь(ся), консульти́рует(ся), консульти́руем(ся), консульти́руете(сь), консульти́руют(ся)
  консульти́ровал(ся), консульти́ровала(сь), консульти́ровало(сь), консульти́ровали(сь). Консульти́руй(ся)! Консульти́руйте(сь)!

контроли́ровать: **КОНТРОЛИ́РОВА-** *(imperf.)* (проконтроли́рова-), что? кого? control.
  контроли́рую, контроли́руешь, контроли́рует, контроли́руем, контроли́руете, контроли́руют
  контроли́ровал, контроли́ровала, контроли́ровало, контроли́ровали. Контроли́руй! Контроли́руйте!

конту́зить: **КОНТУ́ЗИ-** *(perf.)* что? кого? shell shock.
  конту́жу, конту́зишь, конту́зит, конту́зим, конту́зите, конту́зят
  конту́зил, конту́зила, конту́зило, конту́зили. Конту́зь/те!

конфу́зить(ся): **КОНФУ́ЗИ-(СЯ)** *(imperf.)* (сконфу́зи-(ся)), embarrass, (feel embarrassed).
  конфу́жу(сь), конфу́зишь(ся), конфу́зит(ся), конфу́зим(ся), конфу́зите(сь), конфу́зят(ся)
  конфу́зил(ся), конфу́зила(сь), конфу́зило(сь), конфу́зили(сь). Конфу́зь(ся)! Конфу́зьте(сь)!

---

*Irregular stress retraction throughout non-past forms.

кончáть(ся): **КОНЧÁЙ-(СЯ)** *(imperf.)* (кóнчи-(ся)), что? finish, end. чем? (come to an end, terminate.)
кончáю(сь), кончáешь(ся), кончáет(ся), кончáем(ся), кончáете(сь), кончáют(ся)
кончáл(ся), кончáла(сь), кончáло(сь), кончáли(сь). Кончáй(ся)! Кончáйте(сь)!

кóнчить(ся): **КÓНЧИ-(СЯ)** *(perf.)* (кончáй-(ся)), что? finish, end. чем? (come to an end, terminate.)
кóнчу(сь), кóнчишь(ся), кóнчит(ся), кóнчим(ся), кóнчите(сь), кóнчат(ся)
кóнчил(ся), кóнчила(сь), кóнчило(сь), кóнчили(сь). Кóнчи/те(сь)!

копи́ть: **КОПИ́-** *(imperf.)* (накопи́-), что? save, accumulate.
коплю́, кóпишь, кóпит, кóпим, кóпите, кóпят
копи́л, копи́ла, копи́ло, копи́ли. Копи́/те!

корми́ть: **КОРМИ́-** *(imperf.)* (накорми́- and покорми́-), что? кого? чем? feed.
кормлю́, кóрмишь, кóрмит, кóрмим, кóрмите, кóрмят
корми́л, корми́ла, корми́ло, корми́ли. Корми́/те!

коснýться: **КОСНУ́-СЯ** *(perf.)* (касáй-ся), чего? кого? touch (upon), concern, apply (to).
коснýсь, коснёшься, коснётся, коснёмся, коснётесь, коснýтся
коснýлся, коснýлась, коснýлось, коснýлись. Косни́/тесь!

краснéть: **КРАСНÉЙ-** *(imperf.)* (покраснéй-), от чего? turn red, blush.
краснéю, краснéешь, краснéет, краснéем, краснéете, краснéют
краснéл, краснéла, краснéло, краснéли. Краснéй/те!

крáсть: **КРАД-** *(imperf.)* (украд-), что? кого? steal, be a thief.
крадý, крадёшь, крадёт, крадём, крадёте, крадýт
крáл, крáла, крáло, крáли. Кради́/те!

крепи́ть: **КРЕПИ́-** *(imperf.)*, что? strengthen.
креплю́, крепи́шь, крепи́т, крепи́м, крепи́те, крепя́т
крепи́л, крепи́ла, крепи́ло, крепи́ли. Крепи́/те!

кри́кнуть: **КРИ́КНУ-** *(perf.)* (кричá-), shout, cry out.
кри́кну, кри́кнешь, кри́кнет, кри́кнем, кри́кнете, кри́кнут
кри́кнул, кри́кнула, кри́кнуло, кри́кнули. Кри́кни/те!

кричáть: **КРИЧÁ-** *(imperf.)* (кри́кну-), shout, cry out.
кричý, кричи́шь, кричи́т, кричи́м, кричи́те, кричáт
кричáл, кричáла, кричáло, кричáли. Кричи́/те!

крыть: **КРÓЙ-** *(imperf.)* что? чем? cover (with).
крóю, крóешь, крóет, крóем, крóете, крóют
крыл, крыла, крыло, крыли. Крóй/те!

кукаре́кать: **КУКАРЕ́КАЙ**- *(imperf.)* crow.

кукаре́каю, кукаре́каешь, кукаре́кает, кукаре́каем, кукаре́каете, кукаре́кают

кукаре́кал, кукаре́кала, кукаре́кало, кукаре́кали. Кукаре́кай/те!

купа́ть(ся): **КУПА́Й-(СЯ)** *(imperf.)* (вы́купай-(ся) or искупа́й-(ся)), что? кого? give a bath; (где? bathe oneself, swim).

купа́ю(сь), купа́ешь(ся), купа́ет(ся), купа́ем(ся), купа́ете(сь), купа́ют(ся)

купа́л(ся), купа́ла(сь), купа́ло(сь), купа́ли(сь). Купа́й(ся)! Купа́йте(сь)!

купи́ть: **КУПИ́-** *(perf.)* (покупа́й-), что? buy, purchase.

куплю́, ку́пишь, ку́пит, ку́пим, ку́пите, ку́пят

купи́л, купи́ла, купи́ло, купи́ли. Купи́/те!

кури́ть: **КУРИ́-** *(imperf.)*, что? smoke.

курю́, ку́ришь, ку́рит, ку́рим, ку́рите, ку́рят

кури́л, кури́ла, кури́ло, кури́ли. Кури́/те!

куса́ть(ся): **КУСА́Й-(СЯ)** *(imperf.)*, что? кого? bite.

куса́ю(сь), куса́ешь(ся), куса́ет(ся), куса́ем(ся), куса́ете(сь), куса́ют(ся)

куса́л(ся), куса́ла(сь), куса́ло(сь), куса́ли(сь). Куса́й(ся)! Куса́йте(сь)!

ку́шать: **КУ́ШАЙ-** *(imperf.)* (поку́шай-), что? eat, take food.

ку́шаю, ку́шаешь, ку́шает, ку́шаем, ку́шаете, ку́шают

ку́шал, ку́шала, ку́шало, ку́шали. Ку́шай/те!

Лл

ла́зить: **ЛА́ЗИ-** *(imperf.)* (multidirectional), куда? откуда? climb, crawl, creep.

ла́жу, ла́зишь, ла́зит, ла́зим, ла́зите, ла́зят

ла́зил, ла́зила, ла́зило, ла́зили. Ла́зь/те!

ла́ять: **ЛА́Я-** *(imperf.)*, на что? на кого? bark.

ла́ю, ла́ешь, ла́ет, ла́ем, ла́ете, ла́ют

ла́ял, ла́яла, ла́яло, ла́яли. Ла́й/те!

лгать: **ЛГА-** *(imperf.)* (солга́-), кому? о чём? lie, fib (to).

лгу́, лжёшь, лжёт, лжём, лжёте, лгу́т

лга́л, лгала́, лга́ло, лга́ли. Лги/те!

лежа́ть: **ЛЕЖА́-** *(imperf.)*, где? на чём? lie, be in a lying position.

лежу́, лежи́шь, лежи́т, лежи́м, лежи́те, лежа́т

лежа́л, лежа́ла, лежа́ло, лежа́ли. Лежи́/те!

ле́зть: **ЛЕ́З-** *(imperf.)* (unidirectional), куда? откуда? climb, crawl, creep.

ле́зу, ле́зешь, ле́зет, ле́зем, ле́зете, ле́зут

ле́з, ле́зла, ле́зло, ле́зли. Ле́зь/те!

лениться: **ЛЕНИ-СЯ** (*imperf.*), be lazy.
    ленюсь, лéнишься, лéнится, лéнимся, лéнитесь, лéнятся
    ленѝлся, ленѝлась, ленѝлось, ленѝлись. Ленѝ/тесь!

лепетáть: **ЛЕПЕТА-** (*imperf.*), что? chatter, babble.
    лепечý, лепéчешь, лепéчет, лепéчем, лепéчете, лепéчут
    лепетáл, лепетáла, лепетáло, лепетáли. Лепечѝ/те!

летáть: **ЛЕТАЙ-** (*imperf.*) (multidirectional), кудá? откýда? fly.
    летáю, летáешь, летáет, летáем, летáете, летáют
    летáл, летáла, летáло, летáли. Летáй/те!

летéть: **ЛЕТЕ-** (*imperf.*) (unidirectional), кудá? откýда? fly.
    лечý, летѝшь, летѝт, летѝм, летѝте, летя́т
    летéл, летéла, летéло, летéли. Летѝ/те!

лечѝть(ся): **ЛЕЧИ-(СЯ)** (*imperf.*) (вы́лечи-(ся)), что? кого? treat, cure (oneself).
    лечý(сь), лéчишь(ся), лéчит(ся), лéчим(ся), лéчите(сь), лéчат(ся)
    лечѝл(ся), лечѝла(сь), лечѝло(сь), лечѝли(сь). Лечѝ/те(сь)!

лéчь: (*irreg.*) (*perf.*) (ложѝ-ся), кудá? где? lie down, go to bed.
    ля́гу, ля́жешь, ля́жет, ля́жем, ля́жете, ля́гут
    лёг, леглá, леглó, леглѝ. Ля́г/те!

лѝть: **ЛЬЙ-** (*imperf.*), что? кудá? pour.
    лью, льёшь, льёт, льём, льёте, льют
    лѝл, лилá, лѝло, лѝли. Лéй/те!

лишáть: **ЛИШАЙ-** (*imperf.*) (лишѝ-), что? кого? deprive.
    лишáю, лишáешь, лишáет, лишáем, лишáете, лишáют
    лишáл, лишáла, лишáло, лишáли. Лишáй/те!

лишѝть: **ЛИШИ-** (*perf.*) (лишáй-), что? кого? deprive.
    лишý, лишѝшь, лишѝт, лишѝм, лишѝте, лишáт
    лишѝл, лишѝла, лишѝло, лишѝли. Лишѝ/те!

ловѝть: **ЛОВИ-** (*imperf.*) (поймáй-), что? кого? catch, seize.
    ловлю́, лóвишь, лóвит, лóвим, лóвите, лóвят
    ловѝл, ловѝла, ловѝло, ловѝли. Ловѝ/те!

ложѝться: **ЛОЖИ-СЯ** (*imperf.*) (**лéчь**), кудá? где? lie down, go to bed.
    ложýсь, ложѝшься, ложѝтся, ложѝмся, ложѝтесь, ложáтся
    ложѝлся, ложѝлась, ложѝлось, ложѝлись. Ложѝ/тесь!

ломáть: **ЛОМАЙ-** (*imperf.*) (сломáй-), что? break.
    ломáю, ломáешь, ломáет, ломáем, ломáете, ломáют
    ломáл, ломáла, ломáло, ломáли. Ломáй/те!

лóпаться: **ЛОПАЙ-СЯ** (*imperf.*) (лóпну-ся), burst, break, split.
    лóпаюсь, лóпаешься, лóпается, лóпаемся, лóпаетесь, лóпаются
    лóпался, лóпалась, лóпалось, лóпались. Лóпайся! Лóпайтесь!

лóпнуть: **ЛÓПНУ**- *(perf.)* (лóп**ай**-ся), burst, break, split.
 лóпну, лóпнешь, лóпнет, лóпнем, лóпнете, лóпнут
 лóпнул, лóпнула, лóпнуло, лóпнули. Лóпни/те!

льстить: **ЛЬСТИ́**- *(imperf.)* (польсти́-), кому? flatter.
 льщу́, льсти́шь, льсти́т, льсти́м, льсти́те, льстя́т
 льсти́л, льсти́ла, льсти́ло, льсти́ли. Льсти/те!

любить: **ЛЮБИ́**- *(imperf.)*, что? кого? like, love.
 люблю́, лю́бишь, лю́бит, лю́бим, лю́бите, лю́бят
 люби́л, люби́ла, люби́ло, люби́ли. Люби́/те!

любовáться: **ЛЮБОВÁ-СЯ** *(imperf.)* (полюб**овá**-ся), чем? кем? admire.
 любу́юсь, любу́ешься, любу́ется, любу́емся, любу́етесь, любу́ются
 любовáлся, любовáлась, любовáлось, любовáлись. Любу́йся!
 Любу́йтесь!

Мм

мáзать: **МÁЗА**- *(imperf.)* (намá**за**- and помá**за**-), что? кого? чем? spread, smear, oil, grease.
 мáжу, мáжешь, мáжет, мáжем, мáжете, мáжут
 мáзал, мáзала, мáзало, мáзали. Мáжь/те!

махáть: **МАХА́**- *(imperf.)* (мах**ну́**-), чем? wave.
 машу́, мáшешь, мáшет, мáшем, мáшете, мáшут
 махáл, махáла, махáло, махáли. Маши́/те!

махну́ть: **МАХНУ́**- *(perf.)* (мах**а**-), чем? wave.
 махну́, махнёшь, махнёт, махнём, махнёте, махну́т
 махну́л, махну́ла, махну́ло, махну́ли. Махни́/те!

мéдлить: **МÉДЛИ**- *(imperf.)*, linger, lag behind.
 мéдлю, мéдлишь, мéдлит, мéдлим, мéдлите, мéдлят
 мéдлил, мéдлила, мéдлило, мéдлили. Мéдли/те!

мелькáть: **МЕЛЬКА́Й**- *(imperf.)* (мельк**ну́**-), где? мимо чего? мимо кого? glimpse fleetingly, flash (by).
 мелькáю, мелькáешь, мелькáет, мелькáем, мелькáете, мелькáют
 мелькáл, мелькáла, мелькáло, мелькáли. Мелькáй/те!

мелькну́ть: **МЕЛЬКНУ́**- *(perf.)* (мельк**ай**-), где? мимо чего? мимо кого? glimpse fleetingly, flash (by).
 мелькну́, мелькнёшь, мелькнёт, мелькнём, мелькнёте, мелькну́т
 мелькну́л, мелькну́ла, мелькну́ло, мелькну́ли. Мелькни́/те!

меня́ть: **МЕНЯ́Й**- *(imperf.)* (обмен**я́й**- and помен**я́й**-), что? кого? на что? exchange (something for something else).
 меня́ю, меня́ешь, меня́ет, меня́ем, меня́ете, меня́ют
 меня́л, меня́ла, меня́ло, меня́ли. Меня́й/те!

меня́ться: **МЕНЯ́Й-СЯ** *(imperf.)* (обменя́й-ся and поменя́й-ся), чем? кем? с
    кем? change, exchange (with).
    меня́юсь, меня́ешься, меня́ется, меня́емся, меня́етесь, меня́ются
    меня́лся, меня́лась, меня́лось, меня́лись. Меня́йся! Меня́йтесь!

мёрзнуть: **МЁРЗНУ•-** *(imperf.)* (замёрзну•-), freeze, feel cold.
    мёрзну, мёрзнешь, мёрзнет, мёрзнем, мёрзнете, мёрзнут
    мёрз, мёрзла, мёрзло, мёрзли. Мёрзни/те!

мечта́ть: **МЕЧТА́Й-** *(imperf.)*, о ком? о чём? dream, wish.
    мечта́ю, мечта́ешь, мечта́ет, мечта́ем, мечта́ете, мечта́ют
    мечта́л, мечта́ла, мечта́ло, мечта́ли. Мечта́й/те!

меша́ть: **МЕША́Й-** *(imperf.)* (помеша́й-), чему? кому? hinder, bother.
    меша́ю, меша́ешь, меша́ет, меша́ем, меша́ете, меша́ют
    меша́л, меша́ла, меша́ло, меша́ли. Меша́й/те!

мири́ться: **МИРИ́-СЯ** *(imperf.)* (помири́-ся), с чем? с кем? resign oneself (to),
    reconcile oneself (with).
    мирю́сь, мири́шься, мири́тся, мири́мся, мири́те, миря́тся
    мири́лся, мири́лась, мири́лось, мири́лись. Мири́сь! Мири́тесь!

молоде́ть: **МОЛОДЕ́Й-** *(imperf.)* (помолоде́й-), от чего? grow young (from).
    молоде́ю, молоде́ешь, молоде́ет, молоде́ем, молоде́ете, молоде́ют
    молоде́л, молоде́ла, молоде́ло, молоде́ли. Молоде́й/те!

молоди́ть: **МОЛОДИ́-** *(imperf.)*, make look younger.
    моложу́, молоди́шь, молоди́т, молоди́м, молоди́те, молодя́т
    молоди́л, молоди́ла, молоди́ло, молоди́ли. Молоди́/те!

моло́ть: *(irreg.)* *(imperf.)*, что? mill, grind.
    мелю́, ме́лешь, ме́лет, ме́лем, ме́лете, ме́лют
    моло́л, моло́ла, моло́ло, моло́ли. Мели́/те!

молча́ть: **МОЛЧА́-** *(imperf.)*, о чём? о ком? keep silent (about).
    молчу́, молчи́шь, молчи́т, молчи́м, молчи́те, молча́т
    молча́л, молча́ла, молча́ло, молча́ли. Молчи́/те!

мо́рщить(ся): **МО́РЩИ-(СЯ)** *(imperf.)* (намо́рщи-(ся)), что? wrinkle, (knit one's
    brow).
    мо́рщу(сь), мо́рщишь(ся), мо́рщит(ся), мо́рщим(ся), мо́рщите(сь),
    мо́рщат(ся)
    мо́рщил(ся), мо́рщила(сь), мо́рщило(сь), мо́рщили(сь). Мо́рщи/те(сь)!
    and Мо́рщь(ся)! Мо́рщьте(сь)!

мо́чь: *(irreg.)* *(imperf.)* (**смо́чь**), be able.
    могу́, мо́жешь, мо́жет, мо́жем, мо́жете, мо́гут
    мо́г, могла́, могло́, могли́. [*No imperative.*]

мурлы́кать: **МУРЛЫ́КА-** *(imperf.)*, purr.
    мурлы́чу, мурлы́чешь, мурлы́чет, мурлы́чем, мурлы́чете, мурлы́чут
    мурлы́кал, мурлы́кала, мурлы́кало, мурлы́кали. Мурлы́чь/те!

мыть(ся): **МÓЙ-(СЯ)** *(imperf.)* (помóй-(ся) and вы́мой-(ся)), что? кого? wash (oneself).
мóю(сь), мóешь(ся), мóет(ся), мóем(ся), мóете(сь), мóют(ся)
мы́л(ся), мы́ла(сь), мы́ло(сь), мы́ли(сь). Мóй(ся)! Мóйте(сь)!

мычáть: **МЫЧÁ-** *(imperf.)*, moo, bellow.
мычý, мычи́шь, мычи́т, мычи́м, мычи́те, мычáт
мычáл, мычáла, мычáло, мычáли. Мычи́/те!

мяýкать: **МЯÝКАЙ-** *(imperf.)*, meow, mew.
мяýкаю, мяýкаешь, мяýкает, мяýкаем, мяýкаете, мяýкают
мяýкал, мяýкала, мяýкало, мяýкали. Мяýкай/те!

Нн

набирáть: **НАБИРÁЙ-** *(imperf.)* (наб/ра-), что? gather, collect, score, dial (a phone number).
набирáю, набирáешь, набирáет, набирáем, набирáете, набирáют
набирáл, набирáла, набирáло, набирáли. Набирáй/те!

наблюдáть: **НАБЛЮДÁЙ-** *(imperf.)*, что? кого? за чем? за кем? observe.
наблюдáю, наблюдáешь, наблюдáет, наблюдáем, наблюдáете, наблюдáют
наблюдáл, наблюдáла, наблюдáло, наблюдáли. Наблюдáй/те!

набрáть: **НАБ/РА-** *(perf.)* (набирáй-), что? gather, collect, score, dial (a phone number).
наберý, наберёшь, наберёт, наберём, наберёте, наберýт
набрáл, набралá, набрáло, набрáли. Набери́/те!

навести́ть: **НАВЕСТИ́-** *(perf.)* (навещáй-), что? кого? visit.
навещý, навести́шь, навести́т, навести́м, навести́те, навестя́т
навести́л, навести́ла, навести́ло, навести́ли. Навести́/те!

навещáть: **НАВЕЩÁЙ-** *(imperf.)* (навести́-), что? кого? visit.
навещáю, навещáешь, навещáет, навещáем, навещáете, навещáют
навещáл, навещáла, навещáло, навещáли. Навещáй/те!

нагибáться: **НАГИБÁЙ-СЯ** *(imperf.)* (нагнý-ся), над чем? над кем? к чему? к кому? bend, bow, stoop.
нагибáюсь, нагибáешься, нагибáется, нагибáемся, нагибáетесь, нагибáются
нагибáлся, нагибáлась, нагибáлось, нагибáлись. Нагибáйся! Нагибáйтесь!

нагну́ться: **НАГНУ́-СЯ** *(perf.)* (нагиба́й-ся), над чем? над кем? к чему? к кому? bend, bow, stoop.
> нагну́сь, нагнёшься, нагнётся, нагнёмся, нагнётесь, нагну́тся
> нагну́лся, нагну́лась, нагну́лось, нагну́лись. Нагни́/тесь!

надева́ть: **НАДЕВА́Й-** *(imperf.)* (наде́н-), что? на что? на кого? put on (clothes, glasses, jewelry, etc.)
> надева́ю, надева́ешь, надева́ет, надева́ем, надева́ете, надева́ют
> надева́л, надева́ла, надева́ло, надева́ли. Надева́й/те!

наде́ть: **НАДЕ́Н-** *(perf.)* (надева́й-), что? на что? на кого? put on (clothes, glasses, jewelry, etc.)
> наде́ну, наде́нешь, наде́нет, наде́нем, наде́нете, наде́нут
> наде́л, наде́ла, наде́ло, наде́ли. Наде́нь/те!

наде́яться: **НАДЕ́Я-СЯ** *(imperf.)*, на что? wish, hope (for).
> наде́юсь, наде́ешься, наде́ется, наде́емся, наде́етесь, наде́ются
> наде́ялся, наде́ялась, наде́ялось, наде́ялись. Наде́йся! Наде́йтесь!

надоеда́ть: **НАДОЕДА́Й-** *(imperf.)* (**надое́сть**), чему? кому? tire (of), bore.
> надоеда́ю, надоеда́ешь, надоеда́ет, надоеда́ем, надоеда́ете, надоеда́ют
> надоеда́л, надоеда́ла, надоеда́ло, надоеда́ли. Надоеда́й/те!

надое́сть: *(irreg.)* *(imperf.)* (надоеда́й-), чему? кому? tire, bore.
> надое́м, надое́шь, надое́ст, надоеди́м, надоеди́те, надоедя́т
> надое́л, надое́ла, надое́ло, надое́ли. Надое́шь/те!

назва́ть(ся): **НАЗ/ВА́-(СЯ)** *(perf.)* (называ́й-(ся)), чем? кем? name, call (oneself).
> назову́(сь), назовёшь(ся), назовёт(ся), назовём(ся), назовёте(сь), назову́т(ся)
> назва́л(ся), назвала́(сь), назва́ло(сь), назва́ли(сь). Назови́/те(сь)!

назнача́ть: **НАЗНАЧА́Й-** *(imperf.)* (назна́чи-), что? кого? set up, arrange, appoint.
> назнача́ю, назнача́ешь, назнача́ет, назнача́ем, назнача́ете, назнача́ют
> назнача́л, назнача́ла, назнача́ло, назнача́ли. Назнача́й/те!

назна́чить: **НАЗНА́ЧИ-** *(perf.)* (назнача́й-), что? кого? set up, arrange, appoint.
> назна́чу, назна́чишь, назна́чит, назна́чим, назна́чите, назна́чат
> назна́чил, назна́чила, назна́чило, назна́чили. Назна́чь/те!

называ́ть(ся): **НАЗЫВА́Й-(СЯ)** *(imperf.)* (наз/ва́-(ся)), чем? кем? name, call, (be called, be named).
> называ́ю(сь), называ́ешь(ся), называ́ет(ся), называ́ем(ся), называ́ете(сь), называ́ют(ся)
> называ́л(ся), называ́ла(сь), называ́ло(сь), называ́ли(сь).
> Называ́й(ся)! Называ́йте(сь)!

найти́: *(irreg.)* *(perf.)* (находи́-), что? кого? find, locate.
     найду́, найдёшь, найдёт, найдём, найдёте, найду́т
     нашёл, нашла́, нашло́, нашли́. Найди́/те!

накопи́ть: **НАКОПИ́**- *(perf.)* (копи́-), что? save, accumulate.
     накоплю́, нако́пишь, нако́пит, нако́пим, нако́пите, нако́пят
     накопи́л, накопи́ла, накопи́ло, накопи́ли. Накопи́/те!

накорми́ть: **НАКОРМИ́**- *(perf.)* (корми́-), что? кого? чем? feed.
     накормлю́, нако́рмишь, нако́рмит, нако́рмим, нако́рмите, нако́рмят
     накорми́л, накорми́ла, накорми́ло, накорми́ли. Накорми́/те!

налива́ть: **НАЛИВА́Й**- *(imperf.)* (нальй-), что? во что? из чего? pour.
     налива́ю, налива́ешь, налива́ет, налива́ем, налива́ете, налива́ют
     налива́л, налива́ла, налива́ло, налива́ли. Налива́й/те!

нали́ть: **НАЛЬЙ**- *(perf.)* (налива́й-), что? во что? из чего? pour.
     налью, нальёшь, нальёт, нальём, нальёте, нальют
     нали́л, налила́, нали́ло, нали́ли. Нале́й/те!

нама́зать: **НАМА́ЗА**- *(perf.)* (ма́за-), что? кого? чем? spread, smear, oil, grease.
     нама́жу, нама́жешь, нама́жет, нама́жем, нама́жете, нама́жут
     нама́зал, нама́зала, нама́зало, нама́зали. Нама́жь/те!

наме́тить: **НАМЕ́ТИ**- *(perf.)* (намечай-), что? чем? envisage, mark (on).
     наме́чу, наме́тишь, наме́тит, наме́тим, наме́тите, наме́тят
     наме́тил, наме́тила, наме́тило, наме́тили. Наме́ть/те!

намеча́ть: **НАМЕЧА́Й**- *(imperf.)* (наме́ти-), что? чем? envisage, mark (on).
     намеча́ю, намеча́ешь, намеча́ет, намеча́ем, намеча́ете, намеча́ют
     намеча́л, намеча́ла, намеча́ло, намеча́ли. Намеча́й/те!

намо́рщить(ся): **НАМО́РЩИ-(СЯ)** *(perf.)* (мо́рщи-(ся)), что? wrinkle, (knit one's brow).
     намо́рщу(сь), намо́рщишь(ся), намо́рщит(ся), намо́рщим(ся),
     намо́рщите(сь), намо́рщат(ся),
     намо́рщил(ся), намо́рщила(сь), намо́рщило(сь), намо́рщили(сь).
     Намо́рщи/те(сь)!

нанима́ть: **НАНИМА́Й**- *(imperf.)* (найм-), что? кого? hire, rent.
     нанима́ю, нанима́ешь, нанима́ет, нанима́ем, нанима́ете, нанима́ют
     нанима́л, нанима́ла, нанима́ло, нанима́ли. Нанима́й/те!

наня́ть: **НАЙМ**- *(perf.)* (нанима́й-), что? кого? hire, rent.
     найму́, наймёшь, наймёт, наймём, наймёте, найму́т
     на́нял, наняла́, на́няло, на́няли. Найми́/те!

напада́ть: **НАПАДА́Й**- *(imperf.)* (напа́д-), на что? на кого? attack.
     напада́ю, напада́ешь, напада́ет, напада́ем, напада́ете, напада́ют
     напада́л, напада́ла, напада́ло, напада́ли. Напада́й/те!

напа́сть: **НАПА́Д**-*(perf.)* (напада́й-), на что? на кого? attack.
нападу́, нападёшь, нападёт, нападём, нападёте, нападу́т
напа́л, напа́ла, напа́ло, напа́ли. Напади́/те!

напева́ть: **НАПЕВА́Й**- *(imperf.)* (**напе́ть**), что? sing, hum.
напева́ю, напева́ешь, напева́ет, напева́ем, напева́ете, напева́ют
напева́л, напева́ла, напева́ло, напева́ли. Напева́й/те!

напе́ть: *(irreg.)* *(perf.)* (напева́й-), что? sing, hum.
напою́, напоёшь, напоёт, напоём, напоёте, напою́т
напе́л, напе́ла, напе́ло, напе́ли. Напо́й/те!

напеча́тать: **НАПЕЧА́ТАЙ**- *(imperf.)* (печа́тай-), что? type, print, publish.
напеча́таю, напеча́таешь, напеча́тает, напеча́таем, напеча́таете,
напеча́тают
напеча́тал, напеча́тала, напеча́тало, напеча́тали. Напеча́тай(те)!

напеча́таться: **НАПЕЧА́ТАЙ-СЯ** *(perf.)* (печа́тай-ся), publish, be published.
напеча́таюсь, напеча́таешься, напеча́тается, напеча́таемся,
напеча́таетесь, напеча́таются
напеча́тался, напеча́талась, напеча́талось, напеча́тались.
Напеча́тайся! Напеча́тайтесь!

написа́ть: **НАПИСА́**- *(perf.)* (писа́-), что? о чём? кому? чем? write.
напишу́, напи́шешь, напи́шет, напи́шем, напи́шете, напи́шут
написа́л, написа́ла, написа́ло, написа́ли. Напиши́(те)!

напо́лнить: **НАПО́ЛНИ**- *(perf.)* (наполня́й-), что? чем? fill (with).
напо́лню, напо́лнишь, напо́лнит, напо́лним, напо́лните, напо́лнят
напо́лнил, напо́лнила, напо́лнило, напо́лнили. Напо́лни/те!

наполня́ть: **НАПОЛНЯ́Й**- *(imperf.)* (наполни-), что? чем? fill (with).
наполня́ю, наполня́ешь, наполня́ет, наполня́ем, наполня́ете,
наполня́ют
наполня́л, наполня́ла, наполня́ло, наполня́ли. Наполня́й/те!

напомина́ть: **НАПОМИНА́Й**- *(imperf.)* (напо́мни-), что? кого? (кому? о
чём? о ком?) remind (of).
напомина́ю, напомина́ешь, напомина́ет, напомина́ем, напомина́ете,
напомина́ют
напомина́л, напомина́ла, напомина́ло, напомина́ли. Напомина́й/те!

напо́мнить: **НАПО́МНИ**- *(perf.)* (напомина́й-), что? кого? (кому? о чём? о
ком?) remind (of).
напо́мню, напо́мнишь, напо́мнит, напо́мним, напо́мните, напо́мнят
напо́мнил, напо́мнила, напо́мнило, напо́мнили. Напо́мни/те!

напра́вить: **НАПРА́ВИ**- *(perf.)* (направля́й-), что? куда? на что? на кого?
direct, send.
напра́влю, напра́вишь, напра́вит, напра́вим, напра́вите, напра́вят
напра́вил, напра́вила, напра́вило, напра́вили. Напра́вь/те!

напра́виться: **НАПРА́ВИ-СЯ** *(perf.)* (направля́й-ся), куда? head (towards), make one's way (to).
напра́влюсь, напра́вишься, напра́вится, напра́вимся, напра́витесь, напра́вятся
напра́вился, напра́вилась, напра́вилось, напра́вились. Напра́вься! Напра́вьтесь!

направля́ть: **НАПРАВЛЯ́Й-** *(imperf.)* (напра́ви-), что? куда? на что? на кого? direct, send.
направля́ю, направля́ешь, направля́ет, направля́ем, направля́ете,направля́ют
направля́л, направля́ла, направля́ло, направля́ли. Направля́й/те!

направля́ться: **НАПРАВЛЯ́Й-СЯ** *(imperf.)* (напра́ви-ся), куда? head (towards), make one's way (to).
направля́юсь, направля́ешься, направля́ется, направля́емся, направля́етесь, направля́ются
направля́лся, направля́лась, направля́лось, направля́лись. Направля́йся! Направля́йтесь!

нарисова́ть: **НАРИСОВА́-** *(perf.)* (рисова́-), что? кого? draw.
нарису́ю, нарису́ешь, нарису́ет, нарису́ем, нарису́ете, нарису́ют
нарисова́л, нарисова́ла, нарисова́ло, нарисова́ли. Нарису́й/те!

нaряди́ть(ся): **НАРЯДИ́-(СЯ)** *(perf.)* (наряжа́й-(ся)), что? кого? во что? dress up, (кем? dress oneself up).
наряжу́(сь), наря́дишь(ся), наря́дит(ся), наря́дим(ся), наря́дите(сь), наря́дят(ся)
наряди́л(ся), наряди́ла(сь), наряди́ло(сь), наряди́ли(сь). Наряди́/те(сь)!

наряжа́ть(ся): **НАРЯЖА́Й-(СЯ)** *(imperf.)* (наряди́-(ся)), что? кого? во что? dress up, (кем? dress oneself up).
наряжа́ю(сь), наряжа́ешь(ся), наряжа́ет(ся), наряжа́ем(ся), наряжа́ете(сь), наряжа́ют(ся)
наряжа́л(ся), наряжа́ла(сь), наряжа́ло(сь), наряжа́ли(сь). Наряжа́йся! Наряжа́йте(сь)!

наслади́ться: **НАСЛАДИ́-СЯ** *(perf.)* (наслажда́й-ся), чем? кем? delight (in), enjoy, take pleasure (in).
наслажу́сь, наслади́шься, наслади́тся, наслади́мся, наслади́тесь, наследя́тся
наслади́лся, наслади́лась, наслади́лось, наслади́лись. Наслади́/тесь!

наслажда́ться: **НАСЛАЖДА́Й-СЯ** *(imperf.)* (наслади́-ся), чем? кем? delight (in), enjoy, take pleasure (in).
наслажда́юсь, наслажда́ешься, наслажда́ется, наслажда́емся, наслажда́етесь, наслажда́ются
наслажда́лся, наслажда́лась, наслажда́лось, наслажда́лись. Наслажда́йся! Наслажда́йтесь!

насмешить: **НАСМЕШИ́-** *(perf.)* (смеши́-), что? кого? чем? make (someone) laugh.

    насмешу́, насмеши́шь, насмеши́т, насмеши́м, насмеши́те, насмеша́т
    насмеши́л, насмеши́ла, насмеши́ло, насмеши́ли. Насмеши́/те!

настаивать: **НАСТА́ИВАЙ-** *(imperf.)* (настоя́-), на чём? insist (on).

    наста́иваю, наста́иваешь, наста́ивает, наста́иваем, наста́иваете, наста́ивают
    наста́ивал, наста́ивала, наста́ивало, наста́ивали. Наста́ивай/те!

настоять: **НАСТОЯ́-** [belongs to жа- type] *(perf.)* (наста́ива̲й̲-), на чём? insist (on).

    настою́, настои́шь, настои́т, настои́м, настои́те, настоя́т
    настоя́л, настоя́ла, настоя́ло, настоя́ли. Настои́/те!

наступать: **НАСТУПА́Й-** *(imperf.)* (наступ^xи̲-), begin, set in (as a season, nightfall, etc.).

    наступа́ю, наступа́ешь, наступа́ет, наступа́ем, наступа́ете, наступа́ют
    наступа́л, наступа́ла, наступа́ло, наступа́ли. Наступа́й/те!

наступить: **НАСТУП^xИ́-** *(perf.)* (наступа̲й̲-), begin, set in (as a season, nightfall, etc.).

    наступлю́, насту́пишь, насту́пит, насту́пим, насту́пите, насту́пят
    наступи́л, наступи́ла, наступи́ло, наступи́ли. Наступи́/те!

насчитать: **НАСЧИТА́Й-** *(perf.)* (насчи́тыв̲ай̲-), что? кого? number, have (so many), list.

    насчита́ю, насчита́ешь, насчита́ет, насчита́ем, насчита́ете, насчита́ют
    насчита́л, насчита́ла, насчита́ло, насчита́ли. Насчита́й/те!

насчитывать: **НАСЧИ́ТЫВАЙ-** *(imperf.)* (насчита̲й̲-), что? кого? number, have (so many), list.

    насчи́тываю, насчи́тываешь, насчи́тывает, насчи́тываем, насчи́тываете, насчи́тывают
    насчи́тывал, насчи́тывала, насчи́тывало, насчи́тывали. Насчи́тывай/те!

натренирова́ть(ся): **НАТРЕНИРОВА́-(СЯ)** *(perf.)* (трениров̲а̲́-(ся)), что? кого? (в чём?) train, practice (in).

    натрениру́ю(сь), натрениру́ешь(ся), натрениру́ет(ся), натрениру́ем(ся), натрениру́ете(сь), натрениру́ют(ся)
    натренирова́л(ся), натренирова́ла(сь), натренирова́ло(сь), натренирова́ли(сь).
    Натрениру́й(ся)! Натрениру́йте(сь)!

научить: **НАУЧ^xИ́-** *(perf.)* (уч̲и̲-), что? кого? чему? + infinitive, teach.

    научу́, нау́чишь, нау́чит, нау́чим, нау́чите, нау́чат
    научи́л, научи́ла, научи́ло, научи́ли. Научи́/те!

научи́ться: **НАУЧИ̲-СЯ** *(perf.)* (учи̲-ся), чему? + infinitive, learn.
    научу́сь, нау́чишься, нау́чится, нау́чимся, нау́читесь, нау́чатся
    научи́лся, научи́лась, научи́лось, научи́лись. Научи́/тесь!

нахму́риться: **НАХМУ́РИ̲-СЯ** *(perf.)* (хму́ри̲-ся), от чего? frown.
    нахму́рюсь, нахму́ришься, нахму́рится, нахму́римся, нахму́ритесь,
    нахму́рятся
    нахму́рился, нахму́рилась, нахму́рилось, нахму́рились.
    Нахму́рься! Нахму́рьтесь!

находи́ть: **НАХОДИ̲-** *(imperf.)* (**найти́**), что? кого? find, locate.
    нахожу́, нахо́дишь, нахо́дит, нахо́дим, нахо́дите, нахо́дят
    находи́л, находи́ла, находи́ло, находи́ли. Находи́/те!

находи́ться: **НАХОДИ̲-СЯ** *(imperf.)*, где? be located, be found.
    нахожу́сь, нахо́дишься, нахо́дится, нахо́димся, нахо́дитесь,
    нахо́дятся
    находи́лся, находи́лась, находи́лось, находи́лись. Находи́/тесь!

нача́ть: **НАЧ/Н̲-** *(perf.)* (начина́й-), что? (с чего?) begin, start (from, with).
    начну́, начнёшь, начнёт, начнём, начнёте, начну́т
    на́чал, начала́, на́чало, на́чали. Начни́/те!

нача́ться: **НАЧ/Н̲-СЯ** *(perf.)* (начина́й-ся), begin, start [intransitive].
    (3rd person only.) начнётся, начну́тся
    начался́, начала́сь, начало́сь, начали́сь. Начина́йся! Начина́йтесь!

начина́ть: **НАЧИНА́Й-** *(imperf.)* (нач/н̲-), что? (с чего?) begin, start (from, with).
    начина́ю, начина́ешь, начина́ет, начина́ем, начина́ете, начина́ют
    начина́л, начина́ла, начина́ло, начина́ли. Начина́й!
    Начина́йте!

начина́ться: **НАЧИНА́Й-СЯ** *(imperf.)* (нач/н̲-ся), (begin, start [intransitive]).
    (3rd person only.) начина́ется, начина́ются
    начина́лся, начина́лась, начина́лось, начина́лись.

нездоро́виться: **НЕЗДОРО́ВИ̲-СЯ** *(imperf.)* (3rd person impersonal forms only),
    кому? not feel well.
    нездоро́вится
    нездоро́вилось.

неме́ть: **НЕМЕ́Й-** *(perf.)* (онеме́й-), become mute.
    неме́ю, неме́ешь, неме́ет, неме́ем, неме́ете, неме́ют
    неме́л, неме́ла, неме́ло, неме́ли. Неме́й/те!

ненави́деть: **НЕНАВИ́ДЕ-** *(imperf.)* что? кого? hate, loathe.
    ненави́жу, ненави́дишь, ненави́дит, ненави́дим, ненави́дите,
    ненави́дят
    ненави́дел, ненави́дела, ненави́дело, ненави́дели. Ненави́дь/те!

нести: **НЁС-** *(imperf.)* (unidirectional), что? кого? куда? кому? carry (on foot).
    несу́, несёшь, несёт, несём, несёте, несу́т
    нёс, несла́, несло́, несли́. Неси́/те!

носи́ть: **НОСИ́-** *(imperf.)* (multidirectional), что? кого? куда? кому? carry (on foot). что? wear.
    ношу́, но́сишь, но́сит, но́сим, но́сите, но́сят
    носи́л, носи́ла, носи́ло, носи́ли. Носи́/те!

нра́виться: **НРА́ВИ-СЯ** *(imperf.)* (понра́ви-ся), чему? кому? please.
    нра́влюсь, нра́вишься, нра́вится, нра́вимся, нра́витесь, нра́вятся
    нра́вился, нра́вилась, нра́вилось, нра́вились. Нра́вься! Нра́вьтесь!

Оо

обвини́ть: **ОБВИНИ́-** *(perf.)* (вини́-), кого? что? (в чём?) blame (for).
    обвиню́, обвини́шь, обвини́т, обвини́м, обвини́те, обвиня́т
    обвини́л, обвини́ла, обвини́ло, обвини́ли. Обвини́/те!

обду́мать: **ОБДУ́МАЙ-** *(perf.)* (обду́мывай-), что? think over.
    обду́маю, обду́маешь, обду́мает, обду́маем, обду́маете, обду́мают
    обду́мал, обду́мала, обду́мало, обду́мали. Обду́май/те!

обду́мывать: **ОБДУ́МЫВАЙ-** *(imperf.)* (обду́май-), что? think over.
    обду́мываю, обду́мываешь, обду́мывает, обду́мываем, обду́мываете, обду́мывают
    обду́мывал, обду́мывала, обду́мывало, обду́мывали. Обду́мывай/те!

обе́дать: **ОБЕ́ДАЙ-** *(imperf.)* (пообе́дай-), чем? have lunch.
    обе́даю, обе́даешь, обе́дает, обе́даем, обе́даете, обе́дают
    обе́дал, обе́дала, обе́дало, обе́дали. Обе́дай/те!

оберега́ть: **ОБЕРЕГА́Й-** *(imperf.)* [оберёг-], что? кого? (от чего?) defend (against).
    оберега́ю, оберега́ешь, оберега́ет, оберега́ем, оберега́ете, оберега́ют
    оберега́л, оберега́ла, оберега́ло, оберега́ли. Оберега́й/те!

обере́чь: **ОБЕРЁГ-** *(perf.)* (оберега́й-), что? кого? (от чего?) defend (against).
    оберегу́, обережёшь, обережёт, обережём, обережёте, оберегу́т
    оберёг, оберегла́, оберегло́, оберегли́. Обереги́/те!

обеща́ть: **ОБЕЩА́Й-** *(imperf.)* (пообеща́й-), что? (чему? кому?) promise (to).
    обеща́ю, обеща́ешь, обеща́ет, обеща́ем, обеща́ете, обеща́ют
    обеща́л, обеща́ла, обеща́ло, обеща́ли. Обеща́й/те!

обжéчь: **ОБ/Ж/Г-´** *(perf.)* (обжигáй-), что? кого? чем? burn, scorch.
обожгý, обожжёшь, обожжёт, обожжём, обожжёте, обожгýт
обжёг, обожглá, обожглó, обожгли. Обожги/те!

обжигáть: **ОБЖИГÁЙ-** *(imperf.)* (об/ж/г-´), что? кого? чем? burn, scorch.
обжигáю, обжигáешь, обжигáет, обжигáем, обжигáете, обжигáют
обжигáл, обжигáла, обжигáло, обжигáли. Обжигáй/те!

обúдеть(ся): **ОБИÍДЕ-(СЯ)** *(perf.)* (обижáй-(ся)), что? кого? чем? hurt,
offend, insult, (на что? на кого? за что? be offended, be insulted).
обúжу(сь), обúдишь(ся), обúдит(ся), обúдим(ся), обúдите(сь),
обúдят(ся)
обúдел(ся), обúдела(сь), обúдело(сь), обúдели(сь). Обúдь(ся)!
Обúдьте(сь)!

обижáть(ся): **ОБИЖÁЙ-(СЯ)** *(imperf.)* (обúде-(ся)), что? кого? чем? hurt,
offend, insult, (на что? на кого? за что? be offended, be insulted).
обижáю(сь), обижáешь(ся), обижáет(ся), обижáем(ся), обижáете(сь),
обижáют(ся)
обижáл(ся), обижáла(сь), обижáло(сь), обижáли(сь). Обижáй(ся)!
Обижáйте(сь)!

обладáть: **ОБЛАДÁЙ-** *(imperf.)*, чем? кем? own, have, possess.
обладáю, обладáешь, обладáет, обладáем, обладáете, обладáют
обладáл, обладáла, обладáло, обладáли. Обладáй/те!

обливáть(ся): **ОБЛИВÁЙ-(СЯ)** *(imperf.)* (об/льй-(ся)), что? кого? чем? spill
over, pour over, (pour over oneself).
обливáю(сь), обливáешь(ся), обливáет(ся), обливáем(ся),
обливáете(сь), обливáют(ся)
обливáл(ся), обливáла(сь), обливáло(сь), обливáли(сь). Обливáй(ся)!
Обливáйте(сь)!

облúть(ся): **ОБ/ЛЬЙ-(СЯ)** *(perf.)* (обливáй-(ся)), что? кого? чем? spill over,
pour over, (pour over oneself).
оболью́(сь), обольёшь(ся), обольёт(ся), обольём(ся), обольёте(сь),
обольют(ся)
облúл(ся), облилá(сь), облúло(сь), облúли(сь). Облéй(ся)! Облéйте(сь)!

обманýть: **ОБМАНУ́-** *(perf.)* (обмáнывай-), что? кого? deceive, cheat.
обманý, обмáнешь, обмáнет, обмáнем, обмáнете, обмáнут
обманýл, обманýла, обманýло, обманýли. Обмани/те!

обмáнывать: **ОБМÁНЫВАЙ-** *(imperf.)* (обманý-), что? кого? deceive, cheat.
обмáнываю, обмáнываешь, обмáнывает, обмáнываем, обмáнываете,
обмáнывают
обмáнывал, обмáнывала, обмáнывало, обмáнывали. Обмáнывай/те!

обменять: **ОБМЕНЯ́Й-** *(perf.)* (меняй-), что? кого? на что? exchange
(something for something else).
обменя́ю, обменя́ешь, обменя́ет, обменя́ем, обменя́ете, обменя́ют
обменя́л, обменя́ла, обменя́ло, обменя́ли. Обменя́й/те!

обменя́ться: **ОБМЕНЯ́Й- СЯ** *(perf.)* (меня́й-ся), чем? кем? с кем? change, exchange (with).
обменя́юсь, обменя́ешься, обменя́ется, обменя́емся, обменя́етесь, обменя́ются
обменя́лся, обменя́лась, обменя́лось, обменя́лись. Обменя́йся! Обменя́йтесь!

обнару́живать: **ОБНАРУ́ЖИВАЙ-** *(imperf.)* (обнару́жи-), что? discover.
обнару́живаю, обнару́живаешь, обнару́живает, обнару́живаем, обнару́живаете, обнару́живают
обнару́живал, обнару́живала, обнару́живало, обнару́живали. Обнару́живай/те!

обнару́жить: **ОБНАРУ́ЖИ-** *(perf.)* (обнару́живай-), что? discover.
обнару́жу, обнару́жишь, обнару́жит, обнару́жим, обнару́жите, обнару́жат
обнару́жил, обнару́жила, обнару́жило, обнару́жили. Обнару́жь/те!

онеме́ть: **ОНЕМЕ́Й-** *(perf.)* (неме́й-), become mute.
онеме́ю, онеме́ешь, онеме́ет, онеме́ем, онеме́ете, онеме́ют
онеме́л, онеме́ла, онеме́ло, онеме́ли. Онеме́й/те!

обнима́ть: **ОБНИМА́Й-** *(imperf.)* (обни́м-), что? кого? hug, embrace.
обнима́ю, обнима́ешь, обнима́ет, обнима́ем, обнима́ете, обнима́ют
обнима́л, обнима́ла, обнима́ло, обнима́ли. Обнима́й/те!

обня́ть: **ОБНИ́М-** *(perf.)* (обнима́й-), что? кого? hug, embrace.
обниму́, обни́мешь, обни́мет, обни́мем, обни́мете, обни́мут
о́бнял, обняла́, о́бняло, о́бняли. Обними́/те!

обобща́ть: **ОБОБЩА́Й-** *(imperf.)* (обобщи́-), что? generalize, summarize.
обобща́ю, обобща́ешь, обобща́ет, обобща́ем, обобща́ете, обобща́ют
обобща́л, обобща́ла, обобща́ло, обобща́ли. Обобща́й/те!

обобщи́ть: **ОБОБЩИ́-** *(perf.)* (обобща́й-), что? generalize, summarize.
обобщу́, обобщи́шь, обобщи́т, обобщи́м, обобщи́те, обобща́т
обобщи́л, обобщи́ла, обобщи́ло, обобщи́ли. Обобщи́/те!

обознача́ть: **ОБОЗНАЧА́Й-** *(imperf.)* (обозна́чи-), что? (чем?) designate, mark, denote (with).
обознача́ю, обознача́ешь, обознача́ет, обознача́ем, обознача́ете, обознача́ют
обознача́л, обознача́ла, обознача́ло, обознача́ли. Обознача́й/те!

обозна́чить: **ОБОЗНА́ЧИ-** *(perf.)* (обозна́чай-), что? (чем?) designate, mark, denote (with).
обозна́чу, обозна́чишь, обозна́чит, обозна́чим, обозна́чите, обозна́чат
обозна́чил, обозна́чила, обозна́чило, обозна́чили. Обозна́чь/те!

обра́довать(ся): **ОБРА́<u>ДОВА</u>-(СЯ)** *(perf.)* (ра́<u>дова</u>-(ся)), что? кого? чем?
    please, make happy, (чему? кому? be pleased (about)).
    обра́дую(сь), обра́дуешь(ся), обра́дует(ся), обра́дуем(ся),
    обра́дуете(сь), обра́дуют(ся)
    обра́довал(ся), обра́довала(сь), обра́довало(сь), обра́довали(сь).
    Обра́дуй(ся)! Обра́дуйте(сь)!

образова́ть: **ОБРА<u>ЗОВА́</u>-** *(perf.)* (образо́вы<u>вай</u>-), что? form, derive.
    образу́ю, образу́ешь, образу́ет, образу́ем, образу́ете, образу́ют
    образова́л, образова́ла, образова́ло, образова́ли. Образу́й/те!

образо́вывать: **ОБРАЗО́ВЫ<u>ВАЙ</u>-** *(imperf.)* (образо<u>ва́</u>-), что? form, derive.
    образо́вываю, образо́вываешь, образо́вывает, образо́вываем,
    образо́вываете, образо́вывают
    образо́вывал, образо́вывала, образо́вывало, образо́вывали.
    Образо́вывай/те!

обрати́ть(ся): **ОБРАТИ́-(СЯ)** *(perf.)* (обращ<u>ай</u>-(ся)), что? куда? turn, turn
    into, (чем? к чему? к кому? turn to, appeal to, address).
    обращу́(сь), обрати́шь(ся), обрати́т(ся), обрати́м(ся), обрати́те(сь),
    обратя́т(ся)
    обрати́л(ся), обрати́ла(сь), обрати́ло(сь), обрати́ли(сь).
    Обрати́/те(сь)!

обраща́ть(ся): **ОБРАЩ<u>А́Й</u>-(СЯ)** *(imperf.)* (обрати́-(ся)), что? куда? turn, turn
    into, (чем? к чему? к кому? turn to, appeal to, address).
    обраща́ю(сь), обраща́ешь(ся), обраща́ет(ся), обраща́ем(ся),
    обраща́ете(сь), обраща́ют(ся)
    обраща́л(ся), обраща́ла(сь), обраща́ло(сь), обраща́ли(сь). Обраща́й(ся)!
    Обраща́йте(сь)!

обру́шивать: **ОБРУ́ШИ<u>ВАЙ</u>-** *(imperf.)* (обру́ш<u>и</u>-), что? куда? bring down.
    обру́шиваю, обру́шиваешь, обру́шивает, обру́шиваем, обру́шиваете,
    обру́шивают
    обру́шивал, обру́шивала, обру́шивало, обру́шивали. Обру́шивай/те!

обру́шить: **ОБРУ́Ш<u>И</u>-** *(perf.)* (обру́шива<u>й</u>-), что? куда? bring down.
    обру́шу, обру́шишь, обру́шит, обру́шим, обру́шите, обру́шат
    обру́шил, обру́шила, обру́шило, обру́шили. Обру́шь/те!

обры́згать: **ОБРЫ́ЗГ<u>АЙ</u>-** *(perf.)* (обры́згива<u>й</u>-), что? кого? splash.
    обры́згаю, обры́згаешь, обры́згает, обры́згаем, обры́згаете,
    обры́згают
    обры́згал, обры́згала, обры́згало, обры́згали. Обры́згай/те!

обры́згивать: **ОБРЫ́ЗГИВ<u>АЙ</u>-** *(imperf.)* (обры́зг<u>ай</u>-), что? кого? splash.
    обры́згиваю, обры́згиваешь, обры́згивает, обры́згиваем,
    обры́згиваете, обры́згивают
    обры́згивал, обры́згивала, обры́згивало, обры́згивали.
    Обры́згивай/те!

обсуди́ть: **ОБСУДИ́-** *(perf.)* (обсужда́й-), что? discuss, consider.
  обсужу́, обсу́дишь, обсу́дит, обсу́дим, обсу́дите, обсу́дят
  обсуди́л, обсуди́ла, обсуди́ло, обсуди́ли. Обсуди́/те!

обсужда́ть: **ОБСУЖДА́Й-** *(imperf.)* (обсуди́-), что? discuss, consider.
  обсужда́ю, обсужда́ешь, обсужда́ет, обсужда́ем, обсужда́ете,
  обсужда́ют
  обсужда́л, обсужда́ла, обсужда́ло, обсужда́ли. Обсужда́й/те!

объезжа́ть: **ОБЪЕЗЖА́Й-** *(imperf.)* (**объе́хать**), что? вокруг чего?   go
  around (by conveyance).
  объезжа́ю, объезжа́ешь, объезжа́ет, объезжа́ем, объезжа́ете,
  объезжа́ют
  объезжа́л, объезжа́ла, объезжа́ло, объезжа́ли. Объезжа́й/те!

объе́хать: *(irreg.)* *(perf.)* (объезжа́й-), что? вокруг чего? go around (by
  conveyance).
  объе́ду, объе́дешь, объе́дет, объе́дем, объе́дете, объе́дут
  объе́хал, объе́хала, объе́хало, объе́хали. (Объезжа́й/те!)

объяви́ть: **ОБЪЯВИ́-** *(perf.)* (объявля́й-), что? о чём? кому? announce.
  объявлю́, объя́вишь, объя́вит, объя́вим, объя́вите, объя́вят
  объяви́л, объяви́ла, объяви́ло, объяви́ли. Объяви́/те!

объявля́ть: **ОБЪЯВЛЯ́Й-** *(imperf.)* (объяви́-), что? о чём? кому? announce.
  объявля́ю, объявля́ешь, объявля́ет, объявля́ем, объявля́ете,
  объявля́ют
  объявля́л, объявля́ла, объявля́ло, объявля́ли. Объявля́й/те!

объясни́ть(ся): **ОБЪЯСНИ́-(СЯ)** *(perf.)* (объясня́й-(ся)), что? кому? explain;
  (с кем? have it out with).
  объясню́(сь), объясни́шь(ся), объясни́т(ся), объясни́м(ся),
  объясни́те(сь), объясня́т(ся)
  объясни́л(ся), объясни́ла(сь), объясни́ло(сь), объясни́ли(сь).
  Объясни́/те(сь)!

объясня́ть(ся): **ОБЪЯСНЯ́Й-(СЯ)** *(imperf.)* (объясни́-(ся)), что? кому?
  explain; (с кем? have it out with).
  объясня́ю(сь), объясня́ешь(ся), объясня́ет(ся), объясня́ем(ся),
  объясня́ете(сь), объясня́ют(ся)
  объясня́л(ся), объясня́ла(сь), объясня́ло(сь), объясня́ли(сь).
  Объясня́й(ся)! Объясня́йте(сь)!

овладева́ть: **ОВЛАДЕВА́Й-** *(imperf.)* (владе́й-) чем? кем? own; control; have
  use of. (овладе́й-), чем? кем? master, take hold of, seize.
  овладева́ю, овладева́ешь, овладева́ет, овладева́ем, овладева́ете,
  овладева́ют
  овладева́л, овладева́ла, овладева́ло, овладева́ли. Овладева́й/те!

овладе́ть: **ОВЛАДЕ́Й**- *(perf.)* (овладева́й-), чем? кем? master, take hold of, seize.
> овладе́ю, овладе́ешь, овладе́ет, овладе́ем, овладе́ете, овладе́ют
> овладе́л, овладе́ла, овладе́ло, овладе́ли. Овладе́й/те!

огло́хнуть: **ОГЛО́ХНУ•**- *(perf.)* (гло́хну•-), become deaf.
> огло́хну, огло́хнешь, огло́хнет, огло́хнем, огло́хнете, огло́хнут
> огло́х, огло́хла, огло́хло, огло́хли. Огло́хни/те!

огляде́ть(ся): **ОГЛЯДЕ́-(СЯ)** *(perf.)* (огля́дыв<u>ай</u>-(ся)), что? кого? examine, look over, (куда? где? glance back, look around).
> огляжу́(сь), огляди́шь(ся), огляди́т(ся), огляди́м(ся), огляди́те(сь), огляд<u>я́</u>т(ся)
> огляде́л(ся), огляде́ла(сь), огляде́ло(сь), огляде́ли(сь).
> Огляди́/те(сь)!

огля́дывать(ся): **ОГЛЯ́ДЫВ<u>АЙ</u>-(СЯ)** *(imperf.)* (огляде́-(ся)), что? кого? examine, look over, (куда? где? glance back, look around).
> огля́дываю(сь), огля́дываешь(ся), огля́дывает(ся), огля́дываем(ся), огля́дываете(сь), огля́дывают(ся)
> огля́дывал(ся), огля́дывала(сь), огля́дывало(сь), огля́дывали(сь).
> Огля́дывай(ся)! Огля́дывайте(сь)!

огора́живать: **ОГОРА́ЖИВ<u>АЙ</u>**- *(imperf.)* (огороди́-)[x], что? fence in, enclose.
> огора́живаю, огора́живаешь, огора́живает, огора́живаем,
> огора́живаете, огора́живают
> огора́живал, огора́живала, огора́живало, огора́живали.
> Огора́живай/те!

огороди́ть: **ОГОРОДИ́**-[x] * *(perf.)* (огора́живай-), что? fence in, enclose.
> огорожу́, огоро́дишь, огоро́дит, огоро́дим, огоро́дите, огоро́дят
> огороди́л, огороди́ла, огороди́ло, огороди́ли. Огороди́/те!

огорча́ть: **ОГОРЧ<u>А́Й</u>**- *(imperf.)* (огорчи́-), что? кого? upset.
> огорча́ю, огорча́ешь, огорча́ет, огорча́ем, огорча́ете, огорча́ют
> огорча́л, огорча́ла, огорча́ло, огорча́ли. Огорча́й/те!

огорчи́ть: **ОГОРЧ<u>И́</u>**- *(perf.)* (огорча́й-), что? кого? upset.
> огорчу́, огорчи́шь, огорчи́т, огорчи́м, огорчи́те, огорча́т
> огорчи́л, огорчи́ла, огорчи́ло, огорчи́ли. Огорчи́/те!

одева́ть(ся): **ОДЕВ<u>А́Й</u>-(СЯ)** *(imperf.)* (оде́н-(ся)), что? кого? во что? чем? dress (in), (во что? get dressed, clothe oneself).
> одева́ю(сь), одева́ешь(ся), одева́ет(ся), одева́ем(ся), одева́ете(сь), одева́ют(ся)
> одева́л(ся), одева́ла(сь), одева́ло(сь), одева́ли(сь). Одева́й(ся)!
> Одева́йте(сь)!

---

* Both fixed and shifting stress patterns possible for this verb.

одéть(ся): **ОДÉН-(СЯ)** *(perf.)* (одевáй-ся)), что? кого? во что? чем? dress (in), (во что? get dressed, clothe oneself).

    одéну(сь), одéнешь(ся), одéнет(ся), одéнем(ся), одéнете(сь), одéнут(ся)

    одéл(ся), одéла(сь), одéло(сь), одéли(сь). Одéнь(ся)! Одéньте(сь)!

оживáть: **ОЖИВÁЙ-** *(imperf.)* (ожив-), come to life.

    оживáю, оживáешь, оживáет, оживáем, оживáете, оживáют

    оживáл, оживáла, оживáло, оживáли. Оживáй/те!

ожидáть: **ОЖИДÁЙ-** *(imperf.)*, что? чего? кого? expect, wait for.

    ожидáю, ожидáешь, ожидáет, ожидáем, ожидáете, ожидáют

    ожидáл, ожидáла, ожидáло, ожидáли. Ожидáй/те!

ожúть: **ОЖИВ-** *(perf.)* (оживáй-), come to life.

    оживý, оживёшь, оживёт, оживём, оживёте, оживýт

    óжил, ожилá, óжило, óжили. Оживú/те!

означáть: **ОЗНАЧÁЙ-** *(imperf.)*, что? mean, signify.

    означáю, означáешь, означáет, означáем, означáете, означáют

    означáл, означáла, означáло, означáли. Означáй/те!

оказáть(ся): **ОКАЗА-(СЯ)** *(perf.)* (окáзывай-ся)), что? кому? render, show (to), (чем? кем? + gerund, turn out to be, wind up).

    окажý(сь), окáжешь(ся), окáжет(ся), окáжем(ся), окáжете(сь), окáжут(ся)

    оказáл(ся), оказáла(сь), оказáло(сь), оказáли(сь). Окажú/те(сь)!

окáзывать(ся): **ОКÁЗЫВАЙ-(СЯ)** *(imperf.)* (оказа-(ся)), что? кому? render, show (to), (чем? кем? + gerund, turn out to be, wind up).

    окáзываю(сь), окáзываешь(ся), окáзывает(ся), окáзываем(ся), окáзываете(сь), окáзывают(ся)

    окáзывал(ся), окáзывала(сь), окáзывало(сь), окáзывали(сь). Окáзывай(ся)! Окáзывайте(сь)!

окружáть: **ОКРУЖÁЙ-** *(imperf.)* (окружú-), что? кого? surround, encircle.

    окружáю, окружáешь, окружáет, окружáем, окружáете, окружáют

    окружáл, окружáла, окружáло, окружáли. Окружáй/те!

окружúть: **ОКРУЖÚ-** *(perf.)* (окружáй-), что? кого? surround, encircle.

    окружý, окружúшь, окружúт, окружúм, окружúте, окружáт

    окружúл, окружúла, окружúло, окружúли. Окружú/те!

опáздывать: **ОПÁЗДЫВАЙ-** *(imperf.)* (опоздáй-), куда? на что? be late.

    опáздываю, опáздываешь, опáздывает, опáздываем, опáздываете, опáздывают

    опáздывал, опáздывала, опáздывало, опáздывали. Опáздывай/те!

опередúть: **ОПЕРЕДÚ-** *(perf.)* (опережáй-), что? кого? be ahead of, leave behind.

    опережý, опередúшь, опередúт, опередúм, опередúте, опередя́т

    опередúл, опередúла, опередúло, опередúли. Опередú/те!

опережа́ть: **ОПЕРЕЖА́Й**- *(imperf.)* (опереди́-), что? кого? be ahead of, leave behind.

    опережа́ю, опережа́ешь, опережа́ет, опережа́ем, опережа́ете, опережа́ют

    опережа́л, опережа́ла, опережа́ло, опережа́ли. Опережа́й/те!

опере́ться: **ОПР-́СЯ** *(perf.)* (опира́й-ся), на что? на кого? lean on, rest on.

    обопру́сь, обопрёшься, обопрётся, обопрёмся, обопрётесь, обопру́тся

    опёрся, оперла́сь, оперло́сь, оперли́сь. Обопри́/тесь!

опира́ться: **ОПИРА́Й-СЯ** *(imperf.)* (опр-́ся), на что? на кого? lean on, rest on.

    опира́юсь, опира́ешься, опира́ется, опира́емся, опира́етесь, опира́ются

    опира́лся, опира́лась, опира́лось, опира́лись. Опира́йся! Опира́йтесь!

опиcа́ть: **ОПИСА́**- *(perf.)* (опи́сыв**а́й**-), что? кого? describe.

    опишу́, опи́шешь, опи́шет, опи́шем, опи́шете, опи́шут

    описа́л, описа́ла, описа́ло, описа́ли. Опиши́/те!

опи́сывать: **ОПИ́СЫВА́Й**- *(imperf.)* (опис**а́**-), что? кого? describe.

    опи́сываю, опи́сываешь, опи́сывает, опи́сываем, опи́сываете, опи́сывают

    опи́сывал, опи́сывала, опи́сывало, опи́сывали. Опи́сывай/те!

оплати́ть: **ОПЛАТИ́**- *(perf.)* (опла́чив**а́й**-), что? pay.

    оплачу́, опла́тишь, опла́тит, опла́тим, опла́тите, опла́тят

    оплати́л, оплати́ла, оплати́ло, оплати́ли. Оплати́/те!

опла́чивать: **ОПЛА́ЧИВА́Й**- *(imperf.)* (оплати́-), что? pay.

    опла́чиваю, опла́чиваешь, опла́чивает, опла́чиваем, опла́чиваете,опла́чивают

    опла́чивал, опла́чивала, опла́чивало, опла́чивали. Опла́чивай/те!

опозда́ть: **ОПОЗДА́Й**- *(perf.)* (опа́здывай-), куда? на что? be late.

    опозда́ю, опозда́ешь, опозда́ет, опозда́ем, опозда́ете, опозда́ют

    опозда́л, опозда́ла, опозда́ло, опозда́ли. Опозда́й/те!

определи́ть: **ОПРЕДЕЛИ́**- *(perf.)* (определ**я́й**-), что? define, determine.

    определю́, определи́шь, определи́т, определи́м, определи́те, определя́т

    определи́л, определи́ла, определи́ло, определи́ли. Определи́/те!

определя́ть: **ОПРЕДЕЛЯ́Й**- *(imperf.)* (определи́-), что? define, determine.

    определя́ю, определя́ешь, определя́ет, определя́ем, определя́ете, определя́ют

    определя́л, определя́ла, определя́ло, определя́ли. Определя́й/те!

опубликовáть(ся): **ОПУБЛИКОВÁ-(СЯ)** *(perf.)* (публиковá-(ся)), что? где? publish, (где? be published).
  опубликýю(сь), опубликýешь(ся), опубликýет(ся), опубликýем(ся), опубликýете(сь), опубликýют(ся)
  опубликовáл(ся), опубликовáла(сь), опубликовáло(сь), опубликовáли(сь). Опубликýй(ся)! Опубликýйте(сь)!

x

опускáть: **ОПУСКÁЙ-** *(imperf.)* (опусти-), что? кого? куда? drop, insert.
  опускáю, опускáешь, опускáет, опускáем, опускáете, опускáют
  опускáл, опускáла, опускáло, опускáли. Опускáй/те!

x

опустить: **ОПУСТИ-** *(perf.)* (опускáй-), что? кого? куда? drop, insert.
  опущý, опýстишь, опýстит, опýстим, опýстите, опýстят
  опустил, опустила, опустило, опустили. Опусти/те!

организовáть: **ОРГАНИЗОВÁ-** *(imperf. and perf.)* что? кого? organize, found.
  организýю, организýешь, организýет, организýем, организýете, организýют
  организовáл, организовáла, организовáло, организовáли. Организýй/те!

оробéть: **ОРОБÉЙ-** *(perf.)* (робéй-), перед чем? перед кем? be shy.
  оробéю, оробéешь, оробéет, оробéем, оробéете, оробéют
  оробéл, оробéла, оробéло, оробéли. Оробéй/те!

освáивать: **ОСВÁИВАЙ-** *(imperf.)* (освои-), что? master, assimilate.
  освáиваю, освáиваешь, освáивает, освáиваем, освáиваете, освáивают
  освáивал, освáивала, освáивало, освáивали. Освáивай/те!

осветить: **ОСВЕТИ-** *(perf.)* (освещáй-), что? кого? (чем?) illuminate, light up (with).
  освещý, осветишь, осветит, осветим, осветите, осветят
  осветил, осветила, осветило, осветили. Освети/те!

освещáть: **ОСВЕЩÁЙ-** *(imperf.)* (освети-), что? кого? (чем?) illuminate, light up (with).
  освещáю, освещáешь, освещáет, освещáем, освещáете, освещáют
  освещáл, освещáла, освещáло, освещáли. Освещáй/те!

освободить: **ОСВОБОДИ-** *(perf.)* (освобождáй-), что? кого? (от чего? от кого?) free, liberate, emancipate (from).
  освобожý, освободишь, освободит, освободим, освободите, освободят
  освободил, освободила, освободило, освободили. Освободи/те!

освобождáть: **ОСВОБОЖДÁЙ-** *(imperf.)* (освободи-), что? кого? (от чего? от кого?) free, liberate, emancipate (from).
  освобождáю, освобождáешь, освобождáет, освобождáем, освобождáете, освобождáют
  освобождáл, освобождáла, освобождáло, освобождáли. Освобождáй/те!

92

освóить: **ОСВÓИ-** *(perf.)* (освáивай-), что? master, assimilate.
  освóю, освóишь, освóит, освóим, освóите, освóят
  освóил, освóила, освóило, освóили. Освóй/те!

ослéпнуть: **ОСЛÉПНУ•-** *(perf.)* (слéпну•-), become blind.
  ослéпну, ослéпнешь, ослéпнет, ослéпнем, ослéпнете, ослéпнут
  ослéп, ослéпла, ослéпло, ослéпли. Ослéпни/те!

осмáтривать(ся): **ОСМÁТРИВАЙ-(СЯ)** *(imperf.)* (осмотрé-(ся)), что?
  examine, look over; (get one's bearings).
  осмáтриваю(сь), осмáтриваешь(ся), осмáтривает(ся),
  осмáтриваем(ся), осмáтриваете(сь), осмáтривают(ся)
  осмáтривал(ся), осмáтривала(сь), осмáтривало(сь), осмáтривали(сь).
  Осмáтривай(ся)! Осмáтривайте(сь)!

осмéливаться: **ОСМÉЛИВАЙ-СЯ** *(imperf.)* (осмéли-ся), на что? dare.
  осмéливаюсь, осмéливаешься, осмéливается, осмéливаемся,
  осмéливаетесь, осмéливаются
  осмéливался, осмéливалась, осмéливалось, осмéливались.
  Осмéливайся! Осмéливайтесь!

осмéлиться: **ОСМÉЛИ-СЯ** *(perf.)* (осмéливай-ся), на что? dare.
  осмéлюсь, осмéлишься, осмéлится, осмéлимся, осмéлитесь,
  осмéлятся
  осмéлился, осмéлилась, осмéлилось, осмéлились. Осмéлься!
  Осмéльтесь!

осмотрéть(ся): **ОСМОТРÉ-(СЯ)** *(perf.)* (осмáтривай-(ся)), что? examine, look
  over; (get one's bearings).
  осмотрю́(сь), осмóтришь(ся), осмóтрит(ся), осмóтрим(ся),
  осмóтрите(сь), осмóтрят(ся)
  осмотрéл(ся), осмотрéла(сь), осмотрéло(сь), осмотрéли(сь).
  Осмотри́(сь)! Осмотри́те(сь)!

осмы́слить: **ОСМЫ́СЛИ-** *(perf.)* (осмысля́й-), что? give meaning (to).
  осмы́слю, осмы́слишь, осмы́слит, осмы́слим, осмы́слите, осмы́слят
  осмы́слил, осмы́слила, осмы́слило, осмы́слили. Осмы́сли/те!

осмысля́ть: **ОСМЫСЛЯ́Й-** *(imperf.)* (осмы́сли-), что? give meaning (to).
  осмысля́ю, осмысля́ешь, осмысля́ет, осмысля́ем, осмысля́ете,
  осмысля́ют
  осмысля́л, осмысля́ла, осмысля́ло, осмысля́ли. Осмысля́й/те!

основáть: **ОСНОВÁ-** *(perf.)* (оснóвывай-), found, что? establish.
  осную́, оснуёшь, оснуёт, оснуём, оснуёте, оснуют
  основáл, основáла, основáло, основáли. Осную́й/те!

оснóвывать: **ОСНÓВЫВАЙ-** *(imperf.)* (оснóва-), found, что? establish.
  оснóвываю, оснóвываешь, оснóвывает, оснóвываем,
  оснóвываете,оснóвывают
  оснóвывал, оснóвывала, оснóвывало, оснóвывали. Оснóвывай/те!

оставаться: **ОСТАВА́Й-СЯ** *(imperf.)* (оста́<u>н</u>-ся), где? stop, remain, stay.
остаю́сь, остаёшься, остаётся, остаёмся, остаётесь, остаю́тся
остава́лся, остава́лась, остава́лось, остава́лись. Остава́йся!
Остава́йтесь!

оста́вить: **ОСТА́ВИ-** *(perf.)* (оставл<u>я́й</u>-), что? кого? где? leave behind.
оста́влю, оста́вишь, оста́вит, оста́вим, оста́вите, оста́вят
оста́вил, оста́вила, оста́вило, оста́вили. Оста́вь/те!

оставля́ть: **ОСТАВЛ<u>Я́Й</u>-** *(imperf.)* (оста́в<u>и</u>-), что? кого? где? leave behind.
оставля́ю, оставля́ешь, оставля́ет, оставля́ем, оставля́ете,
оставля́ют
оставля́л, оставля́ла, оставля́ло, оставля́ли. Оставля́й/те!

остана́вливать(ся): **ОСТАНА́ВЛИВА́Й-(СЯ)** *(imperf.)* (останови-(ся)), что?
кого? halt, stop, (где? come to a halt, stop).
остана́вливаю(сь), остана́вливаешь(ся), остана́вливает(ся),
остана́вливаем(ся), остана́вливаете(сь), остана́вливают(ся)
остана́вливал(ся), остана́вливала(сь), остана́вливало(сь),
остана́вливали(сь). Остана́вливай(ся)! Остана́вливайте(сь)!

останови́ть(ся): **ОСТАНОВИ́-(СЯ)** *(perf.)* (остана́влив<u>ай</u>-(ся)), что? кого?
halt, stop, (где? come to a halt, stop).
остановлю́(сь), остано́вишь(ся), остано́вит(ся), остано́вим(ся),
остано́вите(сь), остано́вят(ся)
останови́л(ся), останови́ла(сь), останови́ло(сь), останови́ли(сь).
Останови́/те(сь)!

оста́ться: **ОСТА́<u>Н</u>-СЯ** *(perf.)* (ост<u>ава́й</u>-ся), где? stop, remain, stay.
оста́нусь, оста́нешься, оста́нется, оста́немся, оста́нетесь,
оста́нутся
оста́лся, оста́лась, оста́лось, оста́лись. Оста́нься! Оста́ньтесь!

остри́чь(ся): **ОСТРИГ͞-(СЯ)** *(perf.)* (стриг͞-(ся)), что? кого? cut, trim, clip, (have
a haircut).
остригу́(сь), острижёшь(ся), острижёт(ся), острижём(ся),
острижёте(сь), остригу́т(ся)
остри́г(ся), остри́гла(сь), остри́гло(сь), остри́гли(сь). Остриги́/те(сь)!

осты́ть: **ОСТЫ́<u>Н</u>-** *(perf.)* (сты́<u>н</u>-), grow cold.
осты́ну, осты́нешь, осты́нет, осты́нем, осты́нете, осты́нут
осты́л, осты́ла, осты́ло, осты́ли. Осты́нь/те!

осуществи́ть: **ОСУЩЕСТВ<u>И́</u>-** *(perf.)* (осуществл<u>я́й</u>-), что? realize, carry out.
осуществлю́, осуществи́шь, осуществи́т, осуществи́м, осуществи́те,
осуществя́т
осуществи́л, осуществи́ла, осуществи́ло, осуществи́ли.
Осуществи́/те!

осуществля́ть: **ОСУЩЕСТВЛЯ́Й**- *(imperf.)* (осуществи́-), что? realize, carry out.

>осуществля́ю, осуществля́ешь, осуществля́ет, осуществля́ем, осуществля́ете, осуществля́ют
>осуществля́л, осуществля́ла, осуществля́ло, осуществля́ли.
>Осуществля́й/те!

отвезти́: **ОТВЁЗ**^x- *(perf.)* (отвози́-), кого? что? куда? откуда? take away (by conveyance).

>отвезу́, отвезёшь, отвезёт, отвезём, отвезёте, отвезу́т
>отвёз, отвезла́, отвезло́, отвезли́. Отвези́/те!

отве́тить: **ОТВЕ́ТИ**- *(perf.)* (отвеча́й-), кому? на что? answer.

>отве́чу, отве́тишь, отве́тит, отве́тим, отве́тите, отве́тят
>отве́тил, отве́тила, отве́тило, отве́тили. Отве́ть/те!

отвеча́ть: **ОТВЕЧА́Й**- *(imperf.)* (отве́ти-), кому? на что? answer.

>отвеча́ю, отвеча́ешь, отвеча́ет, отвеча́ем, отвеча́ете, отвеча́ют
>отвеча́л, отвеча́ла, отвеча́ло, отвеча́ли. Отвеча́й/те!

отвлека́ть(ся): **ОТВЛЕКА́Й-(СЯ)** *(imperf.)* (отвлёк-(ся)), что? кого? distract, divert, (от чего? be distracted, digress).

>отвлека́ю(сь), отвлека́ешь(ся), отвлека́ет(ся), отвлека́ем(ся), отвлека́ете(сь), отвлека́ют(ся)
>отвлека́л(ся), отвлека́ла(сь), отвлека́ло(сь), отвлека́ли(сь).
>Отвлека́й(ся)! Отвлека́йте(сь)!

отвле́чь(ся): **ОТВЛЁК-(СЯ)** *(perf.)* (отвлека́й-(ся)), что? кого? distract, divert, (от чего? be distracted, digress).

>отвлеку́(сь), отвлечёшь(ся), отвлечёт(ся), отвлечём(ся), отвлечёте(сь), отвлеку́т(ся)
>отвлёк(ся), отвлекла́(сь), отвлекло́(сь), отвлекли́(сь). Отвлеки́/те(сь)!

отвози́ть: **ОТВОЗИ́**^x- *(imperf.)* , (отвёз-) кого? что? куда? откуда? take away (by conveyance).

>отвожу́, отво́зишь, отво́зит, отво́зим, отво́зите, отво́зят
>отвози́л, отвози́ла, отвози́ло, отвози́ли. Отвози́/те!

отвыка́ть: **ОТВЫКА́Й**- *(imperf.)* (отвы́кну*-), от чего? + infinitive, break oneself of a habit

>отвыка́ю, отвыка́ешь, отвыка́ет, отвыка́ем, отвыка́ете, отвыка́ют
>отвыка́л, отвыка́ла, отвыка́ло, отвыка́ли. Отвыка́й/те!

отвы́кнуть: **ОТВЫ́КНУ***- *(perf.)* (отвыка́й-), от чего? + infinitive, break oneself of a habit.

>отвы́кну, отвы́кнешь, отвы́кнет, отвы́кнем, отвы́кнете, отвы́кнут
>отвы́к, отвы́кла, отвы́кло, отвы́кли. Отвы́кни/те!

отгада́ть: **ОТГАДА́Й**- *(perf.)* (отга́дывай-), что? guess.

>отгада́ю, отгада́ешь, отгада́ет, отгада́ем, отгада́ете, отгада́ют
>отгада́л, отгада́ла, отгада́ло, отгада́ли. Отгада́й/те!

отга́дывать: **ОТГА́ДЫВАЙ-** *(imperf.)* (отгада́й-), что? guess.
    отга́дываю, отга́дываешь, отга́дывает, отга́дываем, отга́дываете,
    отга́дывают
    отга́дывал, отга́дывала, отга́дывало, отга́дывали. Отга́дывай/те!

отдава́ть: **ОТДАВА́Й-** *(imperf.)* (**отда́ть**), что? кому? give back, return.
    отдаю́, отдаёшь, отдаёт, отдаём, отдаёте, отдаю́т
    отдава́л, отдава́ла, отдава́ло, отдава́ли. Отдава́й/те!

отда́ть *(irreg.) (perf.)* (отдава́й-), что? кому? give back, return.
    отда́м, отда́шь, отда́ст, отдади́м, отдади́те, отдаду́т
    о́тдал, отдала́, о́тдало, о́тдали. Отда́й/те!

              x
отдели́ть: **ОТДЕЛИ́-** *(perf.)* (отделя́й-), что? кого? от чего? от кого?
    separate (from).
    отделю́, отде́лишь, отде́лит, отде́лим, отде́лите, отде́лят
    отдели́л, отдели́ла, отдели́ло, отдели́ли. Отдели́й/те!

              x
отделя́ть: **ОТДЕЛЯ́Й-** *(imperf.)* (отдели́-), что? кого? от чего? от кого?
    separate (from).
    отделя́ю, отделя́ешь, отделя́ет, отделя́ем, отделя́ете, отделя́ют
    отделя́л, отделя́ла, отделя́ло, отделя́ли. Отделя́й/те!

отдохну́ть: **ОТДОХНУ́-** *(perf.)* (отдыха́й-), где? от чего? от кого? rest,
    relax, vacation.
    отдохну́, отдохнёшь, отдохнёт, отдохнём, отдохнёте, отдохну́т
    отдохну́л, отдохну́ла, отдохну́ло, отдохну́ли. Отдохни́/те!

отдыха́ть: **ОТДЫХА́Й-** *(imperf.)* (отдохну́-), где? от чего? от кого? rest,
    relax, vacation.
    отдыха́ю, отдыха́ешь, отдыха́ет, отдыха́ем, отдыха́ете, отдыха́ют
    отдыха́л, отдыха́ла, отдыха́ло, отдыха́ли. Отдыха́й/те!

              x
отказа́ть(ся): **ОТКАЗА́-(СЯ)** *(perf.)* (отка́зывай-(ся)), чему? кому? reject,
    decline, (от чего? от кого? + infinitive, refuse, deny).
    откажу́(сь), отка́жешь(ся), отка́жет(ся), отка́жем(ся), отка́жете(сь),
    отка́жут(ся)
    отказа́л(ся), отказа́ла(сь), отказа́ло(сь), отказа́ли(сь). Откажи́/те(сь)!

              x
отка́зывать(ся): **ОТКА́ЗЫВАЙ-(СЯ)** *(imperf.)* (отказа́-(ся)), чему? кому?
    reject, decline, (от чего? от кого? + infinitive, refuse, deny).
    отка́зываю(сь), отка́зываешь(ся), отка́зывает(ся), отка́зываем(ся),
    отка́зываете(сь), отка́зывают(ся)
    отка́зывал(ся), отка́зывала(сь), отка́зывало(сь), отка́зывали(сь).
    Отка́зывай(ся)! Отка́зывайте(сь)!

открыва́ть: **ОТКРЫВА́Й-** *(imperf.)* (откро́й-), что? open, reveal.
    открыва́ю, открыва́ешь, открыва́ет, открыва́ем, открыва́ете,
    открыва́ют
    открыва́л, открыва́ла, открыва́ло, открыва́ли. Открыва́й/те!

открьіть: **ОТКРО́Й**- *(perf.)* (открьівай-), что? open, reveal.
    откро́ю, откро́ешь, откро́ет, откро́ем, откро́ете, откро́ют
    откры́л, откры́ла, откры́ло, откры́ли. Откро́й/те!

отлега́ть: **ОТЛЕГА́Й**- *(imperf.)* (**отле́чь**), move away from; [3rd pers. impersonal] be relieved, feel relief.
    отлега́ю, отлега́ешь, отлега́ет, отлега́ем, отлега́ете, отлега́ют
    отлега́л, отлега́ла, отлега́ло, отлега́ли. Отлега́й/те!

отле́чь: *(irreg.) (perf.)* (отлега́й-), move away from; [3rd pers. impersonal] be relieved, feel relief.
    отля́гу, отля́жешь, отля́жет, отля́жем, отля́жете, отля́гут
    отлёг, отлегла́, отлегло́, отлегли́. Отля́г/те!

отлича́ть(ся): **ОТЛИЧА́Й-(СЯ)** *(imperf.)* (отличи́-(ся)), что? кого? distinguish between, differentiate, (чем? в чём? distinguish oneself (with, in).
    отлича́ю(сь), отлича́ешь(ся), отлича́ет(ся), отлича́ем(ся),
    отлича́ете(сь), отлича́ют(ся)
    отлича́л(ся), отлича́ла(сь), отлича́ло(сь), отлича́ли(сь). Отлича́й(ся)!
    Отлича́йте(сь)!

отличи́ть(ся): **ОТЛИЧИ́-(СЯ)** *(perf.)* (отлича́й-(ся)), что? кого? distinguish between, differentiate, (чем? в чём? distinguish oneself (with, in)).
    отличу́(сь), отличи́шь(ся), отличи́т(ся), отличи́м(ся),
    отличи́те(сь),отлича́т(ся)
    отличи́л(ся), отличи́ла(сь), отличи́ло(сь), отличи́ли(сь).
    Отличи́/те(сь)!

x
отмени́ть: **ОТМЕНИ́**- *(perf.)* (отменя́й-), что? cancel, abolish.
    отменю́, отме́нишь, отме́нит, отме́ним, отме́ните, отме́нят
    отмени́л, отмени́ла, отмени́ло, отмени́ли. Отмени́/те!

x
отменя́ть: **ОТМЕНЯ́Й**- *(imperf.)* (отмени-), что? cancel, abolish.
    отменя́ю, отменя́ешь, отменя́ет, отменя́ем, отменя́ете, отменя́ют
    отменя́л, отменя́ла, отменя́ло, отменя́ли. Отменя́й/те!

отме́тить: **ОТМЕ́ТИ**- *(perf.)* (отмеча́й-), что? mark, note.
    отме́чу, отме́тишь, отме́тит, отме́тим, отме́тите, отме́тят
    отме́тил, отме́тила, отме́тило, отме́тили. Отме́ть/те!

отмеча́ть: **ОТМЕЧА́Й**- *(imperf.)* (отме́ти-), что? mark, note.
    отмеча́ю, отмеча́ешь, отмеча́ет, отмеча́ем, отмеча́ете, отмеча́ют
    отмеча́л, отмеча́ла, отмеча́ло, отмеча́ли. Отмеча́й/те!

x
отнести́: **ОТНЁС**- *(perf.)* (относи-), что? кого? куда? от куда? take away, carry away (on foot).
    отнесу́, отнесёшь, отнесёт, отнесём, отнесёте, отнесу́т
    отнёс, отнесла́, отнесло́, отнесли́. Отнеси́/те!

отнести́сь: **ОТНЁС́-СЯ** *(perf.)* (относи́-ся), к чему? к кому? be relevant (to), relate (to).

отнесу́сь, отнесёшься, отнесётся, отнесёмся, отнесётесь, отнесу́тся

отнёсся, отнесла́сь, отнесло́сь, отнесли́сь. Отнеси́/тесь!

относи́ть: **ОТНОСИ́-** *(imperf.)* (отнёс-), что? кого? куда? от куда? take away, carry away (on foot).

отношу́, отно́сишь, отно́сит, отно́сим, отно́сите, отно́сят

относи́л, относи́ла, относи́ло, относи́ли. Относи́/те!

относи́ться: **ОТНОСИ́-СЯ** *(imperf.)* (отнёс-ся), к чему? к кому? be relevant (to), relate (to).

отношу́сь, отно́сишься, отно́сится, отно́симся, отно́ситесь, отно́сятся

относи́лся, относи́лась, относи́лось, относи́лись. Относи́/тесь!

оторва́ть: **ОТОРВА́-** *(perf.)* (отрыва́й-), что? tear off.

оторву́, оторвёшь, оторвёт, оторвём, оторвёте, оторву́т

оторва́л, оторва́ла, оторва́ло, оторва́ли. Оторви́/те!

отпере́ть: **ОТ/ПР-** *(perf.)* (отпира́й-), что? чем? на что? open; unlock.

отопру́, отопрёшь, отопрёт, отопрём, отопрёте, отопру́т

о́тпер, отперла́, о́тперло, о́тперли. Отопри́/те!

отпира́ть: **ОТПИРА́Й-** *(imperf.)* (от/пр-), что? чем? на что? open; unlock.

отпира́ю, отпира́ешь, отпира́ет, отпира́ем, отпира́ете, отпира́ют

отпира́л, отпира́ла, отпира́ло, отпира́ли. Отпира́й/те!

отпра́вить: **ОТПРА́ВИ-** *(perf.)* (отправля́й-), что? кого? куда? send (off).

отпра́влю, отпра́вишь, отпра́вит, отпра́вим, отпра́вите, отпра́вят

отпра́вил, отпра́вила, отпра́вило, отпра́вили. Отпра́вь/те!

отпра́виться: **ОТПРА́ВИ-СЯ** *(perf.)* (отправля́й-ся), куда? set out (for).

отпра́влюсь, отпра́вишься, отпра́вится, отпра́вимся, отпра́витесь, отпра́вятся

отпра́вился, отпра́вилась, отпра́вилось, отпра́вились. Отпра́вься! Отпра́вьтесь!

отправля́ть: **ОТПРАВЛЯ́Й-** *(imperf.)* (отпра́ви-), что? кого? куда? send (off).

отправля́ю, отправля́ешь, отправля́ет, отправля́ем, отправля́ете, отправля́ют

отправля́л, отправля́ла, отправля́ло, отправля́ли. Отправля́й/те!

отправля́ться: **ОТПРАВЛЯ́Й-СЯ** *(imperf.)* (отпра́ви-ся), куда? set out (for).

отправля́юсь, отправля́ешься, отправля́ется, отправля́емся, отправля́етесь, отправля́ются

отправля́лся, отправля́лась, отправля́лось, отправля́лись. Отправля́йся! Отправля́йтесь!

отрабáтывать: **ОТРАБÁТЫВ<u>АЙ</u>-** *(imperf.)* (отрабóт<u>ай</u>-), что? work out.
отрабáтываю, отрабáтываешь, отрабáтывает, отрабáтываем,
отрабáтываете, отрабáтывают
отрабáтывал, отрабáтывала, отрабáтывало, отрабáтывали.
Отрабáтывай/те!

отрабóтать: **ОТРАБÓТ<u>АЙ</u>-** *(perf.)* (отрабáтыв<u>ай</u>-), что? work out.
отрабóтаю, отрабóтаешь, отрабóтает, отрабóтаем, отрабóтаете,
отрабóтают
отрабóтал, отрабóтала, отрабóтало, отрабóтали. Отрабóтай/те!

^х
отравúть(ся): **ОТРАВ<u>Й</u>-(СЯ)** *(perf.)* (отравл<u>я́й</u>-(ся), что? кого? чем? poison,
(poison oneself, get food poisoning).
отравлю́(сь), отрáвишь(ся), отрáвит(ся), отрáвим(ся), отрáвите(сь),
отрáвят(ся)
отравúл(ся), отравúла(сь), отравúло(сь), отравúли(сь).
Отравú/те(сь)!
^х
отравля́ть(ся): **ОТРАВЛ<u>Я́Й</u>-(СЯ)** *(imperf.)* (отрав<u>и</u>-(ся), что? кого? чем?
poison, (poison oneself, get food poisoning).
отравля́ю(сь), отравля́ешь(ся), отравля́ет(ся), отравля́ем(ся),
отравля́ете(сь), отравля́ют(ся)
отравля́л(ся), отравля́ла(сь), отравля́ло(сь), отравля́ли(сь).
Отравля́й(ся)! Отравля́йте(сь)!

отражáть: **ОТРАЖ<u>Á́Й</u>-** *(imperf.)* (отраз<u>ú</u>-), что? кого? reflect.
отражáю, отражáешь, отражáет, отражáем, отражáете, отражáют
отражáл, отражáла, отражáло, отражáли. Отражáй/те!

отразúть: **ОТРАЗ<u>Й</u>-** *(imperf.)* (отраж<u>áй</u>-), что? кого? reflect.
отражу́, отразúшь, отразúт, отразúм, отразúте, отразя́т
отразúл, отразúла, отразúло, отразúли. Отразú/те!

отреставрúровать: **ОТРЕСТАВРÚР<u>ОВА</u>-** *(perf.)* (реставрúр<u>ова</u>-), что?
restore.
отреставрúрую, отреставрúруешь, отреставрúрует,
отреставрúруем, отреставрúруете, отреставрúруют
отреставрúровал, отреставрúровала, отреставрúровало,
отреставрúровали. Отреставрúруй/те!

отрывáть: **ОТРЫВ<u>ÁЙ</u>-** *(imperf.)* (оторв<u>á</u>-), что? tear off.
отрывáю, отрывáешь, отрывáет, отрывáем, отрывáете, отрывáют
отрывáл, отрывáла, отрывáло, отрывáли. Отрывáй/те!

отставáть: **ОТСТ<u>АВÁЙ</u>-** *(imperf.)* (отст<u>áн</u>-), от чего? от кого? fall behind.
отстаю́, отстаёшь, отстаёт, отстаём, отстаёте, отстаю́т
отставáл, отставáла, отставáло, отставáли. Отставáй/те!

отстáивать: **ОТСТÁИВ<u>АЙ</u>-** *(imperf.)* (отсто<u>я́</u>- (жа- type)), что? кого?
defend, advocate.
отстáиваю, отстáиваешь, отстáивает, отстáиваем, отстáиваете,
отстáивают
отстáивал, отстáивала, отстáивало, отстáивали. Отстáивай/те!

отстáть: **ОТСТÁН-** *(perf.)* (отста<u>вáй</u>-), от чего? от кого? fall behind.
    отстáну, отстáнешь, отстáнет, отстáнем, отстáнете, отстáнут
    отстáл, отстáла, отстáло, отстáли. Отстáнь/те!

отстоя́ть: **ОТСТО<u>Я́</u>-** (belongs to жа- type] *(perf.)* (отстáив<u>ай</u>-), что? кого?
    defend, advocate.
    отстою́, отстои́шь, отстои́т, отстои́м, отстои́те, отстоя́т
    отстоя́л, отстоя́ла, отстоя́ло, отстоя́ли. Отстóй/те!

отступáть: **ОТСТУП<u>ÁЙ</u>-** *(imperf.)* (отступ<u>и́</u>-), куда? retreat.
    отступáю, отступáешь, отступáет, отступáем, отступáете,
    отступáют
    отступáл, отступáла, отступáло, отступáли. Отступáй/те!

отступи́ть: **ОТСТУП<u>И́</u>-** *(perf.)* (отступ<u>áй</u>-), куда? retreat.
    отступлю́, отсту́пишь, отсту́пит, отсту́пим, отсту́пите, отсту́пят
    отступи́л, отступи́ла, отступи́ло, отступи́ли. Отступи́/те!

отыскáть: **ОТЫСК<u>Á</u>-** *(perf.)* (оты́скив<u>ай</u>-), что? кого? look for, search.
    отыщу́, оты́щешь, оты́щет, оты́щем, оты́щете, оты́щут
    отыскáл, отыскáла, отыскáло, отыскáли. Отыщи́/те!

оты́скивать: **ОТЫ́СКИВ<u>АЙ</u>-** *(imperf.)* (отыск<u>á</u>-), что? кого? look for, search.
    оты́скиваю, оты́скиваешь, оты́скивает, оты́скиваем, оты́скиваете,
    оты́скивают
    оты́скивал, оты́скивала, оты́скивало, оты́скивали. Оты́скивай/те!

офóрмить: **ОФÓРМ<u>И</u>-** *(perf.)* (оформл<u>я́й</u>-), что? arrange, put into shape,
    design, format.
    офóрмлю, офóрмишь, офóрмит, офóрмим, офóрмите, офóрмят
    офóрмил, офóрмила, офóрмило, офóрмили. Офóрми/те!

оформля́ть: **ОФОРМЛ<u>Я́Й</u>-** *(imperf.)* (офóрм<u>и</u>-), что? arrange, put into shape,
    design, format.
    оформля́ю, оформля́ешь, оформля́ет, оформля́ем, оформля́ете,
    оформля́ют
    оформля́л, оформля́ла, оформля́ло, оформля́ли. Оформля́й/те!

охрани́ть: **ОХРАН<u>И́</u>-** *(perf.)* (охран<u>я́й</u>-), что? кого? guard, protect.
    охраню́, охрани́шь, охрани́т, охрани́м, охрани́те, охраня́т
    охрани́л, охрани́ла, охрани́ло, охрани́ли. Охрани́/те!

охраня́ть: **ОХРАН<u>Я́Й</u>-** *(imperf.)* (охран<u>и́</u>-), что? кого? guard, protect.
    охраня́ю, охраня́ешь, охраня́ет, охраня́ем, охраня́ете, охраня́ют
    охраня́л, охраня́ла, охраня́ло, охраня́ли. Охраня́й/те!

охри́пнуть: **ОХРИ́П<u>НУ</u>•-** *(perf.)* (хри́п<u>ну</u>•-), become hoarse.
    охри́пну, охри́пнешь, охри́пнет, охри́пнем, охри́пнете, охри́пнут
    охри́п, охри́пла, охри́пло, охри́пли. Охри́пни/те!

оцара́пать(ся): **ОЦАРА́ПА͟Й-(СЯ)** *(perf.)* (цара́па͟й-(ся)), что? кого? scratch (oneself).

оцара́паю(сь), оцара́паешь(ся), оцара́пает(ся), оцара́паем(ся), оцара́паете(сь), оцара́пают(ся)

оцара́пал(ся), оцара́пала(сь), оцара́пало(сь), оцара́пали(сь). Оцара́пай(ся)! Оцара́пайте(сь)!

оце́нивать: **ОЦЕ́НИВА͟Й-** *(imperf.)* (оцени́-)ˣ, что? кого? appraise, estimate, evaluate.

оце́ниваю, оце́ниваешь, оце́нивает, оце́ниваем, оце́ниваете, оце́нивают

оце́нивал, оце́нивала, оце́нивало, оце́нивали. Оце́нивай/те!

оцени́ть: **ОЦЕНИ́-**ˣ *(perf.)* (оце́нива͟й-), что? кого? appraise, estimate, evaluate;

(цени́-)ˣ, что? кого? appreciate, think highly of.

оценю́, оце́нишь, оце́нит, оце́ним, оце́ните, оце́нят

оцени́л, оцени́ла, оцени́ло, оцени́ли. Оцени́/те!

очути́ться: **ОЧУТИ́-**ˣ**СЯ** *(perf.)* где? wind up somewhere.

[1st person not used.] очу́тишься, очу́тится, очу́титесь, очу́тятся

очути́лся, очути́лась, очути́лось, очути́лись. Очути́/тесь!

ошиба́ться: **ОШИБА́Й-СЯ** *(imperf.)* (**ошиби́ться**), в чём? в ком? be mistaken, make a mistake.

ошиба́юсь, ошиба́ешься, ошиба́ется, ошиба́емся, ошиба́етесь, ошиба́ются

ошиба́лся, ошиба́лась, ошиба́лось, ошиба́лись. Ошиба́йся! Ошиба́йтесь!

ошиби́ться: *(irreg.)* *(perf.)* (ошиба́й-ся), в чём? в ком? be mistaken, make a mistake.

ошибу́сь, ошибёшься, ошибётся, ошибёмся, ошибётесь, ошибу́тся

ошибся, оши́блась, оши́блось, оши́блись. Ошиби́/тесь!

ощу́пать: **ОЩУ́ПА͟Й-** *(perf.)* (ощу́пыва͟й-), что? кого? feel.

ощу́паю, ощу́паешь, ощу́пает, ощу́паем, ощу́паете, ощу́пают

ощу́пал, ощу́пала, ощу́пало, ощу́пали. Ощу́пай/те!

ощу́пывать: **ОЩУ́ПЫВА͟Й-** *(imperf.)* (ощу́па͟й-), что? кого? feel.

ощу́пываю, ощу́пываешь, ощу́пывает, ощу́пываем, ощу́пываете, ощу́пывают

ощу́пывал, ощу́пывала, ощу́пывало, ощу́пывали. Ощу́пывай/те!

ощути́ть: **ОЩУТИ́-** *(perf.)* (ощуща́й-), что? feel, sense.

ощущу́, ощути́шь, ощути́т, ощути́м, ощути́те, ощутя́т

ощути́л, ощути́ла, ощути́ло, ощути́ли. Ощути́/те!

ощуща́ть: **ОЩУЩА́Й-** *(imperf.)* (ощути́-), что? feel, sense.

ощуща́ю, ощуща́ешь, ощуща́ет, ощуща́ем, ощуща́ете, ощуща́ют

ощуща́л, ощуща́ла, ощуща́ло, ощуща́ли. Ощуща́й/те!

Пп

па́дать: **ПА́ДАЙ**- *(imperf.)* (па̣д- and упа̣д́-), fall, drop.
па́даю, па́даешь, па́дает, па́даем, па́даете, па́дают
па́дал, па́дала, па́дало, па́дали. Па́дай/те!

паковать: **ПАКОВА́**- *(imperf.)* (упаков<u>а́</u>-), что? wrap, pack.
паку́ю, паку́ешь, паку́ет, паку́ем, паку́ете, паку́ют
пакова́л, пакова́ла, пакова́ло, пакова́ли. Паку́й/те!

пасть: **ПА̣Д́**- *(perf.)* (па́д<u>ай</u>-), fall, drop.
паду́, падёшь, падёт, падём, падёте, паду́т
па́л, па́ла, па́ло, па́ли. Пади́/те!

па́хнуть: **ПА́ХНУ•**- *(imperf.)* чем? smell of.
па́хну, па́хнешь, па́хнет, па́хнем, па́хнете, па́хнут
па́х, па́хла, па́хло, па́хли. [No imperative form.]

па́чкать: **ПА́ЧКАЙ**- *(imperf.)* (запа́чк<u>ай</u>- and испа́чк<u>ай</u>-) что? (чем?) soil, stain (with).
па́чкаю, па́чкаешь, па́чкает, па́чкаем, па́чкаете, па́чкают
па́чкал, па́чкала, па́чкало, па́чкали. Па́чкай/те!

паять: **ПАЯ́Й**- *(imperf.)* что? solder.
пая́ю, пая́ешь, пая́ет, пая́ем, пая́ете, пая́ют
пая́л, пая́ла, пая́ло, пая́ли. Пая́й/те!

перебега́ть: **ПЕРЕБЕГА́Й**- *(imperf.)* (**перебежа́ть**), куда? run over, run across, shift over to.
перебега́ю, перебега́ешь, перебега́ет, перебега́ем, перебега́ете, перебега́ют
перебега́л, перебега́ла, перебега́ло, перебега́ли. Перебега́й/те!

перебежа́ть: *(irreg.)* *(perf.)* (перебег<u>ай</u>-), куда? run over, run across, shift over to.
перебегу́, перебежи́шь, перебежи́т, перебежи́м, перебежи́те, перебегу́т
перебежа́л, перебежа́ла, перебежа́ло, перебежа́ли. Перебеги́/те!

перебива́ть: **ПЕРЕБИВА́Й**- *(imperf.)* (перебь<u>й</u>-), кого? что? interrupt.
перебива́ю, перебива́ешь, перебива́ет, перебива́ем, перебива́ете, перебива́ют
перебива́л, перебива́ла, перебива́ло, перебива́ли. Перебива́й/те!

перебить: **ПЕРЕБЬЙ́**- *(perf.)* (перебив<u>ай</u>-), кого? что? interrupt.
перебью́, перебьёшь, перебьёт, перебьём, перебьёте, перебью́т
переби́л, переби́ла, переби́ло, переби́ли. Перебе́й/те!

перевезти: **ПЕРЕВЁЗ** (*perf.*) (перевози́-), куда? move, transfer (by conveyance).
> перевезу́, перевезёшь, перевезёт, перевезём, перевезёте, перевезу́т
> перевёз, перевезла́, перевезло́, перевезли́, Перевези́/те!

перевести: **ПЕРЕВЁД** (*perf.*) (переводи́-), кого? что? transfer, translate.
> переведу́, переведёшь, переведёт, переведём, переведёте, переведу́т
> перевёл, перевела́, перевело́, перевели́. Переведи́/те!

переводи́ть: **ПЕРЕВОДИ**- (*imperf.*) (перевёд-), кого? что? transfer, translate.
> перевожу́, перево́дишь, перево́дит, перево́дим, перево́дите, перево́дят
> переводи́л, переводи́ла, переводи́ло, переводи́ли. Переводи́/те!

перевози́ть: **ПЕРЕВОЗИ**- (*imperf.*) (перевёз-), куда? move, transfer [by conveyance].
> перевожу́, перево́зишь, перево́зит, перево́зим, перево́зите, перево́зят
> перевози́л, перевози́ла, перевози́ло, перевози́ли. Перевози́/те!

передава́ть: **ПЕРЕДАВА́Й**- (*imperf.*) (переда́ть), что? кому? communicate, pass on.
> передаю́, передаёшь, передаёт, передаём, передаёте, передаю́т
> передава́л, передава́ла, передава́ло, передава́ли. Передава́й/те!

переда́ть: (*irreg.*) (*perf.*) (передава́й-), что? кому? communicate, pass on.
> переда́м, переда́шь, переда́ст, передади́м, передади́те, передаду́т
> пе́редал, передала́, пе́редало, пе́редали. Переда́й/те!

передвига́ть(ся): **ПЕРЕДВИГА́Й**-**(СЯ)** (*imperf.*) (передви́ну-(ся)), что? кого? move (oneself).
> передвига́ю(сь), передвига́ешь(ся), передвига́ет(ся), передвига́ем(ся), передвига́ете(сь), передвига́ют(ся)
> передвига́л(ся), передвига́ла(сь), передвига́ло(сь), передвига́ли(сь). Передвига́й(ся)! Передвига́йте(сь)!

передви́нуть(ся): **ПЕРЕДВИ́НУ**-**(СЯ)** (*perf.*) (передвига́й-(ся)), что? кого? move (oneself).
> передви́ну(сь), передви́нешь(ся), передви́нет(ся), передви́нем(ся), передви́нете(сь), передви́нут(ся)
> передви́нул(ся), передви́нула(сь), передви́нуло(сь), передви́нули(сь). Передви́нь(ся)! Передви́ньте(сь)!

переде́лать: **ПЕРЕДЕ́ЛАЙ**- (*perf.*) (переде́лывай-), что? кого? alter, refashion.
> переде́лаю, переде́лаешь, переде́лает, переде́лаем, переде́лаете, переде́лают
> переде́лал, переде́лала, переде́лало, переде́лали. Переде́лай/те!

переде́лывать: **ПЕРЕДЕ́ЛЫВА̲Й̲**- *(imperf.)* (переде́л<u>ай</u>-), что? кого? alter, refashion.
  переде́лываю, переде́лываешь, переде́лывает, переде́лываем, переде́лываете, переде́лывают
  переде́лывал, переде́лывала, переде́лывало, переде́лывали. Переде́лывай/те!

переду́мать: **ПЕРЕДУ́МА̲Й̲**- *(perf.)* (переду́мыв<u>ай</u>-), что? о чём? change one's mind (about).
  переду́маю, переду́маешь, переду́мает, переду́маем, переду́маете, переду́мают
  переду́мал, переду́мала, переду́мало, переду́мали. Переду́май/те!

переду́мывать: **ПЕРЕДУ́МЫВА̲Й̲**- *(imperf.)* (переду́м<u>ай</u>-), что? о чём? change one's mind (about).
  переду́мываю, переду́мываешь, переду́мывает, переду́мываем, переду́мываете, переду́мывают
  переду́мывал, переду́мывала, переду́мывало, переду́мывали. Переду́мывай/те!

переезжа́ть: **ПЕРЕЕЗЖА́Й**- *(imperf.)* (**перее́хать**), куда? к кому? move, cross [by conveyance].
  переезжа́ю, переезжа́ешь, переезжа́ет, переезжа́ем, переезжа́ете, переезжа́ют
  переезжа́л, переезжа́ла, переезжа́ло, переезжа́ли. Переезжа́й/те!

перее́хать: *(irreg.) (perf.)* (переезж<u>а́й</u>-), куда? к кому? move, cross [by conveyance].
  перее́ду, перее́дешь, перее́дет, перее́дем, перее́дете, перее́дут
  перее́хал, перее́хала, перее́хало, перее́хали. (Переезжа́й/те!)

переживать: **ПЕРЕЖИВ^xА́Й**- *(imperf.)* (пережи<u>в</u>-), что? experience, go through, endure.
  пережива́ю, пережива́ешь, пережива́ет, пережива́ем, пережива́ете, пережива́ют
  пережива́л, пережива́ла, пережива́ло, пережива́ли. Пережива́й/те!

пережи́ть: **ПЕРЕЖИ́В^x**- *(perf.)* (пережив<u>а́й</u>-), что? experience, go through, endure.
  переживу́, переживёшь, переживёт, переживём, переживёте, переживу́т
  пе́режи́л, пережила́, пе́режи́ло, пе́режи́ли. Переживи́/те!

перейти́: *(irreg.) (perf.)* (переходи́^x-), что? cross, transverse.
  перейду́, перейдёшь, перейдёт, перейдём, перейдёте, перейду́т
  перешёл, перешла́, перешло́, перешли́. Перейди́/те!

переменить: **ПЕРЕМЕНИ́^x**- *(perf.)* (переме<u>ня́й</u>-), что? change.
  переменю́, переме́нишь, переме́нит, переме́ним, переме́ните, переме́нят
  переменил, переменила, переменило, переменили. Перемени́/те!

переменя́ть: **ПЕРЕМЕНЯ́Й-** *(imperf.)* (перемени́-ˣ), что? change.
    переменя́ю, переменя́ешь, переменя́ет, переменя́ем, переменя́ете, переменя́ют
    переменя́л, переменя́ла, переменя́ло, переменя́ли. Переменя́й/те!

перенести́: **ПЕРЕНЁС-**ˣ *(perf.)* (переноси́-ˣ), кого? что? carry over (by hand); change a date.
    перенесу́, перенесёшь, перенесёт, перенесём, перенесёте, перенесу́т
    перенёс, перенесла́, перенесло́, перенесли́. Перенеси́/те!

переноси́ть: **ПЕРЕНОСИ́-**ˣ*(imperf.)* (перенёс-ˣ), кого? что? carry over (by hand); change a date.
    переношу́, перено́сишь, перено́сит, перено́сим, перено́сите, перено́сят
    переноси́л, переноси́ла, переноси́ло, переноси́ли. Переноси́/те!

переодева́ться: **ПЕРЕОДЕВА́Й-СЯ** *(imperf.)* (переоде́н-ся), change one's clothes.
    переодева́юсь, переодева́ешься, переодева́ется, переодева́емся, переодева́етесь, переодева́ются
    переодева́лся, переодева́лась, переодева́лось, переодева́лись. Переодева́йся! Переодева́йтесь!

переоде́ться: **ПЕРЕОДЕ́Н-СЯ** *(perf.)* (переодева́й-ся), change one's clothes.
    переоде́нусь, переоде́нешься, переоде́нется, переоде́немся, переоде́нетесь, переоде́нутся
    переоде́лся, переоде́лась, переоде́лось, переоде́лись. Переоде́нься! Переоде́ньтесь!

переплести́(сь): **ПЕРЕПЛЁТ-(СЯ)** *(perf.)* (переплета́й-(ся)), что? rebraid, reweave; (intertwined, interwoven).
    переплету́(сь), переплетёшь(ся), переплетёт(ся), переплетём(ся), переплетёте(сь), переплету́т(ся)
    переплёл(ся), переплела́(сь), переплело́(сь), переплели́(сь). Переплети́/те(сь)!

переплета́ть(ся): **ПЕРЕПЛЕТА́Й-(СЯ)** *(imperf.)* (переплёт-(ся)), что? rebraid, reweave; (intertwined, interwoven).
    переплета́ю(сь), переплета́ешь(ся), переплета́ет(ся), переплета́ем(ся), переплета́ете(сь), переплета́ют(ся)
    переплета́л(ся), переплета́ла(сь), переплета́ло(сь), переплета́ли(сь). Переплета́й(ся)! Переплета́йте(сь)!

перепо́лнить(ся): **ПЕРЕПО́ЛНИ-(СЯ)** *(perf.)* (переполня́й-(ся)), что? overfill, overcrowd; (be overfilled, overcrowded).
    перепо́лню(сь), перепо́лнишь(ся), перепо́лнит(ся), перепо́лним(ся), перепо́лните(сь), перепо́лнят(ся)
    перепо́лнил(ся), перепо́лнила(сь), перепо́лнило(сь), перепо́лнили(сь). Перепо́лни/те(сь)!

переполня́ть(ся): **ПЕРЕПОЛНЯ́Й-(СЯ)** *(imperf.)* (переполни-(ся)), что?
overfill, overcrowd; (be overfilled, overcrowded).
    переполня́ю(сь), переполня́ешь(ся), переполня́ет(ся),
    переполня́ем(ся), переполня́ете(сь), переполня́ют(ся)
    переполня́л(ся), переполня́ла(сь), переполня́ло(сь),
    переполня́ли(сь). Переполня́й(ся)! Переполня́йте(сь)!

перераста́ть: **ПЕРЕРАСТА́Й-** *(imperf.)* (**перерасти́**), что? кого? outgrow.
    перераста́ю, перераста́ешь, перераста́ет, перераста́ем,
    перераста́ете, перераста́ют
    перераста́л, перераста́ла, перераста́ло, перераста́ли.
    Перераста́й/те!

перерасти́: *(irreg.)* *(perf.)* (перераста́й-), что? кого? outgrow.
    перерасту́, перерастёшь, перерастёт, перерастём, перерастёте,
    перерасту́т
    перерóс, перерослá, перерослó, перерослú. Перерасти́/те!

пересека́ть: **ПЕРЕСЕКА́Й-** *(imperf.)* (пересёк⁼), что? intersect, cross.
    пересека́ю, пересека́ешь, пересека́ет, пересека́ем, пересека́ете,
    пересека́ют
    пересека́л, пересека́ла, пересека́ло, пересека́ли. Пересека́й/те!

пересéчь: **ПЕРЕСЕ́К⁼** *(perf.)* (пересека́й-), что? intersect, cross.
    пересеку́, пересечёшь, пересечёт, пересечём, пересечёте,
    пересеку́т
    пересéк, пересеклá, пересеклó, пересеклú. Пересеки́/те!

пересмáтривать: **ПЕРЕСМÁТРИВА́Й-** *(imperf.)* (пересмотре̱-ˣ), что? revise,
reconsider.
    пересмáтриваю, пересмáтриваешь, пересмáтривает,
    пересмáтриваем, пересмáтриваете, пересмáтривают
    пересмáтривал, пересмáтривала, пересмáтривало,
    пересмáтривали. Пересмáтривай/те!

пересмотрéть: **ПЕРЕСМОТРЕ̱-ˣ** *(perf.)* (пересмáтривай-), что? revise,
reconsider.
    пересмотрю́, пересмóтришь, пересмóтрит, пересмóтрим,
    пересмóтрите, пересмóтрят
    пересмотрéл, пересмотрéла, пересмотрéло, пересмотрéли.
    Пересмотри́/те!

перестава́ть: **ПЕРЕСТА́ВА́Й-** *(imperf.)* (переста̱н-), (+ inf.) stop.
    перестаю́, перестаёшь, перестаёт, перестаём, перестаёте,
    перестаю́т
    перестава́л, перестава́ла, перестава́ло, перестава́ли.
    Перестава́й/те!

переста́ть: **ПЕРЕСТА́Н-** *(perf.)* (переста̱ва́й-), (+ inf.) stop.
    переста́ну, переста́нешь, переста́нет, переста́нем, переста́нете,
    переста́нут
    переста́л, переста́ла, переста́ло, переста́ли. Переста́нь/те!

перестра́ивать: **ПЕРЕСТРА́ИВАЙ**- *(imperf.)* (перестро́и-), что? rebuild, alter.
    перестра́иваю, перестра́иваешь, перестра́ивает, перестра́иваем, перестра́иваете, перестра́ивают
    перестра́ивал, перестра́ивала, перестра́ивало, перестра́ивали.
    Перестра́ивай/те!

перестро́ить: **ПЕРЕСТРО́И**- *(perf.)* (перестра́ивай-), что? rebuild, alter.
    перестро́ю, перестро́ишь, перестро́ит, перестро́им, перестро́ите, перестро́ят
    перестро́ил, перестро́ила, перестро́ило, перестро́или.
    Перестро́й/те!

переу́чиваться: **ПЕРЕУ́ЧИВАЙ-СЯ** *(imperf.)* (переучи̲-ся), что? study/learn too much.
    переу́чиваюсь, переу́чиваешься, переу́чивается, переу́чиваемся, переу́чиваетесь, переу́чиваются
    переу́чивался, переу́чивалась, переу́чивалось, переу́чивались.
    Переу́чивайся! Переу́чивайтесь!

переучи́ться: **ПЕРЕУЧИ̲-СЯ** *(perf.)* (переу́чивай-ся), что? study/learn too much.
    переучу́сь, переу́чишься, переу́чится, переу́чимся, переу́читесь, переу́чатся
    переучи́лся, переучи́лась, переучи́лось, переучи́лись.
    Переучи́/тесь!

переходи́ть: **ПЕРЕХОДИ̲**- *(imperf.)* (**перейти́**), что? cross, transverse.
    перехожу́, перехо́дишь, перехо́дит, перехо́дим, перехо́дите, перехо́дят
    переходи́л, переходи́ла, переходи́ло, переходи́ли. Переходи́/те!

перечи́слить: **ПЕРЕЧИ́СЛИ̲**- *(perf.)* (перечисля̲й-), что? кого? list, ennumerate.
    перечи́слю, перечи́слишь, перечи́слит, перечи́слим, перечи́слите, перечи́слят
    перечи́слил, перечи́слила, перечи́слило, перечи́слили.
    Перечи́сли/те!

перечисля́ть: **ПЕРЕЧИСЛЯ̲Й**- *(imperf.)* (перечи́сли̲-), что? кого? list, ennumerate.
    перечисля́ю, перечисля́ешь, перечисля́ет, перечисля́ем, перечисля́ете, перечисля́ют
    перечисля́л, перечисля́ла, перечисля́ло, перечисля́ли.
    Перечисля́й/те!

пе́ть: *(irreg.)* *(imperf.)* (**спе́ть**), что? sing.
    пою, поёшь, поёт, поём, поёте, пою́т
    пе́л, пе́ла, пе́ло, пе́ли. По́й/те!

печа́тать: **ПЕЧА́ТАЙ**- *(imperf.)* (напеча́тай-), что? type, print, publish.
    печа́таю, печа́таешь, печа́тает, печа́таем, печа́таете, печа́тают
    печа́тал, печа́тала, печа́тало, печа́тали. Печа́тай/те!

печа́таться: **ПЕЧА́Т<u>АЙ</u>-СЯ** *(imperf.)* (напеча́т<u>ай</u>-ся), publish, be published.
   печа́таюсь, печа́таешься, печа́тается, печа́таемся, печа́таетесь,
   печа́таются
   печа́тался, печа́талась, печа́талось, печа́тались. Печа́тайся!
   Печа́тайтесь!

пе́чь: **ПЁ<u>К</u>-** *(imperf.)* (испё<u>к</u>-) что? bake.
   пеку́, печёшь, печёт, печём, печёте, пеку́т
   пёк, пекла́, пекло́, пекли́. Пеки́/те!

писа́ть: **ПИС<u>А</u>-** *(imperf.)* (написа-), что? о чём? кому? чем? write.
   пишу́, пи́шешь, пи́шет, пи́шем, пи́шете, пи́шут
   писа́л, писа́ла, писа́ло, писа́ли. Пиши́/те!

пи́ть: **ПЬ<u>Й</u>-** *(imperf.)* (вы́пь<u>й</u>-), drink.
   пью, пьёшь, пьёт, пьём, пьёте, пьют
   пил, пила́, пи́ло, пи́ли. Пе́й/те!

пла́вать: **ПЛА́В<u>АЙ</u>-** *(imperf.)* (multidirectional), swim.
   пла́ваю, пла́ваешь, пла́вает, пла́ваем, пла́ваете, пла́вают
   пла́вал, пла́вала, пла́вало, пла́вали. Плава́й/те!

пла́кать: **ПЛА́К<u>А</u>-** *(imperf.)* (запла́к<u>а</u>-), cry.
   пла́чу, пла́чешь, пла́чет, пла́чем, пла́чете, пла́чут
   пла́кал, пла́кала, пла́кало, пла́кали. Пла́чь/те!

плати́ть: **ПЛАТ<u>И</u>-** *(imperf.)* (заплат<u>и</u>-), что? (за что?), pay (for).
   плачу́, пла́тишь, пла́тит, пла́тим, пла́тите, пла́тят
   плати́л, плати́ла, плати́ло, плати́ли. Плати́/те!

плы́ть: **ПЛЫ<u>В</u>-** *(imperf.)* (unidirectional), swim.
   плыву́, плывёшь, плывёт, плывём, плывёте, плыву́т
   плы́л, плыла́, плы́ло, плы́ли. Плыви́/те!

победи́ть: **ПОБЕД<u>И́</u>-** *(perf.)* (побежда́й-), кого? что? чем, defeat, win a
   victory over.
   (No 1st pers. sing.), победи́шь, победи́т, победи́м, победи́те, победя́т
   победи́л, победи́ла, победи́ло, победи́ли. Победи́/те!

побежда́ть: **ПОБЕЖДА́<u>Й</u>-** *(imperf.)* (победи́-), кого? что? чем, defeat,win a
   victory over.
   побежда́ю, побежда́ешь, побежда́ет, побежда́ем, побежда́ете,
   побежда́ют
   побежда́л, побежда́ла, побежда́ло, побежда́ли. Побежда́й/те!

побеле́ть: **ПОБЕЛЕ́<u>Й</u>-** *(perf.)* (беле́й-), grow white, blanch.
   побеле́ю, побеле́ешь, побеле́ет, побеле́ем, побеле́ете, побеле́ют
   побеле́л, побеле́ла, побеле́ло, побеле́ли. Побеле́й/те!

побесе́довать: **ПОБЕСЕ́ДОВА-** *(perf.)* (бесе́дова-), с кем? о ком? о чём? talk, have a talk.
побесе́дую, побесе́дуешь, побесе́дует, побесе́дуем, побесе́дуете, побесе́дуют
побесе́довал, побесе́довала, побесе́довало, побесе́довали. Побесе́дуй/те!

побеспоко́ить(ся): **ПОБЕСПОКО́И-(СЯ)** *(perf.)* (беспоко́и-(ся)), кого? чем? worry, make anxious; (о ком? о чём? worry about.)
побеспоко́ю(сь), побеспоко́ишь(ся), побеспоко́ит(ся), побеспоко́им(ся), побеспоко́ите(сь), побеспоко́ят(ся)
побеспоко́ил(ся), побеспоко́ила(сь), побеспоко́ило(сь), побеспоко́или(сь). Побеспоко́й(ся)! Побеспоко́йте(сь)!

поби́ть: **ПОБЬЙ́-** *(perf.)* (бьй-), кого? что? hit, beat.
побью́, побьёшь, побьёт, побьём, побьёте, побью́т
поби́л, поби́ла, поби́ло, поби́ли. Побе́й/те!

поблагодари́ть: **ПОБЛАГОДАРИ́-** *(perf.)* (благодари́-), кого? что? (за что?), thank (for).
поблагодарю́, поблагодари́шь, поблагодари́т, поблагодари́м, поблагодари́те, поблагодаря́т
поблагодари́л, поблагодари́ла, поблагодари́ло, поблагодари́ли. Поблагодари́/те!

поbrи́ть(ся): *(perf.)* *(irreg.)*, **(бри́ть(ся))**, кого? что? shave (shave oneself).
побре́ю(сь), побре́ешь(ся), побре́ет(ся), побре́ем(ся), побре́ете(сь), побре́ют(ся)
побри́л(ся), побри́ла(сь), побри́ло(сь), побри́ли(сь). Побре́й(ся)! Побре́йте(сь)!

побыва́ть: **ПОБЫВА́Й-** *(perf.)* (быва́й-), visit.
побыва́ю, побыва́ешь, побыва́ет, побыва́ем, побыва́ете, побыва́ют
побыва́л, побыва́ла, побыва́ло, побыва́ли. Побыва́й/те!

повезти́: **ПОВЁЗ́-** *(perf.)* (вёз́-), кому? в чём? be lucky. (3rd person impersonal only)
повезёт
повезло́.

пове́рить: **ПОВЕ́РИ-** *(perf.)* (ве́ри-), кому? (во что?) believe (in).
[also: (поверя́й-), кому? entrust, trust.]
пове́рю, пове́ришь, пове́рит, пове́рим, пове́рите, пове́рят
пове́рил, пове́рила, пове́рило, пове́рили. Пове́рь/те!

поверну́ть(ся): **ПОВЕРНУ́-(СЯ)** *(perf.)* (повора́чива́й-(ся)), что? кого? turn (oneself) around.
поверну́(сь), повернёшь(ся), повернёт(ся), повернём(ся), повернёте(сь), поверну́т(ся)
поверну́л(ся), поверну́ла(сь), поверну́ло(сь), поверну́ли(сь). Поверни́/те(сь)!

поверя́ть: **ПОВЕРЯ́Й**- *(imperf.)* (пове́ри-), кому? entrust, trust.
    поверя́ю, поверя́ешь, поверя́ет, поверя́ем, поверя́ете, поверя́ют
    поверя́л, поверя́ла, поверя́ло, поверя́ли. Поверя́й/те!

пове́сить: **ПОВЕ́СИ**- *(perf.)* (ве́шай-), что? кого? hang, suspend.
    пове́шу, пове́сишь, пове́сит, пове́сим, пове́сите, пове́сят
    пове́сил, пове́сила, пове́сило, пове́сили. Пове́сь/те!

пове́ять: **ПОВЕ́Я**- *(perf.)* (ве́я-), (intrans.) blow gently, waft.
    [1st and 2nd person not used.] пове́ет, пове́ют
    пове́ял, пове́яла, пове́яло, пове́яли.

повлия́ть: **ПОВЛИЯ́Й**- *(perf.)* (влия́й-), на кого? на что? influence.
    повлия́ю, повлия́ешь, повлия́ет, повлия́ем, повлия́ете, повлия́ют
    повлия́л, повлия́ла, повлия́ло, повлия́ли. Повлия́й/те!

повора́чивать(ся): **ПОВОРА́ЧИВАЙ-(СЯ)** *(imperf.)* (поверну́-(ся)), что?
    кого? turn (oneself) around.
    повора́чиваю(сь), повора́чиваешь(ся), повора́чивает(ся),
    повора́чиваем(ся), повора́чиваете(сь), повора́чивают(ся)
    повора́чивал(ся), повора́чивала(сь), повора́чивало(сь),
    повора́чивали(сь). Повора́чивай(ся)! Повора́чивайте(сь)!

повтори́ть: **ПОВТОРИ́**- *(perf.)* (повторя́й-), что? repeat.
    повторю́, повтори́шь, повтори́т, повтори́м, повтори́те, повторя́т
    повтори́л, повтори́ла, повтори́ло, повтори́ли. Повтори́/те!

повторя́ть: **ПОВТОРЯ́Й**- *(imperf.)* (повтори́-), что? repeat.
    повторя́ю, повторя́ешь, повторя́ет, повторя́ем, повторя́ете,
    повторя́ют
    повторя́л, повторя́ла, повторя́ло, повторя́ли. Повторя́й/те!

повы́сить(ся): **ПОВЫ́СИ-(СЯ)** *(perf.)* (повыша́й-(ся)), что? кого? raise,
    increase, promote; (rise).
    повы́шу(сь), повы́сишь(ся), повы́сит(ся), повы́сим(ся), повы́сите(сь),
    повы́сят(ся)
    повы́сил(ся), повы́сила(сь), повы́сило(сь), повы́сили(сь). Повы́сь(ся)!
    Повы́сьте(сь)!

повыша́ть(ся): **ПОВЫША́Й-(СЯ)** *(imperf.)* (повы́си-(ся)), что? кого? raise,
    increase, promote; (rise).
    повыша́ю(сь), повыша́ешь(ся), повыша́ет(ся), повыша́ем(ся),
    повыша́ете(сь), повыша́ют(ся)
    повыша́л(ся), повыша́ла(сь), повыша́ло(сь), повыша́ли(сь).
    Повыша́й(ся)! Повыша́йте(сь)!

погаси́ть: **ПОГАСИ́**- (гаси́-), что? put out, extinguish.
    погашу́, пога́сишь, пога́сит, пога́сим, пога́сите, пога́сят
    погаси́л, погаси́ла, погаси́ло, погаси́ли. Погаси́/те!

погáснуть: **ПОГÁСНУ•**- *(perf.)* (гáс<u>ну</u>•-), go out, die out.
    погáсну, погáснешь, погáснет, погáснем, погáснете, погáснут
    погáс, погáсла, погáсло, погáсли. Погáсни/те!

погибáть: **ПОГИБÁЙ**- *(imperf.)* (погиб<u>ну</u>•-), от чего? be killed, die, perish
(from).
    погибáю, погибáешь, погибáет, погибáем, погибáете, погибáют
    погибáл, погибáла, погибáло, погибáли. Погибáй/те!

погибнуть: **ПОГИ́БНУ•**- *(perf.)* (погиб<u>áй</u>- and гиб<u>ну</u>•-), от чего? be killed,
die, perish (from).
    погибну, погибнешь, погибнет, погибнем, погибнете, погибнут
    погиб, погибла, погибло, погибли. Погибни/те!

поглáдить: **ПОГЛÁДИ**- (perf.) (глáди-), что? iron, press; что? кого? по
чему? stroke, pet.
    поглáжу, поглáдишь, поглáдит, поглáдим, поглáдите, поглáдят
    поглáдил, поглáдила, поглáдило, поглáдили. Поглáдь/те!

поглядéть: **ПОГЛЯДÉ**-(perf.) (глядé-), на что? на кого? look, glance at.
    погляжý, поглядишь, поглядит, поглядим, поглядите, поглядят
    поглядéл, поглядéла, поглядéло, поглядéли. Погляди/те!

поговори́ть: **ПОГОВОРИ́**- *(perf.)* (говори́-, with this meaning) с кем? о чём?
have a talk, talk a while.
    поговорю́, поговори́шь, поговори́т, поговори́м, поговори́те,
поговоря́т
    поговори́л, поговори́ла, поговори́ло, поговори́ли. Поговори́/те!

погости́ть: **ПОГОСТИ́**- *(perf.)* (гости́-), кого? что? stay (with), be a guest (of),
visit.
    погощý, погости́шь, погости́т, погости́м, погости́те, погостя́т
    погости́л, погости́ла, погости́ло, погости́ли. Погости́/те!

погрози́ть: **ПОГРОЗИ́**- *(perf.)* (грози́-), что? кого? threaten.
    погрожý, погрози́шь, погрози́т, погрози́м, погрози́те, погрозя́т
    погрози́л, погрози́ла, погрози́ло, погрози́ли. Погрози́/те!

погуби́ть: **ПОГУ́БИ**- *(perf.)* (гу́б<u>и</u>-), что? кого? destroy, ruin, spoil.
    погублю́, погу́бишь, погу́бит, погу́бим, погу́бите, погу́бят
    погуби́л, погуби́ла, погуби́ло, погуби́ли. Погуби́/те!

погуля́ть: **ПОГУЛЯ́Й**- *(perf.)* (гуля́й-), где? по чему? stroll, walk.
    погуля́ю, погуля́ешь, погуля́ет, погуля́ем, погуля́ете, погуля́ют
    погуля́л, погуля́ла, погуля́ло, погуля́ли. Погуля́й/те!

подавáть: **ПОДАВÁЙ**- *(imperf.)* (**подáть**), что? submit.
    подаю́, подаёшь, подаёт, подаём, подаёте, подаю́т
    подавáл, подавáла, подавáло, подавáли. Подавáй/те!

подари́ть: ПОДАРИ́- *(perf.)* (дари́-), что? кого? (кому?) present a gift (to someone).
подарю́, пода́ришь, пода́рит, пода́рим, пода́рите, пода́рят
подари́л, подари́ла, подари́ло, подари́ли. Подари́/те!

пода́ть *(irreg.)* *(perf.)* (подава́й-), что? submit.
пода́м, пода́шь, пода́ст, подади́м, подади́те, подаду́т
по́дал, подала́, по́дало, по́дали. Пода́й/те!

подбега́ть: ПОДБЕГА́Й- *(imperf.)* (**подбежа́ть**), куда? run up to.
подбега́ю, подбега́ешь, подбега́ет, подбега́ем, подбега́ете, подбега́ют
подбега́л, подбега́ла, подбега́ло, подбега́ли. Подбега́й/те!

подбежа́ть *(irreg.)* *(perf.)* (подбега́й-), куда? run up to.
подбегу́, подбежи́шь, подбежи́т, подбежи́м, подбежи́те, подбегу́т
подбежа́л, подбежа́ла, подбежа́ло, подбежа́ли. Подбеги́/те!

подверну́ть: ПОДВЕРНУ́- *(perf.)* (подвёртыва́й-), что? tuck in, turn up.
подверну́, подвернёшь, подвернёт, подвернём, подвернёте, подверну́т
подверну́л, подверну́ла, подверну́ло, подверну́ли. Подверни́/те!

подвёртывать: ПОДВЁРТЫВА́Й- *(imperf.)* (подверну́-), что? tuck in, turn up.
подвёртываю, подвёртываешь, подвёртывает, подвёртываем, подвёртываете, подвёртывают
подвёртывал, подвёртывала, подвёртывало, подвёртывали. Подвёртывай/те!

подвига́ть(ся): ПОДВИГА́Й-(СЯ) *(imperf.)* (подви́ну-(ся)), что? move a little.
подвига́ю(сь), подвига́ешь(ся), подвига́ет(ся), подвига́ем(ся), подвига́ете(сь), подвига́ют(ся)
подвига́л(ся), подвига́ла(сь), подвига́ло(сь), подвига́ли(сь). Подвига́й(ся)! Подвига́йте(сь)!

подви́нуть(ся): ПОДВИ́НУ-(СЯ) *(perf.)* (подвига́й-(ся)), что? move a little.
подви́ну(сь), подви́нешь(ся), подви́нет(ся), подви́нем(ся), подви́нете(сь), подви́нут(ся)
подви́нул(ся), подви́нула(сь), подви́нуло(сь), подви́нули(сь). Подви́нь(ся)! Подви́ньте(сь)!

подгота́вливать(ся): ПОДГОТА́ВЛИВА́Й-(СЯ) *(imperf.)* (подгото́ви-(ся)), что? кого? (к чему?) get ready, prepare (oneself).
подгота́вливаю(сь), подгота́вливаешь(ся), подгота́вливает(ся), подгота́вливаем(ся), подгота́вливаете(сь), подгота́вливают(ся)
подгота́вливал(ся), подгота́вливала(сь), подгота́вливало(сь), подгота́вливали(сь). Подгота́вливай(ся)! Подгота́вливайте(сь)!

подготóвить(ся): **ПОДГОТÓВИ-(СЯ)** *(perf.)* (готóви-(ся) or
    подготáвливай-(ся)), (к чему? get ready, prepare (oneself).
    подготóвлю(сь), подготóвишь(ся), подготóвит(ся), подготóвим(ся),
    подготóвите(сь), подготóвят(ся)
    подготóвил(ся), подготóвила(сь), подготóвило(сь),
    подготóвили(сь). Подготóвь(ся)! Подготóвьте(сь)!

поделúть(ся): **ПОДЕЛИ-(СЯ)** *(perf.)* (дели-ся), чем? (с кем?) share (with).
    поделюсь, подéлишься, подéлится, подéлимся, подéлитесь,
    подéлятся
    поделúлся, поделúлась, поделúлось, поделúлись. Поделú/тесь!

поднимáть(ся): **ПОДНИМÁЙ-(СЯ)** *(imperf.)* (поднúм-(ся), что? кого? raise,
    lift up; (куда? откуда? rise, ascend, climb up).
    поднимáю(сь), поднимáешь(ся), поднимáет(ся), поднимáем(ся),
    поднимáете(сь), поднимáют(ся)
    поднимáл(ся), поднимáла(сь), поднимáло(сь), поднимáли(сь).
    Поднимáй(ся)! Поднимáйтесь!

поднять: **ПОДНИМ-** *(perf.)* (поднимáй-), что? кого? raise, lift up.
    подниму, поднúмешь, поднúмет, поднúмем, поднúмете, поднúмут
    пóднял, подняла, пóдняло, пóдняли. Поднимú/те!

поднять́ся: **ПОДНИМ-СЯ** *(perf.)* (поднимáй-ся), куда? откуда? rise,
    ascend, climb up.
    поднимýсь, поднúмешься, поднúмется, поднúмемся,
    поднúметесь, поднúмутся
    поднялся, поднялáсь, поднялóсь, поднялúсь. Поднимú/тесь!

подойтú: *(irreg.)* *(perf.)* (подходú-), куда? к чему? к кому? walk up to,
    approach; к чему? кому? suit, match.
    подойдý, подойдёшь, подойдёт, подойдём, подойдёте, подойдýт
    подошёл, подошлá, подошлó, подошлú. Подойдú/те!

подписáть(ся): **ПОДПИСÁ-(СЯ)** *(perf.)* (подпúсывай-(ся)), что? sign;
    (subscribe to).
    подпишý(сь), подпúшешь(ся), подпúшет(ся), подпúшем(ся),
    подпúшете(сь), подпúшут(ся)
    подписáл(ся), подписáла(сь), подписáло(сь), подписáли(сь).
    Подпишú(сь)! Подпишúте(сь)!

подпúсывать(ся): **ПОДПИ́СЫВАЙ-(СЯ)** *(imperf.)* (подписá-), что? sign;
    (subscribe to)
    подпúсываю(сь), подпúсываешь(ся), подпúсывает(ся),
    подпúсываем(ся), подпúсываетé(сь), подпúсывают(ся)
    подпúсывал(ся), подпúсывала(сь), подпúсывалó(сь),
    подпúсывали(сь). Подпúсывай(ся)! Подпúсывайтé(сь)!

подпускáть: **ПОДПУСКÁЙ-** *(imperf.)* (подпустú-), что? кого? куда? allow to
    approach.
    подпускáю, подпускáешь, подпускáет, подпускáем, подпускáете,
    подпускáют
    подпускáл, подпускáла, подпускáло, подпускáли. Подпускáй/те!

подпусти́ть: **ПОДПУСТИ́-** *(perf.)* (подпуска́й-), что? кого? куда? allow to approach.

подпущу́, подпу́стишь, подпу́стит, подпу́стим, подпу́стите, подпу́стят

подпусти́л, подпусти́ла, подпусти́ло, подпусти́ли. Подпусти́/те!

подружи́ться: **ПОДРУЖИ́-СЯ** *(perf.)* (дружи́-ся), (с кем?) make friends (with).

подружу́сь, подру́жишься, подру́жится, подру́жимся, подру́житесь, подру́жатся

подружи́лся, подружи́лась, подружи́лось, подружи́лись. Подружи́/тесь!

подсказа́ть: **ПОДСКАЗА́-** *(perf.)* (подска́зывай-), что? кому? suggest.

подскажу́, подска́жешь, подска́жет, подска́жем, подска́жете, подска́жут

подсказа́л, подсказа́ла, подсказа́ло, подсказа́ли. Подскажи́/те!

подска́зывать: **ПОДСКА́ЗЫВАЙ-** *(imperf.)* (подсказа́-), что? кому? suggest.

подска́зываю, подска́зываешь, подска́зывает, подска́зываем, подска́зываете, подска́зывают

подска́зывал, подска́зывала, подска́зывало, подска́зывали. Подска́зывай/те!

подста́вить: **ПОДСТА́ВИ-** *(perf.)* (подставля́й-), что? подо что? put under.

подста́влю, подста́вишь, подста́вит, подста́вим, подста́вите, подста́вят

подста́вил, подста́вила, подста́вило, подста́вили. Подста́вь/те!

подставля́ть: **ПОДСТАВЛЯ́Й-** *(imperf.)* (подста́ви-), что? подо что? put under.

подставля́ю, подставля́ешь, подставля́ет, подставля́ем, подставля́ете, подставля́ют

подставля́л, подставля́ла, подставля́ло, подставля́ли. Подставля́й/те!

подстре́ливать: **ПОДСТРЕ́ЛИВАЙ-** *(imperf.)* (подстрели́-), что? кого? wound by shooting.

подстре́ливаю, подстре́ливаешь, подстре́ливает, подстре́ливаем, подстре́ливаете, подстре́ливают

подстре́ливал, подстре́ливала, подстре́ливало, подстре́ливали. Подстре́ливай/те!

подстрели́ть: **ПОДСТРЕЛИ́-** *(perf.)* (подстре́ливай-), что? кого? wound by shooting.

подстрелю́, подстре́лишь, подстре́лит, подстре́лим, подстре́лите, подстре́лят

подстрели́л, подстрели́ла, подстрели́ло, подстрели́ли. Подстрели́/те!

подстригáть(ся): **ПОДСТРИГÁЙ-(СЯ)** *(imperf.)* (подстри<u>г</u>-(ся)), что? кого?
     cut, trim, clip; (have one's hair trimmed).
        подстригáю(сь), подстригáешь(ся), подстригáет(ся),
        подстригáем(ся), подстригáете(сь), подстригáют(ся)
        подстригáл(ся), подстригáла(сь), подстригáло(сь), подстригáли(сь).
        Подстригáй(ся)! Подстригáйте(сь)!

подстричь(ся): **ПОДСТРИ<u>Г</u>-(СЯ)** *(perf.)* (подстриг<u>áй</u>-(ся) or стри<u>г</u>-(ся)),
     что? кого? cut, trim, clip; (have one's hair trimmed).
        подстригý(сь), подстрижёшь(ся), подстрижёт(ся), подстрижём(ся),
        подстрижёте(сь), подстригýт(ся)
        подстриг(ся), подстригла(сь), подстригло(сь), подстригли(сь).
        Подстриги/те(сь)!

подýмать: **ПОДÝМАЙ-** *(perf.)* (дýмай-), о чём? о ком? think (about).
        подýмаю, подýмаешь, подýмает, подýмаем, подýмаете, подýмают
        подýмал, подýмала, подýмало, подýмали. Подýмай/те!

подýть: **ПОДÝЙ-** *(perf.)* (дýй-), куда? откуда? (на что? на кого?), blow (on).
        подýю, подýешь, подýет, подýем, подýете, подýют
        подýл, подýла, подýло, подýли. Подýй/те!

x

подходить: **ПОДХОДИ-** *(imperf.)* (**подойти**), куда? к чему? к кому? walk
     up to, approach; к чему? кому? suit, match.
        подхожý, подхóдишь, подхóдит, подхóдим, подхóдите, подхóдят
        подходил, подходила, подходило, подходили. Подходи/те!

подчёркивать: **ПОДЧЁРКИВАЙ-** *(imperf.)* (подчеркн<u>ý</u>-), что? emphasize,
     underline.
        подчёркиваю, подчёркиваешь, подчёркивает, подчёркиваем,
        подчёркиваете, подчёркивают
        подчёркивал, подчёркивала, подчёркивало, подчёркивали.
        Подчёркивай/те!

подчеркнýть: **ПОДЧЕРКНÝ-** *(perf.)* (подчёркив<u>ай</u>-), что? emphasize,
     underline.
        подчеркнý, подчеркнёшь, подчеркнёт, подчеркнём, подчеркнёте,
        подчеркнýт
        подчеркнýл, подчеркнýла, подчеркнýло, подчеркнýли.
        Подчеркни/те!

подчинить: **ПОДЧИНИ-** *(perf.)* (подчин<u>яй</u>-), что? кого? чему? кому?
     subordinate (to).
        подчиню, подчинишь, подчинит, подчиним, подчините, подчинят
        подчинил, подчинила, подчинило, подчинили. Подчини/те!

подчиниться: **ПОДЧИНИ-СЯ** *(perf.)* (подчин<u>яй</u>-ся), чему? кому? submit, be
     subordinate (to).
        подчинюсь, подчинишься, подчинится, подчинимся, подчинитесь,
        подчинятся
        подчинился, подчинилась, подчинилось, подчинились.
        Подчини/тесь!

подчиня́ть: **ПОДЧИНЯ́Й**- *(imperf.)* (подчини́-), что? кого? чему? кому? subordinate (to).
подчиня́ю, подчиня́ешь, подчиня́ет, подчиня́ем, подчиня́ете, подчиня́ют
подчиня́л, подчиня́ла, подчиня́ло, подчиня́ли. Подчиня́й/те!

подчиня́ться: **ПОДЧИНЯ́Й-СЯ** *(imperf.)* (подчини́-ся), чему? кому? submit, be subordinate (to).
подчиня́юсь, подчиня́ешься, подчиня́ется, подчиня́емся, подчиня́етесь, подчиня́ются
подчиня́лся, подчиня́лась, подчиня́лось, подчиня́лись. Подчиня́йся! Подчиня́йтесь!

подъезжа́ть: **ПОДЪЕЗЖА́Й**- *(imperf.)* (**подъе́хать**), куда? approach, ride up to.
подъезжа́ю, подъезжа́ешь, подъезжа́ет, подъезжа́ем, подъезжа́ете, подъезжа́ют
подъезжа́л, подъезжа́ла, подъезжа́ло, подъезжа́ли. Подъезжа́й/те!

подъе́хать: *(irreg.)* *(perf.)* (подъезжа́й-), куда? approach, ride up to.
подъе́ду, подъе́дешь, подъе́дет, подъе́дем, подъе́дете, подъе́дут
подъе́хал, подъе́хала, подъе́хало, подъе́хали. (Подъезжа́й/те!)

пое́хать: *(irreg.)* *(perf.)* (**е́хать** and е́зди-), куда? set off, go (by vehicle).
пое́ду, пое́дешь, пое́дет, пое́дем, пое́дете, пое́дут
пое́хал, пое́хала, пое́хало, пое́хали. (Поезжа́й/те!)

пожале́ть: **ПОЖАЛЕ́Й**- *(perf.)* (жале́й-), что? кого? pity, be sorry (for); spare.
пожале́ю, пожале́ешь, пожале́ет, пожале́ем, пожале́ете, пожале́ют
пожале́л, пожале́ла, пожале́ло, пожале́ли. Пожале́й/те!

пожа́ловаться: **ПОЖА́ЛОВА-СЯ** *(perf.)* (жа́лова-ся), на что? на кого? complain (about, of).
пожа́луюсь, пожа́луешься, пожа́луется, пожа́луемся, пожа́луетесь, пожа́луются
пожа́ловался, пожа́ловалась, пожа́ловалось, пожа́ловались. Пожа́луйся! Пожа́луйтесь!

пожа́ть: **ПОЖ/М-** *(perf.)* (пожима́й-), что? press, squeeze.
пожму́, пожмёшь, пожмёт, пожмём, пожмёте, пожму́т
пожа́л, пожа́ла, пожа́ло, пожа́ли. Пожми́/те!

пожела́ть: **ПОЖЕЛА́Й**- *(perf.)* (жела́й-), чего? кому? wish, desire.
пожела́ю, пожела́ешь, пожела́ет, пожела́ем, пожела́ете, пожела́ют
пожела́л, пожела́ла, пожела́ло, пожела́ли. Пожела́й/те!

х
пожени́ться: **ПОЖЕНИ́-СЯ** *(perf.)*, get married (of a couple).
поже́нимся, поже́нитесь, поже́нятся
пожени́лись. Пожени́тесь!

пожелте́ть: **ПОЖЕЛТЕ́Й**- *(perf.)* (желте́й-), turn yellow.
пожелте́ю, пожелте́ешь, пожелте́ет, пожелте́ем, пожелте́ете,
пожелте́ют
пожелте́л, пожелте́ла, пожелте́ло, пожелте́ли. Пожелте́й/те!

пожима́ть: **ПОЖИМА́Й**- *(imperf.)* (пож/м́-), что? press, squeeze.
пожима́ю, пожима́ешь, пожима́ет, пожима́ем, пожима́ете,
пожима́ют
пожима́л, пожима́ла, пожима́ло, пожима́ли. Пожима́й/те!

позабо́титься: **ПОЗАБО́ТИ-СЯ** *(perf.)* (забо́ти-ся), о чём? о ком? be worried
(about), look after, take care of.
позабо́чусь, позабо́тишься, позабо́тится, позабо́тимся,
позабо́титесь, позабо́тятся
позабо́тился, позабо́тилась, позабо́тилось, позабо́тились.
Позабо́ться! Позабо́тьтесь!

поза́втракать: **ПОЗА́ВТРАКАЙ**- *(perf.)* (за́втракай-), чем? где? have
breakfast.
поза́втракаю, поза́втракаешь, поза́втракает, поза́втракаем,
поза́втракаете, поза́втракают
поза́втракал, поза́втракала, поза́втракало, поза́втракали.
Поза́втракай/те!

позва́ть: **ПОЗ/ВА́**- *(perf.)* (з/ва́-), что? кого? куда? call, summon.
позову́, позове́шь, позове́т, позове́м, позове́те, позову́т
позва́л, позвала́, позва́ло, позва́ли. Позови́/те!

позво́лить: **ПОЗВО́ЛИ**- *(perf.)* (позволя́й-), что? кому? allow, let, permit.
позво́лю, позво́лишь, позво́лит, позво́лим, позво́лите, позво́лят
позво́лил, позво́лила, позво́лило, позво́лили. Позво́ль/те!

позволя́ть: **ПОЗВОЛЯ́Й**- *(imperf.)* (позво́ли-), что? кому? allow, let, permit.
позволя́ю, позволя́ешь, позволя́ет, позволя́ем, позволя́ете,
позволя́ют
позволя́л, позволя́ла, позволя́ло, позволя́ли. Позволя́й/те!

позвони́ть: **ПОЗВОНИ́**- *(perf.)* (звони́-), кому? куда? call up, telephone.
позвоню́, позвони́шь, позвони́т, позвони́м, позвони́те, позвоня́т
позвони́л, позвони́ла, позвони́ло, позвони́ли. Позвони́/те!

поздоро́ваться: **ПОЗДОРО́ВАЙ-СЯ** *(perf.)* (здоро́вай-ся), с кем? greet, say
hello to.
поздоро́ваюсь, поздоро́ваешься, поздоро́вается, поздоро́ваемся,
поздоро́ваетесь, поздоро́ваются
поздоро́вался, здоро́валась, поздоро́валось, поздоро́вались.
Поздоро́вайся! Поздоро́вайтесь!

поздра́вить: **ПОЗДРА́ВИ**- *(perf.)* (поздравля́й-), что? кого? (с чем?)
congratulate (on, about).
поздра́влю, поздра́вишь, поздра́вит, поздра́вим, поздра́вите,
поздра́вят
поздра́вил, поздра́вила, поздра́вило, поздра́вили. Поздра́вь/те!

поздравля́ть: **ПОЗДРАВЛЯ́Й**- *(imperf.)* (поздра́ви-), что? кого? (с чем?) congratulate (on, about).
поздравля́ю, поздравля́ешь, поздравля́ет, поздравля́ем, поздравля́ете, поздравля́ют
поздравля́л, поздравля́ла, поздравля́ло, поздравля́ли.
Поздравля́й/те!

познако́миться: **ПОЗНАКО́МИ-СЯ** *(perf.)* (знако́ми-ся), с кем? meet, become acquainted, be introduced.
познако́млюсь, познако́мишься, познако́мится, познако́мимся, познако́митесь, познако́мятся
познако́мился, познако́милась, познако́милось, познако́мились.
Познако́мься! Познако́мьтесь!

поймать: **ПОЙМ^xА́Й**-*(perf.)* (лови-), что? кого? catch, seize.
пойма́ю, пойма́ешь, пойма́ет, пойма́ем, пойма́ете, пойма́ют
пойма́л, пойма́ла, пойма́ло, пойма́ли. Пойма́й/те!

пойти́: *(irreg.)* *(perf.)* (**идти́** and ходи́-), куда? set off, go (on foot).
пойду́, пойдёшь, пойдёт, пойдём, пойдёте, пойду́т
пошёл, пошла́, пошло́, пошли́. Пойди́/те!

показа́ть: **ПОКАЗ^xА́**- *(perf.)* (пока́зывай-), что? кого? (кому?) show, reveal (to); на что? на кого? point (to).
покажу́, пока́жешь, пока́жет, пока́жем, пока́жете, пока́жут
показа́л, показа́ла, показа́ло, показа́ли. Покажи́/те!

показа́ться: **ПОКАЗ^xА́-СЯ** *(perf.)* (каз^xа́-ся), чем? кем? (кому?) seem (to).
покажу́сь, пока́жешься, пока́жется, пока́жемся, пока́жетесь, пока́жутся
показа́лся, показа́лась, показа́лось, показа́лись. Покажи́/тесь!

пока́зывать: **ПОКА́ЗЫВ^xАЙ**- *(imperf.)* (показа́-), что? кого? (кому?) show, reveal (to); на что? на кого? point (to).
пока́зываю, пока́зываешь, пока́зывает, пока́зываем, пока́зываете, пока́зывают
пока́зывал, пока́зывала, пока́зывало, пока́зывали. Пока́зывай/те!

покида́ть: **ПОКИДА́Й**- *(imperf.)* (поки́ну-), что? кого? desert, abandon.
покида́ю, покида́ешь, покида́ет, покида́ем, покида́ете, покида́ют
покида́л, покида́ла, покида́ло, покида́ли. Покида́й/те!

поки́нуть: **ПОКИ́НУ**- *(perf.)* (покида́й-), что? кого? desert, abandon.
поки́ну, поки́нешь, поки́нет, поки́нем, поки́нете, поки́нут
поки́нул, поки́нула, поки́нуло, поки́нули. Поки́нь/те!

поколеба́ться: **ПОКОЛЕБА́-СЯ•** *(perf.)* (колеба́-ся), от чего? vacillate, hesitate, waver (from).
поколе́блюсь, поколе́блешься, поколе́блется, поколе́блемся, поколе́блетесь, поколе́блются
поколеба́лся, поколеба́лась, поколеба́лось, поколеба́лись.
Поколебли́/тесь!

---

*Irregular stress retraction throughout non-past forms.

покормить: **ПОКОРМИ́**- *(perf.)* (корми́-), что? кого? чем? feed.
покормлю́, поко́рмишь, поко́рмит, поко́рмим, поко́рмите, поко́рмят
покорми́л, покорми́ла, покорми́ло, покорми́ли. Покорми́/те!

покраснéть: **ПОКРАСНÉЙ**- *(perf.)* (краснéй-), от чего? turn red, blush.
покраснéю, покраснéешь, покраснéет, покраснéем, покраснéете,
покраснéют
покраснéл, покраснéла, покраснéло, покраснéли. Покраснéй/те!

покупáть: **ПОКУПÁЙ**- *(imperf.)* (купи́-), что? buy, purchase.
покупáю, покупáешь, покупáет, покупáем, покупáете, покупáют
покупáл, покупáла, покупáло, покупáли. Покупáй/те!

покýшать: **ПОКЎШАЙ**- *(perf.)* (кýшай-), что? eat, take food.
покýшаю, покýшаешь, покýшает, покýшаем, покýшаете, покýшают
покýшал, покýшала, покýшало, покýшали. Покýшай/те!

полагáться: **ПОЛАГÁЙ-СЯ** *(imperf.)* (положи́-ся), на что? на кого? rely
(on); one is supposed.
полагáюсь, полагáешься, полагáется, полагáемся, полагáетесь,
полагáются
полагáлся, полагáлась, полагáлось, полагáлись. Полагáйся!
Полагáйтесь!

пóлзать: **ПÓЛЗАЙ**- *(imperf.)* (multidirectional), кудá? откýда? crawl, creep.
пóлзаю, пóлзаешь, пóлзает, пóлзаем, пóлзаете, пóлзают
пóлзал, пóлзала, пóлзало, пóлзали. Пóлзай/те!

ползти́: **ПОЛЗ́**-*(imperf.)* (unidirectional), кудá? откýда? crawl, creep.
ползý, ползёшь, ползёт, ползём, ползёте, ползýт
пóлз, ползлá, ползлó, ползли́. Ползи́/те!

положи́ть: **ПОЛОЖИ́**- *(perf.)* (клад-), что? кого? кудá? put, place (in a lying
position).
положý, полóжишь, полóжит, полóжим, полóжите, полóжат
положи́л, положи́ла, положи́ло, положи́ли. Положи́/те!

положи́ться: **ПОЛОЖИ́-СЯ** *(perf.)* (полагáй-ся), на что? на кого? rely (on);
one is supposed.
положýсь, полóжишься, полóжится, полóжимся, полóжитесь,
полóжатся
положи́лся, положи́лась, положи́лось, положи́лись. Положи́/тесь!

полоскáть: **ПОЛОСКА́**-*(imperf.)* (прополоскá-), что? rinse, gargle.
полощý, полóщешь, полóщет, полóщем, полóщете, полóщут
полоскáл, полоскáла, полоскáло, полоскáли. Полощи́/те!

-ог-

ПОЛОСКÁЙ- (прополоскáй-)
полоскáю, полоскáешь, полоскáет, полоскáем, полоскáете,
полоскáют
полоскáл, полоскáла, полоскáло, полоскáли. Полоскáй/те!

119

x
получа́ть: **ПОЛУЧА́Й**- *(imperf.)* (получ<u>и</u>-), что? get, receive.
получа́ю, получа́ешь, получа́ет, получа́ем, получа́ете, получа́ют
получа́л, получа́ла, получа́ло, получа́ли. Получа́й/те!

x
получи́ть: **ПОЛУЧИ́**- *(perf.)* (получ<u>а́й</u>-), что? get, receive.
получу́, полу́чишь, полу́чит, полу́чим, полу́чите, полу́чат
получи́л, получи́ла, получи́ло, получи́ли. Получи́/те!

по́льзоваться: **ПО́ЛЬЗОВА-СЯ** *(imperf.)* (воспо́льз<u>ова</u>-), чем? use, make use of.
по́льзуюсь, по́льзуешься, по́льзуется, по́льзуемся, по́льзуетесь, по́льзуются
по́льзовался, по́льзовалась, по́льзовалось, по́льзовались. По́льзуйся! По́льзуйтесь!

польсти́ть: **ПОЛЬСТИ́**- *(perf.)* (льст<u>и́</u>-), кому? flatter.
польщу́, польсти́шь, польсти́т, польсти́м, польсти́те, польстя́т
польсти́л, польсти́ла, польсти́ло, польсти́ли. Польсти́/те!

полюбова́ться: **ПОЛЮБОВА́-СЯ** *(perf.)* (люб<u>ова́</u>-ся), чем? кем? admire.
полюбу́юсь, полюбу́ешься, полюбу́ется, полюбу́емся, полюбу́етесь, полюбу́ются
полюбова́лся, полюбова́лась, полюбова́лось, полюбова́лись. Полюбу́йся! Полюбу́йтесь!

пома́зать: **ПОМА́ЗА**- *(perf.)* (ма́<u>за</u>-), что? кого? чем? spread, smear; oil, grease.
пома́жу, пома́жешь, пома́жет, пома́жем, пома́жете, пома́жут
пома́зал, пома́зала, пома́зало, пома́зали. Пома́жь/те!

поменя́ть: **ПОМЕНЯ́Й**- *(perf.)* (мен<u>я́й</u>-), что? кого? на что? exchange (something for something else).
поменя́ю, поменя́ешь, поменя́ет, поменя́ем, поменя́ете, поменя́ют
поменя́л, поменя́ла, поменя́ло, поменя́ли. Поменя́й/те!

поменя́ться: **ПОМЕНЯ́Й-СЯ** *(perf.)* (мен<u>я́й</u>-ся),чем? кем? с кем? change, exchange (with).
поменя́юсь, поменя́ешься, поменя́ется, поменя́емся, поменя́етесь, поменя́ются
поменя́лся, поменя́лась, поменя́лось, поменя́лись. Поменя́йся! Поменя́йтесь!

помести́ть: **ПОМЕСТИ́**- *(perf.)* (помещ<u>а́й</u>-), что? кого? куда? house, locate; publish.
помещу́, помести́шь, помести́т, помести́м, помести́те, поместя́т
помести́л, помести́ла, помести́ло, помести́ли. Помести́/те!

помеша́ть: **ПОМЕША́Й**- *(perf.)* (меш<u>а́й</u>-), чему? кому? hinder, bother.
помеша́ю, помеша́ешь, помеша́ет, помеша́ем, помеша́ете, помеша́ют
помеша́л, помеша́ла, помеша́ло, помеша́ли. Помеша́й/те!

помещáть: **ПОМЕЩÁЙ**- *(imperf.)* (поместú-), что? кого? куда? house, locate; publish.
помещáю, помещáешь, помещáет, помещáем, помещáете, помещáют
помещáл, помещáла, помещáло, помещáли. Помещáй/те!

помирúться: **ПОМИРÚ-СЯ** *(perf.)* (мирú-ся), с чем? с кем? resign oneself (to), reconcile oneself (with).
помирю́сь, помирúшься, помирúтся, помирúмся, помирúтесь, помиря́тся
помирúлся, помирúлась, помирúлось, помирúлись. Помирú/тесь!

пóмнить: **ПÓМНИ**- *(imperf.)* что? кого? or о чём? о ком? remember, recall.
пóмню, пóмнишь, пóмнит, пóмним, пóмните, пóмнят
пóмнил, пóмнила, пóмнило, пóмнили. Пóмни/те!

помогáть: **ПОМОГÁЙ**- *(imperf.)* (помóчь), чему? кому? help, assist.
помогáю, помогáешь, помогáет, помогáем, помогáете, помогáют
помогáл, помогáла, помогáло, помогáли. Помогáй/те!

помóчь: *(irreg.)* *(perf.)* (помогáй-), чему? кому? help, assist.
помогý, помóжешь, помóжет, помóжем, помóжете, помóгут
помóг, помоглá, помоглó, помогли. Помоги/те!

помолодéть: **ПОМОЛОДÉЙ**- *(perf.)* (молодéй-), от чего? become young (from).
помолодéю, помолодéешь, помолодéет, помолодéем, помолодéете, помолодéют
помолодéл, помолодéла, помолодéло, помолодéли. Помолодéй/те!

помы́ть(ся): **ПОМÓЙ-(СЯ)** *(perf.)* (мóй-(ся)), что? кого? wash (oneself).
помóю(сь), помóешь(ся), помóет(ся), помóем(ся), помóете(сь), помóют(ся)
помы́л(ся), помы́ла(сь), помы́ло(сь), помы́ли(сь). Помóй(ся)! Помóйте(сь)!

понáдобиться: **ПОНÁДОБИ-СЯ** *(perf.)* чему? кому? become necessary.
понáдоблюсь, понáдобишься, понáдобится, понáдобимся, понáдобитесь, понáдобятся
понáдобился, понáдобилась, понáдобилось, понáдобились. Понáдобься! Понáдобьтесь!

понижáть(ся): **ПОНИЖÁЙ-(СЯ)** *(imperf.)* (понúзи-(ся)), что? кого? lower (oneself).
понижáю(сь), понижáешь(ся), понижáет(ся), понижáем(ся), понижáете(сь), понижáют(ся)
понижáл(ся), понижáла(сь), понижáло(сь), понижáли(сь). Понижáй(ся)! Понижáйте(сь)!

понизить(ся): **ПОНИ́ЗИ-(СЯ)** *(perf.)* (понижа́й-(ся)), что? кого? lower
(oneself).
> понижу́(сь), пони́зишь(ся), пони́зит(ся), пони́зим(ся), пони́зите(сь),
> пони́зят(ся)
> пони́зил(ся), пони́зила(сь), пони́зило(сь), пони́зили(сь).
> Пони́зься! Пони́зьте(сь)!

понима́ть: **ПОНИМА́Й-** *(imperf.)* (пойм-), что? кого? understand, comprehend.
> понима́ю, понима́ешь, понима́ет, понима́ем, понима́ете, понима́ют
> понима́л, понима́ла, понима́ло, понима́ли. Понима́й/те!

понра́виться: **ПОНРА́ВИ-СЯ** *(perf.)* (нра́ви-ся), чему? кому? please.
> понра́влюсь, понра́вишься, понра́вится, понра́вимся, понра́витесь,
> понра́вятся
> понра́вился, понра́вилась, понра́вилось, понра́вились. Понра́вься!
> Понра́вьтесь!

понять: **ПОЙМ-** *(perf.)* (понима́й-), что? кого? understand, comprehend.
> пойму́, поймёшь, поймёт, поймём, поймёте, пойму́т
> по́нял, поняла́, по́няло, по́няли. Поймй/те!

пообе́дать: **ПООБЕ́ДАЙ-** *(perf.)* (обе́дай-), чем? have lunch.
> пообе́даю, пообе́даешь, пообе́дает, пообе́даем, пообе́даете,
> пообе́дают
> пообе́дал, пообе́дала, пообе́дало, пообе́дали. Пообе́дай/те!

пообеща́ть: **ПООБЕЩА́Й-** *(perf.)* (обеща́й-), что? (чему? кому?) promise (to).
> пообеща́ю, пообеща́ешь, пообеща́ет, пообеща́ем, пообеща́ете,
> пообеща́ют
> пообеща́ла, пообеща́ла, пообеща́ло, пообеща́ли. Пообеща́й/те!

попада́ть: **ПОПАДА́Й-** *(imperf.)* (попа́д-), hit; manage to get into.
> попада́ю, попада́ешь, попада́ет, попада́ем, попада́ете, попада́ют
> попада́л, попада́ла, попада́ло, попада́ли. Попада́й/те!

попа́сть: **ПОПА́Д-** *(perf.)* (попада́й-), hit; manage to get into.
> попаду́, попадёшь, попадёт, попадём, попадёте, попаду́т
> попа́л, попа́ла, попа́ло, попа́ли. Попади/те!

попо́лнить(ся): **ПОПО́ЛНИ-(СЯ)** *(perf.)* (пополня́й-(ся)), increase; (be
increased, be replenished).
> попо́лню(сь), попо́лнишь(ся), попо́лнит(ся), попо́лним(ся),
> попо́лните(сь), попо́лнят(ся)
> попо́лнил(ся), попо́лнила(сь), попо́лнило(сь), попо́лнили(сь).
> Попо́лни/те(сь)!

пополня́ть(ся): **ПОПОЛНЯ́Й-(СЯ)** *(imperf.)* (попо́лни-(ся), increase; (be
increased, be replenished).
> пополня́ю(сь), пополня́ешь(ся), пополня́ет(ся), пополня́ем(ся),
> пополня́ете(сь), пополня́ют(ся)
> пополня́л(ся), пополня́ла(сь), пополня́ло(сь), пополня́ли(сь).
> Пополня́й(ся)! Пополня́йте(сь)!

поправить: **ПОПРА́ВИ-** *(perf.)* (поправля́й-), что? кого? correct, set right, make right.
    попра́влю, попра́вишь, попра́вит, попра́вим, попра́вите, попра́вят
    попра́вил, попра́вила, попра́вило, попра́вили. Попра́вь/те!

поправиться: **ПОПРА́ВИ-СЯ** *(perf.)* (поправля́й-ся), get better, recover; put on weight.
    попра́влюсь, попра́вишься, попра́вится, попра́вимся, попра́витесь, попра́вятся
    попра́вился, попра́вилась, попра́вилось, попра́вились.
    Попра́вься! Попра́вьтесь!

поправля́ть: **ПОПРАВЛЯ́Й-** *(imperf.)* (попра́ви-), что? кого? correct, set right, make right.
    поправля́ю, поправля́ешь, поправля́ет, поправля́ем, поправля́ете, поправля́ют
    поправля́л, поправля́ла, поправля́ло, поправля́ли. Поправля́й/те!

поправля́ться: **ПОПРАВЛЯ́Й-СЯ** *(imperf.)* (попра́ви-ся), get better, recover; put on weight.
    поправля́юсь, поправля́ешься, поправля́ется, поправля́емся, поправля́етесь, поправля́ются
    поправля́лся, поправля́лась, поправля́лось, поправля́лись.
    Поправля́йся! Поправля́йтесь!

попро́бовать: **ПОПРО́БОВА-** *(perf.)* (про́бова-), что? try, taste.
    попро́бую, попро́буешь, попро́бует, попро́буем, попро́буете, попро́буют
    попро́бовал, попро́бовала, попро́бовало, попро́бовали.
    Попро́буй/те!

попроси́ть: **ПОПРОСИ̂-** *(perf.)* (проси̂-), что? кого? о чём? request, ask (about).
    попрошу́, попро́сишь, попро́сит, попро́сим, попро́сите, попро́сят
    попроси́л, попроси́ла, попроси́ло, попроси́ли. Попроси́/те!

попыта́ться: **ПОПЫТА́Й-СЯ** *(perf.)* (пыта́й-ся), attempt, try.
    попыта́юсь, попыта́ешься, попыта́ется, попыта́емся, попыта́етесь, попыта́ются
    попыта́лся, попыта́лась, попыта́лось, попыта́лись. Попыта́йся!
    Попыта́йтесь!

поража́ть: **ПОРАЖА́Й-** *(imperf.)* (порази́-), что? кого? strike; amaze, astound.
    поража́ю, поража́ешь, поража́ет, поража́ем, поража́ете, поража́ют
    поража́л, поража́ла, поража́ло, поража́ли. Поража́й/те!

порази́ть: **ПОРАЗИ̂-** *(perf.)* (поража́й-), что? кого? strike; amaze, astound.
    поражу́, порази́шь, порази́т, порази́м, порази́те, поразя́т
    порази́л, порази́ла, порази́ло, порази́ли. Порази́/те!

порекомендова́ть: **ПОРЕКОМЕНДОВА́-** *(perf.)* (рекоменд<u>ова́</u>-), что? кого?
кому? recommend (to).
порекоменду́ю, порекоменду́ешь, порекоменду́ет,
порекоменду́ем, порекоменду́ете, порекоменду́ют
порекомендова́л, порекомендова́ла, порекомендова́ло,
порекомендова́ли. Порекоменду́й/те!

по́ртить: **ПО́РТИ-** *(imperf.)* (испо́рт<u>и</u>-), что? (чем?) ruin, spoil (with).
по́рчу, по́ртишь, по́ртит, по́ртим, по́ртите, по́ртят
по́ртил, по́ртила, по́ртило, по́ртили. По́рть/те! and По́рти/те!

посади́ть: **ПОСАДИ-** ˣ *(perf.)* (саж<u>а́й</u>-), что? куда? где? plant; что? кого?
куда? seat.
посажу́, поса́дишь, поса́дит, поса́дим, поса́дите, поса́дят
посади́л, посади́ла, посади́ло, посади́ли. Посади́/те!

посвяти́ть: **ПОСВЯТИ́-** *(perf.)* (посвящ<u>а́й</u>-),что? кого? чему? кому? dedicate,
devote (to).
посвящу́, посвяти́шь, посвяти́т, посвятим, посвяти́те, посвятя́т
посвяти́л, посвяти́ла, посвяти́ло, посвяти́ли. Посвяти́/те!

посвяща́ть: **ПОСВЯЩА́Й-** *(imperf.)* (посвяти́-), что? кого? чему? кому?
dedicate, devote (to).
посвяща́ю, посвяща́ешь, посвяща́ет, посвяща́ем, посвяща́ете,
посвяща́ют
посвяща́л, посвяща́ла, посвяща́ло, посвяща́ли. Посвяща́й/те!

посели́ть(ся): **ПОСЕЛИ́-(СЯ)** *(perf.)* (посел<u>я́й</u>-(ся)), что? кого? settle, lodge;
(где? у кого? settle, take up residence).
поселю́(сь), посели́шь(ся), посели́т(ся), посели́м(ся), посели́те(сь),
поселя́т(ся)
посели́л(ся), посели́ла(сь), посели́ло(сь), посели́ли(сь).
Посели́/те(сь)!

поселя́ть(ся): **ПОСЕЛЯ́Й-(СЯ)** *(imperf.)* (посели́-(ся)), что? кого? settle,
lodge; (где? у кого? settle, take up residence).
поселя́ю(сь), поселя́ешь(ся), поселя́ет(ся), поселя́ем(ся),
поселя́ете(сь), поселя́ют(ся)
поселя́л(ся), поселя́ла(сь), поселя́ло(сь), поселя́ли(сь). Поселя́й(ся)!
Поселя́йте(сь)!

посети́ть: **ПОСЕТИ́-** *(perf.)* (посещ<u>а́й</u>-), что? кого? visit, call upon.
посещу́, посети́шь, посети́т, посети́м, посети́те, посетя́т
посети́л, посети́ла, посети́ло, посети́ли. Посети́/те!

посеща́ть: **ПОСЕЩА́Й-** *(imperf.)* (посети́-), что? кого? visit, call upon.
посеща́ю, посеща́ешь, посеща́ет, посеща́ем, посеща́ете, посеща́ют
посеща́л, посеща́ла, посеща́ло, посеща́ли. Посеща́й/те!

посе́ять: **ПОСЕ́Я-** *(perf.)* (се́<u>я</u>-), что? sow.
посе́ю, посе́ешь, посе́ет, посе́ем, посе́ете, посе́ют
посе́ял, посе́яла, посе́яло, посе́яли. Посе́й/те!

посинеть: **ПОСИНЕЙ**- *(perf.)* (синей-), turn blue.
посинею, посинеешь, посинеет, посинеем, посинеете, посинеют
посинел, посинела, посинело, посинели. Посиней/те!

послать: **ПОСЛА**- *(perf.)* (посылай-), что? кого? кому? куда? send,
dispatch.
пошлю, пошлёшь, пошлёт, пошлём, пошлёте, пошлют
послал, послала, послало, послали. Пошли/те!

послужить: **ПОСЛУЖИ**- *(perf.)* (служи-), чему? кому? serve.
послужу, послужишь, послужит, послужим, послужите, послужат
послужил, послужила, послужило, послужили. Послужи/те!

послушать: **ПОСЛУШАЙ**- *(perf.)* (слушай-), что? кого? listen.
послушаю, послушаешь, послушает, послушаем, послушаете,
послушают
послушал, послушала, послушало, послушали. Послушай/те!

послышаться: **ПОСЛЫША-СЯ** *(perf.)* (слыша-ся), кому? think one hears
something.
послышится, послышатся
послышался, послышалась, послышалось, послышались.
[No imperative form]

посметь: **ПОСМЕЙ**- *(perf.)* (смей-), + infinitive, dare.
посмею, посмеешь, посмеет, посмеем, посмеете, посмеют
посмел, посмела, посмело, посмели. Посмей/те!

посмотреть: **ПОСМОТРЕ**-*(perf.)* (смотре-), что? кого? на что? на кого?
watch; look (at).
посмотрю, посмотришь, посмотрит, посмотрим, посмотрите,
посмотрят
посмотрел, посмотрела, посмотрело, посмотрели. Посмотри/те!

посоветовать(ся): **ПОСОВЕТОВА-(СЯ)** *(perf.)* (советова-(ся)), что? кому?
advise, suggest; (с кем? confer, ask someone for advice).
посоветую(сь), посоветуешь(ся), посоветует(ся), посоветуем(ся),
посоветуете(сь), посоветуют(ся)
посоветовал(ся), посоветовала(сь), посоветовало(сь),
посоветовали(сь). Посоветуй(ся)! Посоветуйте(сь)!

поспешить: **ПОСПЕШИ**- *(perf.)* (спеши-), куда? hurry, rush (to).
поспешу, поспешишь, поспешит, поспешим, поспешите, поспешат
поспешил, поспешила, поспешило, поспешили. Поспеши/те!

поспорить: **ПОСПОРИ**- *(perf.)* (спори-), о чём? с кем? argue.
поспорю, поспоришь, поспорит, поспорим, поспорите, поспорят
поспорил, поспорила, поспорило, поспорили. Поспорь/те!

поссо́риться: **ПОССО́РИ-СЯ** *(perf.)* (ссо́ри-ся), с чем? с кем? argue, disagree (with).
    поссо́рюсь, поссо́ришься, поссо́рится, поссо́римся, поссо́ритесь, поссо́рятся
    поссо́рился, поссо́рилась, поссо́рилось, поссо́рились.
    Поссо́рься! Поссо́ртесь!

поста́вить: **ПОСТА́ВИ-** *(perf.)* (ста́ви-), куда? put, place, set (in a standing position).
    поста́влю, поста́вишь, поста́вит, поста́вим, поста́вите, поста́вят
    поста́вил, поста́вила, поста́вило, поста́вили. Поста́вь/те!

постара́ться: **ПОСТАРА́Й-СЯ** *(perf.)* (стара́й-ся), try, attempt.
    постара́юсь, постара́ешься, постара́ется, постара́емся, постара́етесь, постара́ются
    постара́лся, постара́лась, постара́лось, постара́лись. Постара́йся! Постара́йтесь!

постесня́ться: **ПОСТЕСНЯ́Й-СЯ** *(perf.)* (стесня́й-ся), чего? кого? be shy, feel shy.
    постесня́юсь, постесня́ешься, постесня́ется, постесня́емся, постесня́етесь, постесня́ются
    постесня́лся, постесня́лась, постесня́лось, постесня́лись.
    Постесня́йся! Постесня́йтесь!

постро́ить: **ПОСТРО́И-** *(perf.)* (стро́и-), что? build, construct.
    постро́ю, постро́ишь, постро́ит, постро́им, постро́ите, постро́ят
    постро́ил, постро́ила, постро́ило, постро́или. Постро́й/те!

поступа́ть: **ПОСТУПА́Й-** *(imperf.)* (поступи̇-), куда? enter, enroll.
    поступа́ю, поступа́ешь, поступа́ет, поступа́ем, поступа́ете, поступа́ют
    поступа́л, поступа́ла, поступа́ло, поступа́ли. Поступа́й/те!

поступи́ть: **ПОСТУПИ̇-** *(perf.)* (поступа́й-), куда? enter, enroll.
    поступлю́, посту́пишь, посту́пит, посту́пим, посту́пите, посту́пят
    поступи́л, поступи́ла, поступи́ло, поступи́ли. Поступи́/те!

постуча́ть(ся): **ПОСТУЧА́-(СЯ)** *(perf.)* (стуча́-(ся)), во что? knock; (куда? knock at).
    постучу́(сь), постучи́шь(ся), постучи́т(ся), постучи́м(ся), постучи́те(сь), постуча́т(ся)
    постуча́л(ся), постуча́ла(сь), постуча́ло(сь), постуча́ли(сь).
    Постучи́/те(сь)!

посчита́ть: **ПОСЧИТА́Й-** *(perf.)* (счита́й-), что? кого? count.
    посчита́ю, посчита́ешь, посчита́ет, посчита́ем, посчита́ете, посчита́ют
    посчита́л, посчита́ла, посчита́ло, посчита́ли. Посчита́й/те!

посыла́ть: **ПОСЫЛА́Й**- *(imperf.)* (посла́-), что? кого? кому? куда? send, dispatch.
> посыла́ю, посыла́ешь, посыла́ет, посыла́ем, посыла́ете, посыла́ют
> посыла́л, посыла́ла, посыла́ло, посыла́ли. Посыла́й/те!

потепле́ть: **ПОТЕПЛЕ́Й**- *(perf.)* (тепле́й-), grow warm.
> потепле́ю, потепле́ешь, потепле́ет, потепле́ем, потепле́ете, потепле́ют
> потепле́л, потепле́ла, потепле́ло, потепле́ли. Потепле́й/те!

потеря́ть: **ПОТЕРЯ́Й**- *(perf.)* (теря́й-), что? кого? где? lose.
> потеря́ю, потеря́ешь, потеря́ет, потеря́ем, потеря́ете, потеря́ют
> потеря́л, потеря́ла, потеря́ло, потеря́ли. Потеря́й/те!

поторопи́ть(ся): **ПОТОРОПИ̇́-(СЯ)** *(perf.)* (торопи̇́-(ся)), что? кого? hurry, rush; (куда? be in a hurry, be rushed).
> потороплю́(сь), поторо́пишь(ся), поторо́пит(ся), поторо́пим,(ся) поторо́пите(сь), поторо́пят(ся)
> поторопи́л(ся), поторопи́ла(сь), поторопи́ло(сь), поторопи́ли(сь). Поторопи́/те(сь)!

потра́тить: **ПОТРА́ТИ**- *(perf.)* (тра́ти-),что? (на кого? на что?) spend, expend, waste (on).
> потра́чу, потра́тишь, потра́тит, потра́тим, потра́тите, потра́тят
> потра́тил, потра́тила, потра́тило, потра́тили. Потра́ть/те!

потре́бовать: **ПОТРЕ́БОВА**- *(perf.)* (тре́бова-), что? чего? у кого? от кого? demand, require, need.
> потре́бую, потре́буешь, потре́бует, потре́буем, потре́буете, потре́буют
> потре́бовал, потре́бовала, потре́бовало, потре́бовали. Потре́буй/те!

потяну́ть(ся): **ПОТЯНУ̇́-(СЯ)** *(perf.)* (тяну̇́-(ся)), что? кого? pull, stretch; (stretch, extend; к чему? try to reach).
> потяну́(сь), потя́нешь(ся), потя́нет(ся), потя́нем(ся), потя́нете(сь), потя́нут(ся)
> потяну́л(ся), потяну́ла(сь), потяну́ло(сь), потяну́ли(сь). Потяни́/те(сь)!

поу́жинать: **ПОУ́ЖИНАЙ**- *(perf.)* (у́жинай-), где? have supper.
> поу́жинаю, поу́жинаешь, поу́жинает, поу́жинаем, поу́жинаете, поу́жинают
> поу́жинал, поу́жинала, поу́жинало, поу́жинали. Поу́жинай/те!

похвали́ть: **ПОХВАЛИ̇́**- *(perf.)* (хвали̇́-), что? кого? за что? praise (for).
> похвалю́, похва́лишь, похва́лит, похва́лим, похва́лите, похва́лят
> похвали́л, похвали́ла, похвали́ло, похвали́ли. Похвали́/те!

похолода́ть: **ПОХОЛОДА́Й**- *(perf.)* (холода́й-), grow cold.
> похолода́ю, похолода́ешь, похолода́ет, похолода́ем, похолода́ете, похолода́ют
> похолода́л, похолода́ла, похолода́ло, похолода́ли. Похолода́й/те!

похудéть: **ПОХУДÉЙ**- *(perf.)* (худéй-), lose weight.
    похудéю, похудéешь, похудéет, похудéем, похудéете, похудéют
    похудéл, похудéла, похудéло, похудéли. Похудéй/те!

поцеловáть(ся): **ПОЦЕЛОВÁ-(СЯ)** *(perf.)* (целовá-(ся)), что? кого? (с кем?)
    kiss (one another).
    поцелýю(сь), поцелýешь(ся), поцелýет(ся), поцелýем(ся),
    поцелýете(сь), поцелýют(ся)
    поцеловáл(ся), поцеловáла(сь), поцеловáло(сь), поцеловáли(сь).
    Поцелýй(ся)! Поцелýйте(сь)!

почернéть: **ПОЧЕРНÉЙ**- *(perf.)* (чернéй-), turn black, darken.
    почернéю, почернéешь, почернéет, почернéем, почернéете,
    почернéют
    почернéл, почернéла, почернéло, почернéли. Почернéй/те!

почини́ть: **ПОЧИНИ́**- *(perf.)* (чини́-), что? fix, repair.
    починю́, почи́нишь, почи́нит, почи́ним, почи́ните, почи́нят
    почини́л, почини́ла, почини́ло, почини́ли. Почини́/те!

почи́стить: **ПОЧИ́СТИ**- *(perf.)* (чи́сти-), что? кого? clean.
    почи́щу, почи́стишь, почи́стит, почи́стим, почи́стите, почи́стят
    почи́стил, почи́стила, почи́стило, почи́стили. Почи́сти/те!

почýвствовать: **ПОЧУ́ВСТВОВА**- *(perf.)* (чýвствова-), что? feel.
    почýвствую, почýвствуешь, почýвствует, почýвствуем,
    почýвствуете, почýвствуют
    почýвствовал, почýвствовала, почýвствовало, почýвствовали.
    Почýвствуй/те!

пошути́ть: **ПОШУТИ́**- *(perf.)* (шути́-), над чем? над кем? joke.
    пошучý, пошу́тишь, пошу́тит, пошу́тим, пошу́тите, пошу́тят
    пошути́л, пошути́ла, пошути́ло, пошути́ли. Пошути́/те!

появи́ться: **ПОЯВИ́-СЯ** *(perf.)* (появля́й-ся), где? откуда? appear.
    появлю́сь, поя́вишься, поя́вится, поя́вимся, поя́витесь, поя́вятся
    появи́лся, появи́лась, появи́лось, появи́лись. Появи́/тесь!

появля́ться: **ПОЯВЛЯ́Й-СЯ** *(imperf.)* (появи́-ся), где? откуда? appear.
    появля́юсь, появля́ешься, появля́ется, появля́емся, появля́етесь,
    появля́ются
    появля́лся, появля́лась, появля́лось, появля́лись. Появля́йся!
    Появля́йтесь!

преврати́ть(ся): **ПРЕВРАТИ́-(СЯ)** *(perf.)* (превраща́й-(ся)), что? кого? во
    что? в кого? convert, turn into; (во что? в кого? turn into).
    превращý(сь), преврати́шь(ся), преврати́т(ся), преврати́м(ся),
    преврати́те(сь), преврати́т(ся)
    преврати́л(ся), преврати́ла(сь), преврати́ло(сь), преврати́ли(сь).
    Преврати́/те(сь)!

превращáть(ся): **ПРЕВРАЩÁЙ-(СЯ)** *(imperf.)* (преврати́-(ся)), что? кого? во что? в кого? convert, turn into; (во что? в кого? turn into).
превращáю(сь), превращáешь(ся), превращáет(ся), превращáем(ся), превращáете(сь), превращáют(ся)
превращáл(ся), превращáла(сь), превращáло(сь), превращáли(сь).
Превращáй(ся)! Превращáйте(сь)!

предлагáть: **ПРЕДЛАГ<u>ÁЙ</u>-** *(imperf.)* (предложи́-), что? кому? suggest; offer.
предлагáю, предлагáешь, предлагáет, предлагáем, предлагáете, предлагáют
предлагáл, предлагáла, предлагáло, предлагáли. Предлагáй/те!

предложи́ть: **ПРЕДЛОЖ<u>И</u>-** *(perf.)* (предлаг<u>ай</u>-), что? кому? suggest; offer.
предложу́, предло́жишь, предло́жит, предло́жим, предло́жите, предло́жат
предложи́л, предложи́ла, предложи́ло, предложи́ли. Предложи́/те!

предназначáть: **ПРЕДНАЗНАЧ<u>ÁЙ</u>-** *(imperf.)* (предназнáчи-), что? кого? на что? на кого? intend (for), destine.
предназначáю, предназначáешь, предназначáет, предназначáем, предназначáете, предназначáют
предназначáл, предназначáла, предназначáло, предназначáли.
Предназначáй/те!

предназнáчить: **ПРЕДНАЗНÁЧ<u>И</u>-** *(perf.)* (предназнач<u>ай</u>-), что? кого? на что? на кого? intend (for), destine.
предназнáчу, предназнáчишь, предназнáчит, предназнáчим, предназнáчите, предназнáчат
предназнáчил, предназнáчила, предназнáчило, предназнáчили.
Предназнáчь/те!

предостáвить: **ПРЕДОСТÁВ<u>И</u>-** *(perf.)* (предоставл<u>яй</u>-), что? кого? чему? кому? let, give, grant (to).
предостáвлю, предостáвишь, предостáвит, предостáвим, предостáвите, предостáвят
предостáвил, предостáвила, предостáвило, предостáвили.
Предостáвь/те!

предоставля́ть: **ПРЕДОСТАВЛ<u>Я́Й</u>-** *(imperf.)* (предостáви-), что? кого? чему? кому? let, give, grant (to).
предоставля́ю, предоставля́ешь, предоставля́ет, предоставля́ем, предоставля́ете, предоставля́ют
предоставля́л, предоставля́ла, предоставля́ло, предоставля́ли.
Предоставля́й/те!

предпочéсть: **ПРЕДПОЧ/Т<u>-</u>** *(perf.)* (предпочит<u>ай</u>-), что? кого? чему? кому? prefer.
предпочту́, предпочтёшь, предпочтёт, предпочтём, предпочтёте, предпочту́т
предпочёл, предпочла́, предпочло́, предпочли́. Предпочти́/те!

предпочита́ть: **ПРЕДПОЧИТА́Й**- *(imperf.)* (предпоч/т-̲), что? кого? чему? кому? prefer.
    предпочита́ю, предпочита́ешь, предпочита́ет, предпочита́ем, предпочита́ете, предпочита́ют
    предпочита́л, предпочита́ла, предпочита́ло, предпочита́ли.
    Предпочита́й/те!

предсказа́ть: **ПРЕДСКАЗ<u>А́</u>**- *(perf.)* (предска́зыв<u>ай</u>-), что? predict.
    предскажу́, предска́жешь, предска́жет, предска́жем, предска́жете, предска́жут
    предсказа́л, предсказа́ла, предсказа́ло, предсказа́ли.
    Предскажи́/те!

предска́зывать: **ПРЕДСКА́ЗЫВ<u>АЙ</u>**- *(imperf.)* (предсказ<u>а́</u>-), что? predict.
    предска́зываю, предска́зываешь, предска́зывает, предска́зываем, предска́зываете, предска́зывают
    предска́зывал, предска́зывала, предска́зывало, предска́зывали.
    Предска́зывай/те!

представа́ть: **ПРЕДСТ<u>АВА́Й</u>**- *(imperf.)* (предст<u>а́н</u>-), перед чем? перед кем? appear before.
    предстаю́, предстаёшь, предстаёт, предстаём, предстаёте, предстаю́т
    представа́л, представа́ла, представа́ло, представа́ли.
    Представа́й/те!

предста́вить(ся): **ПРЕДСТА́В<u>И</u>-(СЯ)** *(perf.)* (представл<u>я́й</u>-(ся)), что? кого? кому? present to, introduce; (кому? introduce oneself; чем? кем? seem to be).
    предста́влю(сь), предста́вишь(ся), предста́вит(ся), предста́вим(ся), предста́вите(сь), предста́вят(ся)
    предста́вил(ся), предста́вила(сь), предста́вило(сь), предста́вили(сь).
    Предста́вь(ся)! Предста́вьте(сь)!

представля́ть(ся): **ПРЕДСТАВЛ<u>Я́Й</u>-(СЯ)** *(imperf.)* (предста́в<u>и</u>-(ся)), что? кого? кому? present to, introduce; (кому? introduce oneself; чем? кем? seem to be).
    представля́ю(сь), представля́ешь(ся), представля́ет(ся), представля́ем(ся), представля́ете(сь), представля́ют(ся)
    представля́л(ся), представля́ла(сь), представля́ло(сь), представля́ли(сь). Представля́й(ся)! Представля́йте(сь)!

предста́ть: **ПРЕДСТ<u>А́Н</u>**- *(perf.)* (предст<u>ава́й</u>-), перед чем? перед кем? appear before.
    предста́ну, предста́нешь, предста́нет, предста́нем, предста́нете, предста́нут
    предста́л, предста́ла, предста́ло, предста́ли. Предста́нь/те!

предъяви́ть: **ПРЕДЪЯВ<u>И́</u>**- *(perf.)* (предъявл<u>я́й</u>-), что? кому? show, produce.
    предъявлю́, предъя́вишь, предъя́вит, предъя́вим, предъя́вите, предъя́вят
    предъяви́л, предъяви́ла, предъяви́ло, предъяви́ли. Предъяви́/те!

x

предъявля́ть: **ПРЕДЪЯВЛЯ́Й**- *(imperf.)* (предъяви̲-), что? кому? show, produce.
    предъявля́ю, предъявля́ешь, предъявля́ет, предъявля́ем,
    предъявля́ете, предъявля́ют
    предъявля́л, предъявля́ла, предъявля́ло, предъявля́ли.
    Предъявля́й/те!

преклони́ть(ся): **ПРЕКЛОНИ́-(СЯ)** *(perf.)* (преклоня̲й-(ся)), что? bow, bend down; (перед чем? перед кем? bow down before, bend over).
    преклоню́(сь), преклони́шь(ся), преклони́т(ся), преклони́м(ся),
    преклони́те(сь), преклоня́т(ся)
    преклони́л(ся), преклони́ла(сь), преклони́ло(сь), преклони́ли(сь).
    Преклони́/те(сь)!

преклоня́ть(ся): **ПРЕКЛОНЯ́Й-(СЯ)** *(imperf.)* (преклони̲-(ся)), что? bow, bend down; (перед чем? перед кем? bow down before, bend over).
    преклоня́ю(сь), преклоня́ешь(ся), преклоня́ет(ся), преклоня́ем(ся),
    преклоня́ете(сь), преклоня́ют(ся)
    преклоня́л(ся), преклоня́ла(сь), преклоня́ло(сь), преклоня́ли(сь).
    Преклоня́й(ся)! Преклоня́йте(сь)!

прекрати́ть: **ПРЕКРАТИ́**- *(perf.)* (прекраща̲й-), что? stop.
    прекращу́, прекрати́шь, прекрати́т, прекрати́м, прекрати́те,
    прекратя́т
    прекрати́л, прекрати́ла, прекрати́ло, прекрати́ли. Прекрати́/те!

прекраща́ть: **ПРЕКРАЩА́Й**- *(imperf.)* (прекрати̲-), что? stop.
    прекраща́ю, прекраща́ешь, прекраща́ет, прекраща́ем, прекраща́ете,
    прекраща́ют
    прекраща́л, прекраща́ла, прекраща́ло, прекраща́ли. Прекраща́й/те!

пренебрега́ть: **ПРЕНЕБРЕГА́Й**- *(imperf.)* (пренебрёг̲-), чем? кем? neglect.
    пренебрега́ю, пренебрега́ешь, пренебрега́ет, пренебрега́ем,
    пренебрега́ете, пренебрега́ют
    пренебрега́л, пренебрега́ла, пренебрега́ло, пренебрега́ли.
    Пренебрега́й/те!

пренебре́чь: **ПРЕНЕБРЁГ̲**- *(perf.)* (пренебрега̲й-), чем? кем? neglect.
    пренебрегу́, пренебрежёшь, пренебрежёт, пренебрежём,
    пренебрежёте, пренебрегу́т
    пренебрёг, пренебрегла́, пренебрегло́, пренебрегли́.
    Пренебреги́/те!

преподава́ть: **ПРЕПОДАВА́Й**- *(imperf.)*, что? кому? teach.
    преподаю́, преподаёшь, преподаёт, преподаём, преподаёте,
    преподаю́т
    преподава́л, преподава́ла, преподава́ло, преподава́ли.
    Преподава́й/те!

приближа́ть(ся): **ПРИБЛИЖА́Й-(СЯ)** *(imperf.)* (прибли́зи-(ся)), что? кого? к чему? к кому? bring nearer; (к чему? к кому? come closer, draw near). приближа́ю(сь), приближа́ешь(ся), приближа́ет(ся), приближа́ем(ся), приближа́ете(сь), приближа́ют(ся) приближа́л(ся), приближа́ла(сь), приближа́ло(сь), приближа́ли(сь). Приближа́й(ся)! Приближа́йте(сь)!

приблизи́ть(ся): **ПРИБЛИ́ЗИ-(СЯ)** *(perf.)* (приближа́й-(ся)), что? кого? к чему? к кому? bring nearer; (к чему? к кому? come closer, draw near). прибли́жу(сь), прибли́зишь(ся), прибли́зит(ся), прибли́зим(ся), прибли́зите(сь), прибли́зят(ся) прибли́зил(ся), прибли́зила(сь), прибли́зило(сь), прибли́зили(сь). Прибли́зь(ся)! Прибли́зьте(сь)!

прибыва́ть: **ПРИБЫВА́Й-** *(imperf.)* (**прибы́ть**), куда? arrive (at, in); increase, grow. прибыва́ю, прибыва́ешь, прибыва́ет, прибыва́ем, прибыва́ете, прибыва́ют прибыва́л, прибыва́ла, прибыва́ло, прибыва́ли. Прибыва́й/те!

прибы́ть: *(irreg.) (perf.)* (**прибыва́й**), куда? arrive (at, in); increase, grow. прибу́ду, прибу́дешь, прибу́дет, прибу́дем, прибу́дете, прибу́дут при́был, прибыла́, при́было, при́были. Прибу́дь/те!

приве́сти: **ПРИВЁД-**ˣ *(perf.)* (приводи́-), кого? что? куда? bring (by hand); give. приведу́, приведёшь, приведёт, приведём, приведёте, приведу́т привёл, привела́, привело́, привели́. Приведи́/те!

привлека́ть: **ПРИВЛЕКА́Й-** *(imperf.)* (привлёк-ˣ), кого? что? чем? attract (with, by). привлека́ю, привлека́ешь, привлека́ет, привлека́ем, привлека́ете, привлека́ют привлека́л, привлека́ла, привлека́ло, привлека́ли. Привлека́й/те!

привле́чь: **ПРИВЛЁК-**ˣ*(perf.)* (привлека́й-), кого? что? чем? attract (with, by). привлеку́, привлечёшь, привлечёт, привлечём, привлечёте, привлеку́т привлёк, привлекла́, привлекло́, привлекли́. Привлеки́/те!

приводи́ть: **ПРИВОДИ́-**ˣ *(imperf.)* (привёд-), кого? что? куда? bring (by hand); give. привожу́, приво́дишь, приво́дит, приво́дим, приво́дите, приво́дят приводи́л, приводи́ла, приводи́ло, приводи́ли. Приводи́/те!

привыка́ть: **ПРИВЫКА́Й-** *(imperf.)* (привы́кну*-), к чему? к кому? get accustomed to. привыка́ю, привыка́ешь, привыка́ет, привыка́ем, привыка́ете, привыка́ют привыка́л, привыка́ла, привыка́ло, привыка́ли. Привыка́й/те!

привы́кнуть: **ПРИВЫ́КНУ•-** *(perf.)* (привыка́й-), к чему? к кому? get accustomed to.
привы́кну, привы́кнешь, привы́кнет, привы́кнем, привы́кнете, привы́кнут
привы́к, привы́кла, привы́кло, привы́кли. Привы́кни/те!

пригласи́ть: **ПРИГЛАСИ́-** *(perf.)* (приглаша́й-), что? кого? куда? invite.
приглашу́, пригласи́шь, пригласи́т, пригласи́м, пригласи́те, приглася́т
пригласи́л, пригласи́ла, пригласи́ло, пригласи́ли. Пригласи́/те!

приглаша́ть: **ПРИГЛАША́Й-** *(imperf.)* (пригласи́-), что? кого? куда? invite.
приглаша́ю, приглаша́ешь, приглаша́ет, приглаша́ем, приглаша́ете, приглаша́ют
приглаша́л, приглаша́ла, приглаша́ло, приглаша́ли. Приглаша́й/те!

приготóвить: **ПРИГОТО́ВИ-** *(perf.)* (гото́ви-), что? кого? prepare.
пригото́влю, пригото́вишь, пригото́вит, пригото́вим, пригото́вите, пригото́вят
пригото́вил, пригото́вила, пригото́вило, пригото́вили. Пригото́вь/те!

приду́мать: **ПРИДУ́МАЙ-** *(perf.)* (приду́мывай-), что? think up, invent.
приду́маю, приду́маешь, приду́мает, приду́маем, приду́маете, приду́мают
приду́мал, приду́мала, приду́мало, приду́мали. Приду́май/те!

приду́мывать: **ПРИДУ́МЫВАЙ-** *(imperf.)* (приду́май-), что? think up, invent.
приду́мываю, приду́мываешь, приду́мывает, приду́мываем, приду́мываете, приду́мывают
приду́мывал, приду́мывала, приду́мывало, приду́мывали. Приду́мывай/те!

приезжа́ть: **ПРИЕЗЖА́Й-** *(imperf.)* (**прие́хать**), куда? arrive (by vehicle).
приезжа́ю, приезжа́ешь, приезжа́ет, приезжа́ем, приезжа́ете, приезжа́ют
приезжа́л, приезжа́ла, приезжа́ло, приезжа́ли. Приезжа́й/те!

прие́хать: *(irreg.)* *(perf.)* (приезжа́й-), куда? arrive (by vehicle).
прие́ду, прие́дешь, прие́дет, прие́дем, прие́дете, прие́дут
прие́хал, прие́хала, прие́хало, прие́хали. (Приезжа́й/те!)

признава́ть(ся): **ПРИЗНАВА́Й-(СЯ)** *(imperf.)* (призна́й-(ся)), что? кого? recognize; (чему? кому? в чём? confess, admit).
признаю́(сь), признаёшь(ся), признаёт(ся), признаём(ся), признаёте(сь), признаю́т(ся)
признава́л(ся), признава́ла(сь), признава́ло(сь), признава́ли(сь). Признава́й(ся)! Признава́йте(сь)!

призна́ть(ся): **ПРИЗНА́Й-(СЯ)** *(perf.)* (признава́й-(ся)), что? кого?
recognize; (чему? кому? в чём? confess, admit).
признаю́(сь), призна́ешь(ся), призна́ет(ся), призна́ем(ся),
призна́ете(сь), призна́ют(ся)
призна́л(ся), призна́ла(сь), призна́ло(сь), призна́ли(сь). Призна́й(ся)!
Призна́йте(сь)!

прийти́: *(irreg.) (perf.)* (приходи́-), куда? откуда? arrive (on foot).
приду́, придёшь, придёт, придём, придёте, приду́т
пришёл, пришла́, пришло́, пришли́. Приди́/те!

прийти́сь: *(irreg.) (perf.)* (приходи́-ся), кому? have to; happen to.
придётся
пришло́сь

приказа́ть: **ПРИКАЗА́-** *(perf.)* (прика́зывай-), чему? кому? order, give orders
to.
прикажу́, прика́жешь, прика́жет, прика́жем, прика́жете, прика́жут
приказа́л, приказа́ла, приказа́ло, приказа́ли. Прикажи́/те!

прика́зывать: **ПРИКА́ЗЫВАЙ-** *(imperf.)* (приказа́-), чему? кому? order, give
orders to.
прика́зываю, прика́зываешь, прика́зывает, прика́зываем,
прика́зываете, прика́зывают
прика́зывал, прика́зывала, прика́зывало, прика́зывали.
Прика́зывай/те!

прилета́ть: **ПРИЛЕТА́Й-** *(imperf.)* (прилете́-), куда? откуда? arrive (by
plane).
прилета́ю, прилета́ешь, прилета́ет, прилета́ем, прилета́ете,
прилета́ют
прилета́л, прилета́ла, прилета́ло, прилета́ли. Прилета́й/те!

прилете́ть: **ПРИЛЕТЕ́-** *(perf.)* (прилета́й-), куда? откуда? arrive (by plane).
прилечу́, прилети́шь, прилети́т, прилети́м, прилети́те, прилетя́т
прилете́л, прилете́ла, прилете́ло, прилете́ли. Прилети́/те!

принима́ть: **ПРИНИМА́Й-** *(imperf.)* (**приня́ть**), что? кого? accept, take,
receive.
принима́ю, принима́ешь, принима́ет, принима́ем, принима́ете,
принима́ют
принима́л, принима́ла, принима́ло, принима́ли. Принима́й/те!

приня́ть: *(irreg.) (perf.)* (принима́й-), что? кого? accept, take, receive.
приму́, при́мешь, при́мет, при́мем, при́мете, при́мут
при́нял, приняла́, при́няло, при́няли. Прими́/те!

приобрести́: **ПРИОБРЁТ́-***(perf.)* (приобрета́й-), кого? что? acquire, obtain.
приобрету́, приобретёшь, приобретёт, приобретём, приобретёте,
приобрету́т
приобрёл, приобрела́, приобрело́, приобрели́. Приобрети́/те!

приобрета́ть: **ПРИОБРЕТА́Й**-*(imperf.)* (приобрёт<u>-</u>), кого? что? acquire,
    obtain.
    приобрета́ю, приобрета́ешь, приобрета́ет, приобрета́ем,
    приобрета́ете, приобрета́ют
    приобрета́л, приобрета́ла, приобрета́ло, приобрета́ли.
    Приобрета́й/те!

приоткрыва́ть: **ПРИОТКРЫВА́Й**- *(imperf.)* (приоткр<u>о́</u>й-), что? open a little.
    приоткрыва́ю, приоткрыва́ешь, приоткрыва́ет, приоткрыва́ем,
    приоткрыва́ете, приоткрыва́ют
    приоткрыва́л, приоткрыва́ла, приоткрыва́ло, приоткрыва́ли.
    Приоткрыва́й/те!

приоткры́ть: **ПРИОТКРО́Й**- *(perf.)* (приоткры́<u>вай</u>-), что? open a little.
    приоткро́ю, приоткро́ешь, приоткро́ет, приоткро́ем, приоткро́ете,
    приоткро́ют
    приоткры́л, приоткры́ла, приоткры́ло, приоткры́ли. Приоткро́й/те!

приписа́ть: **ПРИПИС<u>А́</u>**^x- *(perf.)* (припи́сывай-), что? кого? к чему? к кому?
    add (to); attribute (to).
    припишу́, припи́шешь, припи́шет, припи́шем, припи́шете, припи́шут
    приписа́л, приписа́ла, приписа́ло, приписа́ли. Припиши́/те!

припи́сывать: **ПРИПИ́СЫВ<u>А́Й</u>**^x- *(imperf.)* (приписа) что? кого? к чему? к
    кому? add (to); attribute (to).
    припи́сываю, припи́сываешь, припи́сывает, припи́сываем,
    припи́сываете, припи́сывают
    припи́сывал, припи́сывала, припи́сывало, припи́сывали.
    Припи́сывай/те!

приподнима́ть: **ПРИПОДНИМ<u>А́Й</u>**^{x x}- *(imperf.)* (приподн<u>им</u>-), что? кого?
    raise, lift up a little.
    приподнима́ю, приподнима́ешь, приподнима́ет, приподнима́ем,
    приподнима́ете, приподнима́ют
    приподнима́л, приподнима́ла, приподнима́ло, приподнима́ли.
    Приподнима́й/те!

приподня́ть: **ПРИПОДН<u>ИМ</u>**^{x x}- *(perf.)* (приподним<u>а́</u>й-), что? кого? raise, lift
    up a little.
    приподниму́, приподни́мешь, приподни́мет, приподни́мем,
    приподни́мете, приподни́мут
    припо́днял, приподняла́, припо́дняло, припо́дняли.
    Приподними́/те!

припомина́ть(ся): **ПРИПОМИН<u>А́Й</u>-(СЯ)** *(imperf.)* (припо́мн<u>и</u>-(ся)), что?
    кого? recall, чему? кому? recollect; remind; (come to one's mind, be
    recalled).
    припомина́ю(сь), припомина́ешь(ся), припомина́ет(ся),
    припомина́ем(ся), припомина́ете(сь), припомина́ют(ся)
    припомина́л(ся), припомина́ла(сь), припомина́ло(сь),
    припомина́ли(сь). Припомина́й(ся)! Припомина́йте(сь)!

припо́мнить(ся): **ПРИПО́МНИ-(СЯ)** *(perf.)* (припоминай-(ся)),что? кого?
recall, чему? кому? recollect; remind; (come to one's mind, be recalled).
припо́мню(сь), припо́мнишь(ся), припо́мнит(ся), припо́мним(ся),
припо́мните(сь), припо́мнят(ся)
припо́мнил(ся), припо́мнила(сь), припо́мнило(сь), припо́мнили(сь).
Припо́мни/те(сь)!

приса́живаться: **ПРИСА́ЖИВАЙ-СЯ** *(imperf.)* (**присе́сть**), куда? take a
seat.
приса́живаюсь, приса́живаешься, приса́живается, приса́живаемся,
приса́живаетесь, приса́живаются
приса́живался, приса́живалась, приса́живалось, приса́живались.
Приса́живайся! Приса́живайтесь!

присе́сть: *(irreg.)* *(perf.)* (приса́живай-ся), куда? take a seat.
прися́ду, прися́дешь, прися́дет, прися́дем, прися́дете, прися́дут
присе́л, присе́ла, присе́ло, присе́ли. Прися́дь/те!

прислони́ть(ся): **ПРИСЛОНИ́-(СЯ)** *(perf.)* (прислоня́й-(ся)), что? кого? к
чему? к кому? lean, rest against (к чему? к кому? rest oneself against).
прислоню́(сь), прислони́шь(ся), прислони́т(ся), прислони́м(ся),
прислони́те(сь), прислоня́т(ся)
прислони́л(ся), прислони́ла(сь), прислони́ло(сь), прислони́ли(сь).
Прислони́/те(сь)!

прислоня́ть(ся): **ПРИСЛОНЯ́Й-(СЯ)** *(imperf.)* (прислони́-(ся)), что? кого?
к чему? к кому? lean, rest against (к чему? к кому? rest oneself against).
прислоня́ю(сь), прислоня́ешь(ся), прислоня́ет(ся), прислоня́ем(ся),
прислоня́ете(сь), прислоня́ют(ся)
прислоня́л(ся), прислоня́ла(сь), прислоня́ло(сь), прислоня́ли(сь).
Прислоня́й(ся)! Прислоня́йте(сь)!

присни́ться: **ПРИСНИ́-СЯ** *(perf.)* (сни́-ся), кому? dream.
присню́сь, присни́шься, присни́тся, присни́мся, присни́тесь,
присня́тся
присни́лся, присни́лась, присни́лось, присни́лись. Присни́/тесь!

присоедини́ть(ся): **ПРИСОЕДИНИ́-(СЯ)** *(perf.)* (присоединя́й-(ся)), что? к
чему? attach, add, join, connect (to); (к чему? к кому? join up to, associate
oneself with).
присоедини́ю(сь), присоедини́шь(ся), присоедини́т(ся),
присоедини́м(ся), присоедини́те(сь), присоедини́т(ся)
присоедини́л(ся), присоедини́ла(сь), присоедини́ло(сь),
присоедини́ли(сь). Присоедини́/те(сь)!

присоединя́ть(ся): **ПРИСОЕДИНЯ́Й-(СЯ)** *(imperf.)* (присоедини́-(ся)), что?
к чему? attach, add, join, connect (to); (к чему? к кому? join up to,
associate oneself with).
присоединя́ю(сь), присоединя́ешь(ся), присоединя́ет(ся),
присоединя́ем(ся), присоединя́ете(сь), присоединя́ют(ся)
присоединя́л(ся), присоединя́ла(сь), присоединя́ло(сь),
присоединя́ли(сь). Присоединя́й(ся)! Присоединя́йте(сь)!

136

приставáть: **ПРИСТАВÁЙ**- *(imperf.)* (пристá<u>н</u>-), к чему? к кому? bother.
пристаю́, пристаёшь, пристаёт, пристаём, пристаёте, пристаю́т
приставáл, приставáла, приставáло, приставáли. Приставáй/те!

пристáть: **ПРИСТÁ<u>Н</u>**- *(perf.)* (приста<u>вай</u>-), к чему? к кому? bother.
пристáну, пристáнешь, пристáнет, пристáнем, пристáнете, пристáнут
пристáл, пристáла, пристáло, пристáли. Пристáнь/те!

присудúть: **ПРИСУ<u>ДИ</u>**- *(perf.)* (присужд<u>áй</u>-), что? кому? award, confer (to).
присужý, прису́дишь, прису́дит, прису́дим, прису́дите, прису́дят
присудúл, присудúла, присудúло, присудúли. Присудú/те!

присуждáть: **ПРИСУЖ<u>ДÁЙ</u>**- *(imperf.)* (присуди-), что? кому? award, confer (to).
присуждáю, присуждáешь, присуждáет, присуждáем, присуждáете, присуждáют
присуждáл, присуждáла, присуждáло, присуждáли. Присуждáй/те!

прису́тствовать: **ПРИСУ́ТСТВ<u>ОВА</u>**- *(imperf.)* где? be present, attend.
прису́тствую, прису́тствуешь, прису́тствует, прису́тствуем, прису́тствуете, прису́тствуют
прису́тствовал, прису́тствовала, прису́тствовало, прису́тствовали. Прису́тствуй/те!

притихáть: **ПРИТИХ<u>ÁЙ</u>**- *(imperf.)* (притих<u>ну</u>*-), grow quiet.
притихáю, притихáешь, притихáет, притихáем, притихáете, притихáют
притихáл, притихáла, притихáло, притихáли. Притихáй/те!

притúхнуть: **ПРИТИХ<u>НУ</u>***- *(perf.)* (притих<u>áй</u>-), grow quiet.
притúхну, притúхнешь, притúхнет, притúхнем, притúхнете, притúхнут
притúх, притúхла, притúхло, притúхли. Притúхни/те!

приходúть: **ПРИХО<u>ДИ</u>**- *(imperf.)* (**прийтú**), куда? откуда? arrive (on foot).
прихожý, прихо́дишь, прихо́дит, прихо́дим, прихо́дите, прихо́дят
приходúл, приходúла, приходúло, приходúли. Приходú/те!

приходúться: **ПРИХО<u>ДИ</u>-СЯ** *(imperf.)* (**прийтúсь**), кому? have to; happen to (3rd. pers.sing. forms only)
прихо́дится
приходúлось

причесáть(ся): **ПРИЧЕС<u>Á</u>-(СЯ)** *(perf.)* (причёс<u>ывай</u>-(ся)), кого? что? comb; (comb oneself).
причешý(сь), причéшешь(ся), причéшет(ся), причéшем(ся), причéшете(сь), причéшут(ся)
причесáл(ся), причесáла(сь), причесáло(сь), причесáли(сь). Причешú/те(сь)!

причёсывать(ся): **ПРИЧЁСЫВАЙ-(СЯ)** *(imperf.)* (причеса̱-(ся)), кого? что?
comb; (comb oneself).
причёсываю(сь), причёсываешь(ся), причёсывает(ся),
причёсываем(ся), причёсываете(сь), причёсывают(ся)
причёсывал(ся), причёсывала(сь), причёсывало(сь),
причёсывали(сь). Причёсывай(ся)! Причёсывайте(сь)!

проанализи́ровать: **ПРОАНАЛИЗИ́РОВА-** *(perf.)* (анализи́ро̱ва), что?
analyze.
проанализи́рую, проанализи́руешь, проанализи́рует,
проанализи́руем, проанализи́руете, проанализи́руют
проанализи́ровал, проанализи́ровала, проанализи́ровало,
проанализи́ровали. Проанализи́руй/те!

пробива́ть: **ПРОБИВА́Й-** (imperf.) (пробьй-), что? punch, punch through.
пробива́ю, пробива́ешь, пробива́ет, пробива́ем, пробива́ете,
пробива́ют
пробива́л, пробива́ла, пробива́ло, пробива́ли. Пробива́й/те!

проби́ть: **ПРОБЬЙ́-** *(perf.)* (пробива̱й-), что? punch, punch through.
пробью, пробьёшь, пробьёт, пробьём, пробьёте, пробьют
про́бил, проби́ла, про́било, про́били. Пробе́й/те!

про́бовать: **ПРО́БОВА-** *(imperf.)* (попро́бо̱ва-), что? try, taste.
про́бую, про́буешь, про́бует, про́буем, про́буете, про́буют
про́бовал, про́бовала, про́бовало, про́бовали. Про́буй/те!

пробормота́ть: **ПРОБОРМОТА̱-** *(perf.)* (бормота̱-), что? кому? mutter,
mumble.
пробормочу́, пробормо́чешь, пробормо́чет, пробормо́чем,
пробормо́чете, пробормо́чут
пробормота́л, пробормота́ла, пробормота́ло, пробормота́ли.
Пробормочи́/те

пробуди́ть(ся): **ПРОБУДИ̱-(СЯ)** *(perf.)* (пробужда̱й-(ся)), кого? что? wake,
arouse; (awaken oneself, wake up).
пробужу́(сь), пробу́дишь(ся), пробу́дит(ся), пробу́дим(ся),
пробу́дите(сь), пробу́дят(ся)
пробуди́л(ся), пробуди́ла(сь), пробуди́ло(сь), пробуди́ли(сь).
Пробуди́/те(сь)!

пробужда́ть(ся): **ПРОБУЖДА́Й-(СЯ)** *(imperf.)* (пробуди̱-(ся)), кого? что?
wake, arouse; (awaken oneself, wake up).
пробужда́ю(сь), пробужда́ешь(ся), пробужда́ет(ся), пробужда́ем(ся),
пробужда́ете(сь), пробужда́ют(ся)
пробужда́л(ся), пробужда́ла(сь), пробужда́ло(сь), пробужда́ли(сь).
Пробужда́й(ся)! Пробужда́йте(сь)!

прова́ливаться: **ПРОВА́ЛИВАЙ-СЯ** *(imperf.)* (провали-ся), куда? fall
through; где? fail.
провА́ливаюсь, провА́ливаешься, провА́ливается, провА́ливаемся,
провА́ливаетесь, провА́ливаются
провА́ливался, провА́ливалась, провА́ливалось, провА́ливались.
ПровА́ливайся! ПровА́ливайтесь!

провали́ться: **ПРОВАЛИ́-СЯ** *(perf.)* (провА́ливай-ся), куда? fall through;
где? fail.
провалю́сь, провА́лишься, провА́лится, провА́лимся, провА́литесь,
провА́лятся
провали́лся, провали́лась, провали́лось, провали́лись.
Провали́/тесь!

провЕ́рить: **ПРОВЕ́РИ-** *(perf.)* (проверЯ́й-), кого? что? check.
провЕ́рю, провЕ́ришь, провЕ́рит, провЕ́рим, провЕ́рите, провЕ́рят
провЕ́рил, провЕ́рила, провЕ́рило, провЕ́рили. ПровЕ́рь/те!

проверЯ́ть: **ПРОВЕРЯ́Й-** *(imperf.)* (провЕ́ри-), кого? что? check.
проверЯ́ю, проверЯ́ешь, проверЯ́ет, проверЯ́ем, проверЯ́ете,
проверЯ́ют
проверЯ́ла, проверЯ́ло, проверЯ́ли. ПроверЯ́й/те!

провести́: **ПРОВЁД́-** *(perf.)* (проводи-), кого? что? куда? conduct, lead, take;
carry out.
проведу́, проведёшь, проведёт, проведём, проведёте, проведу́т
провёл, провелА́, провелО́, провели́. Проведи́/те!

проводи́ть: **ПРОВОДИ́-** *(imperf.)* (провёд́-), кого? что? куда? conduct, lead,
take; carry out.
провожу́, провО́дишь, провО́дит, провО́дим, провО́дите, провО́дят
проводи́л, проводи́ла, проводи́ло, проводи́ли. Проводи́/те!

проводи́ть: **ПРОВОДИ́-** *(perf.)* (провожА́й-), кого? что? куда? accompany,
show the way.
провожу́, провО́дишь, провО́дит, провО́дим, провО́дите, провО́дят
проводи́л, проводи́ла, проводи́ло, проводи́ли. Проводи́/те!

провожА́ть: **ПРОВОЖА́Й-** *(imperf.)* (проводи-), кого? что? куда?
accompany, show the way.
провожА́ю, провожА́ешь, провожА́ет, провожА́ем, провожА́ете,
провожА́ют
провожА́л, провожА́ла, провожА́ло, провожА́ли. ПровожА́й/те!

проголодА́ть(ся): **ПРОГОЛОДА́Й-(СЯ)** *(perf.)* (голодА́й-), starve, suffer
with hunger; (grow hungry).
проголодА́ю(сь), проголодА́ешь(ся), проголодА́ет(ся),
проголодА́ем(ся), проголодА́ете(сь), проголодА́ют(ся)
проголодА́л(ся), проголодА́ла(сь), проголодА́ло(сь),
проголодА́ли(сь). ПроголодА́й(ся)! ПроголодА́йте(сь)!

проголосова́ть: **ПРОГОЛОСОВА́-** *(perf.)* (голосова́-), за кого? за что? vote (for).
 проголосу́ю, проголосу́ешь, проголосу́ет, проголосу́ем, проголосу́ете, проголосу́ют
 проголосова́л, проголосова́ла, проголосова́ло, проголосова́ли. Проголосу́й/те!

продава́ть: **ПРОДАВА́Й-** *(imperf.)* (**прода́ть**), что? кому? sell.
 продаю́, продаёшь, продаёт, продаём, продаёте, продаю́т
 продава́л, продава́ла, продава́ло, продава́ли. Продава́й/те!

прода́ть: *(irreg.)* *(perf.)* (прода<u>ва́й</u>-), что? кому? sell.
 прода́м, прода́шь, прода́ст, продади́м, продади́те, продаду́т
 про́дал, продала́, про́дало, про́дали. Прода́й/те!

продвига́ть(ся): **ПРОДВИГА́Й-(СЯ)** *(imperf.)* (продви́<u>ну</u>-(ся)), что? кого? куда? move, push forward; (куда? move oneself forward).
 продвига́ю(сь), продвига́ешь(ся), продвига́ет(ся), продвига́ем(ся), продвига́ете(сь), продвига́ют(ся)
 продвига́л(ся), продвига́ла(сь), продвига́ло(сь), продвига́ли(сь). Продвига́й(ся)! Продвига́йте(сь)!

продви́нуть(ся): **ПРОДВИ́<u>НУ</u>-(СЯ)** *(perf.)* (продви́<u>гай</u>-(ся)), что? кого? куда? move, push forward; (куда? move oneself forward).
 продви́ну(сь), продви́нешь(ся), продви́нет(ся), продви́нем(ся), продви́нете(сь), продви́нут(ся)
 продви́нул(ся), продви́нула(сь), продви́нуло(сь), продви́нули(сь). Продви́нь(ся)! Продви́ньте(сь)!

продлева́ть: **ПРОДЛЕВА́Й-** *(imperf.)* (продл<u>и́</u>-), что? extend, prolong.
 продлева́ю(сь), продлева́ешь(ся), продлева́ет(ся), продлева́ем(ся), продлева́ете(сь), продлева́ют(ся)
 продлева́л(ся), продлева́ла(сь), продлева́ло(сь), продлева́ли(сь). Продлева́й(ся)! Продлева́йте(сь)!

продли́ть: **ПРОДЛИ́-** *(perf.)* (продлев<u>а́й</u>-), что? extend, prolong.
 продлю́, продли́шь, продли́т, продли́м, продли́те, продля́т
 продли́л, продли́ла, продли́ло, продли́ли. Продли́/те!

продолжа́ть(ся): **ПРОДОЛЖА́Й-(СЯ)** *(imperf.)* (продо́лж<u>и</u>-(ся)), что? continue; (last, continue).
 продолжа́ю(сь), продолжа́ешь(ся), продолжа́ет(ся), продолжа́ем(ся), продолжа́ете(сь), продолжа́ют(ся)
 продолжа́л(ся), продолжа́ла(сь), продолжа́ло(сь), продолжа́ли(сь). Продолжа́й(ся)! Продолжа́йте(сь)!

продо́лжить(ся): **ПРОДО́ЛЖИ-(СЯ)** *(perf.)* (продолж<u>а́й</u>-(ся)), что? continue; (last, continue).
 продо́лжу(сь), продо́лжишь(ся), продо́лжит(ся), продо́лжим(ся), продо́лжите(сь), продо́лжат(ся)
 продо́лжил(ся), продо́лжила(сь), продо́лжило(сь), продо́лжили(сь). Продо́лжи/те(сь)!

проезжа́ть: **ПРОЕЗЖА́Й**- *(imperf.)* (**прое́хать**), что? куда? ride past, go past.
проезжа́ю, проезжа́ешь, проезжа́ет, проезжа́ем, проезжа́ете, проезжа́ют
проезжа́л, проезжа́ла, проезжа́ло, проезжа́ли. Проезжа́й/те!

прое́хать: *(irreg.)* *(perf.)* (проезжа́й-), что? куда? ride past, go past.
прое́ду, прое́дешь, прое́дет, прое́дем, прое́дете, прое́дут
прое́хал, прое́хала, прое́хало, прое́хали. (Проезжа́й/те!)

прозвене́ть: **ПРОЗВЕНЕ́**- *(perf.)* (звене́-), чем? ring (out).
прозвеню́, прозвени́шь, прозвени́т, прозвени́м, прозвени́те, прозвеня́т
прозвене́л, прозвене́ла, прозвене́ло, прозвене́ли. Прозвени́/те!

прозвуча́ть: **ПРОЗВУЧА́**- *(perf.)* (звуча́-), be heard.
прозвучу́, прозвучи́шь, прозвучи́т, прозвучи́м, прозвучи́те, прозвуча́т
прозвуча́л, прозвуча́ла, прозвуча́ло, прозвуча́ли. Прозвучи́/те!

проигра́ть: **ПРОИГРА́Й**- *(perf.)* (проигрыва́й-), что? lose (a game, bet, etc.).
проигра́ю, проигра́ешь, проигра́ет, проигра́ем, проигра́ете, проигра́ют
проигра́л, проигра́ла, проигра́ло, проигра́ли. Проигра́й/те!

проѝгрывать: **ПРОЍГРЫВАЙ**- *(imperf.)* (проигра́й-), что? lose (a game, bet, etc.).
проѝгрываю, проѝгрываешь, проѝгрывает, проѝгрываем, проѝгрываете, проѝгрывают
проѝгрывал, проѝгрывала, проѝгрывало, проѝгрывали. Проѝгрывай/те!

произвести́: **ПРОИЗВЁД**-ˣ *(perf.)* (производи́-), что? produce, make.
произведу́, произведёшь, произведёт, произведём, произведёте, произведу́т
произвёл, произвела́, произвело́, произвели́. Произведи́/те!

производи́ть: **ПРОИЗВОДИ́**-ˣ *(imperf.)* (произвёд-ˣ), что? produce, make.
произвожу́, произво́дишь, произво́дит, произво́дим, произво́дите, произво́дят
производи́л, производи́ла, производи́ло, производи́ли. Производи́/те!

произнести́(сь): **ПРОИЗНЁС**-ˣ(СЯ) *(perf.)* (произноси́-(ся)), что? pronounce, utter; (be pronounced).
произнесу́(сь), произнесёшь(ся), произнесёт(ся), произнесём(ся), произнесёте(сь), произнесу́т(ся)
произнёс(ся), произнесла́(сь), произнесло́(сь), произнесли́(сь). Произнеси́(сь)! Произнесите(сь)!

произноси́ть(ся): **ПРОИЗНОСИ́-(СЯ)** *(imperf.)* (произнёс⁻(ся)), что? pronounce, utter; (be pronounced).
произношу́(сь), произно́сишь(ся), произно́сит(ся), произно́сим(ся), произно́сите(сь), произно́сят(ся)
произноси́л(ся), произноси́ла(сь), произноси́ло(сь), произноси́ли(сь). Произноси́/те(сь)!

произойти́: *(irreg.) (perf.)* (происходи́-), от чего? из-за чего? happen, take place, occur; to come from.
произойду́, произойдёшь, произойдёт, произойдём, произойдёте, произойду́т
произошёл, произошла́, произошло́, произошли. Произойди́/те!

проистека́ть: **ПРОИСТЕКА́Й-** *(imperf.)* (проистёк⁻), из-за чего? result (from).
проистека́ю, проистека́ешь, проистека́ет, проистека́ем, проистека́ете, проистека́ют
проистека́л, проистека́ла, проистека́ло, проистека́ли. Проистека́й/те!

происте́чь: **ПРОИСТЁЌ-** *(perf.)* (проистека́й-), из-за чего? result (from).
проистеку́, проистечёшь, проистечёт, проистечём, проистечёте, проистеку́т
проистёк, проистекла́, проистекло́, проистекли. Проистеки́/те!

происходи́ть: **ПРОИСХОДИ́-** *(imperf.)* (**произойти́**), от чего? из-за чего? happen, take place, occur; to come from.
происхожу́, происхо́дишь, происхо́дит, происхо́дим, происхо́дите, происхо́дят
происходи́л, происходи́ла, происходи́ло, происходи́ли. Происходи́/те!

пройти́: *(irreg.) (perf.)* (проходи́-), куда? pass by (on foot); go through.
пройду́, пройдёшь, пройдёт, пройдём, пройдёте, пройду́т
прошёл, прошла́, прошло́, прошли. Пройди́/те!

прока́лывать: **ПРОКА́ЛЫВАЙ-** *(imperf.)* (проколо́-), что? кого? чем? prick, pierce, perforate.
прока́лываю, прока́лываешь, прока́лывает, прока́лываем, прока́лываете, прока́лывают
прока́лывал, прока́лывала, прока́лывало, прока́лывали. Прока́лывай/те!

прокла́дывать: **ПРОКЛА́ДЫВАЙ-** *(imperf.)* (проложи́-), что? куда? lay; build, construct.
прокла́дываю, прокла́дываешь, прокла́дывает, прокла́дываем, прокла́дываете, прокла́дывают
прокла́дывал, прокла́дывала, прокла́дывало, прокла́дывали. Прокла́дывай/те!

проклинáть: **ПРОКЛИНÁЙ**- *(imperf.)* (прокля́н-), что? кого? curse, damn.
проклинáю, проклинáешь, проклинáет, проклинáем, проклинáете, проклинáют
проклинáл, проклинáла, проклинáло, проклинáли. Проклинáй/те!

прокля́сть: **ПРОКЛЯ́Н**- *(perf.)* (проклинáй-), что? кого? curse, damn.
прокляну́, прокляне́шь, прокляне́т, прокляне́м, прокляне́те, прокляну́т
про́клял, прокляла́, про́кляло, про́кляли. Прокляни́/те!

проколóть: **ПРОКОЛÓ**- *(perf.)* (прокáлывай-), что? кого? чем? prick, pierce, perforate.
проколю́, прокóлешь, прокóлет, прокóлем, прокóлете, прокóлют
проколóл, проколóла, проколóло, проколóли. Проколи́/те!

проконсульти́ровать(ся): **ПРОКОНСУЛЬТИ́РОВА-(СЯ)** *(perf.)*
(консульти́рова-(ся)), что? кого? consult; (с кем? consult with).
проконсульти́рую(сь), проконсульти́руешь(ся),
проконсульти́рует(ся), проконсульти́руем(ся),
проконсульти́руете(сь), проконсульти́руют(ся)
проконсульти́ровал(ся), проконсульти́ровала(сь),
проконсульти́ровало(сь), проконсульти́ровали(сь).
Проконсульти́руй(ся)! Проконсульти́руйте(сь)!

проконтроли́ровать: **ПРОКОНТРОЛИ́РОВА**- *(perf.)* (контроли́рова-), что? кого? control.
проконтроли́рую, проконтроли́руешь, проконтроли́рует,
проконтроли́руем, проконтроли́руете, проконтроли́руют
проконтроли́ровал, проконтроли́ровала, проконтроли́ровало,
проконтроли́ровали. Проконтроли́руй/те!

проливáть: **ПРОЛИВÁЙ**- *(imperf.)* (проль́й-), что? на что? spill (on).
проливáю, проливáешь, проливáет, проливáем, проливáете, проливáют
проливáл, проливáла, проливáло, проливáли. Проливáй/те!

проли́ть: **ПРОЛЬЙ́**- *(perf.)* (проливáй-), что? на что? spill (on).
проль́ю, проль́ешь, проль́ет, проль́ем, проль́ете, проль́ют
проли́л, пролила́, проли́ло, проли́ли. Проле́й/те!

проложи́ть: **ПРОЛОЖИ́**- *(perf.)* (прокла́дывай-), что? куда? lay; build, construct.
проложу́, пролóжишь, пролóжит, пролóжим, пролóжите, пролóжат
проложи́л, проложи́ла, проложи́ло, проложи́ли. Проложи́/те!

пропаганди́ровать: **ПРОПАГАНДИ́РОВА-** *(imperf. & perf.)* что?
   propagandize.
   пропаганди́рую, пропаганди́руешь, пропаганди́рует,
   пропаганди́руем, пропаганди́руете, пропаганди́руют
   пропаганди́ровал, пропаганди́ровала, пропаганди́ровало,
   пропаганди́ровали. Пропаганди́руй/те!

пропада́ть: **ПРОПАДА́Й-** *(imperf.)* (пропад-), где? be missing, be lost.
   пропада́ю, пропада́ешь, пропада́ет, пропада́ем, пропада́ете,
   попада́ют
   пропада́л, пропада́ла, пропада́ло, пропада́ли. Пропада́й/те!

пропа́сть: **ПРОПАД-***(perf.)* (пропада́й-), где? be missing, be lost.
   пропаду́, пропадёшь, пропадёт, пропадём, пропадёте, пропаду́т
   пропа́л, пропа́ла, пропа́ло, пропа́ли. Пропади́/те!

пpополоска́ть: **ПРОПОЛОСКӐ-***(imperf.)* (полоскӑ-), что? rinse, gargle.
   прополощу́, прополо́щешь, прополо́щет, прополо́щем,
   прополо́щете, прополо́щут
   прополоска́л, прополоска́ла, прополоска́ло, прополоска́ли.
   Прополощи́/те!
                  -or-
   ПРОПОЛОСКА́Й- (полоска́й-)
   прополоска́ю, прополоска́ешь, прополоска́ет, прополоска́ем,
   прополоска́ете, прополоска́ют
   прополоска́л, прополоска́ла, прополоска́ло, прополоска́ли.
   Прополоска́й/те!

пропуска́ть: **ПРОПУСКА́Й-** *(imperf.)* (пропустй-), что? кого? leave out,
   miss, let by.
   пропуска́ю, пропуска́ешь, пропуска́ет, пропуска́ем, пропуска́ете,
   пропуска́ют
   пропуска́л, пропуска́ла, пропуска́ло, пропуска́ли. Пропуска́й/те!

пропусти́ть: **ПРОПУСТЙ-** *(perf.)* (пропуска́й-), что? кого? leave out, miss,
   let by.
   пропущу́, пропу́стишь, пропу́стит, пропу́стим, пропу́стите,
   пропу́стят
   пропусти́л, пропусти́ла, пропусти́ло, пропусти́ли. Пропусти́/те!

прорецензи́ровать: **ПРОРЕЦЕНЗИ́РОВА-** *(perf.)* (рецензи́рова-), что?
   review, critique.
   прорецензи́рую, прорецензи́руешь, прорецензи́рует,
   прорецензи́руем, прорецензи́руете, прорецензи́руют
   прорецензи́ровал, прорецензи́ровала, прорецензи́ровало,
   прорецензи́ровали. Прорецензи́руй/те!

просиживать: **ПРОСИ́ЖИВА̄Й-** *(imperf.)* (просиде́-), sit for a good while,
   spend time sitting.
   проси́живаю, проси́живаешь, проси́живает, проси́живаем,
   проси́живаете, проси́живают
   проси́живал, проси́живала, проси́живало, проси́живали.
   Проси́живай/те!

просидѐть: **ПРОСИДЕ́-** *(perf.)* (проси́жива<u>й</u>-), sit for a good while, spend time sitting.

    просижу́, просиди́шь, просиди́т, просиди́м, просиди́те, просидя́т
    просиде́л, просиде́ла, просиде́ло, просиде́ли. Просиди́/те!

проси́ть: **ПРОСИ́-** *(imperf.)* (попроси́-), что? кого? о чём? request, ask (about).

    прошу́, про́сишь, про́сит, про́сим, про́сите, про́сят
    проси́л, проси́ла, проси́ло, проси́ли. Проси́/те!

просклоня́ть(ся): **ПРОСКЛОНЯ́Й-(СЯ)** *(perf.)* (склоня́<u>й</u>-(ся)), что? decline (i.e., a noun); (be declined).

    просклоня́ю(сь), просклоня́ешь(ся), просклоня́ет(ся),
    просклоня́ем(ся), просклоня́ете(сь), просклоня́ют(ся)
    просклоня́л(ся), просклоня́ла(сь), просклоня́ло(сь),
    просклоня́ли(сь). Просклоня́й(ся)! Просклоня́йте(сь)!

прослу́шать: **ПРОСЛУ́ШАЙ-** *(perf.)* (слу́ша<u>й</u>-), что? кого? listen.

    прослу́шаю, прослу́шаешь, прослу́шает, прослу́шаем, прослу́шаете, прослу́шают
    прослу́шал, прослу́шала, прослу́шало, прослу́шали. Прослу́шай/те!

прослу́шать: **ПРОСЛУ́ШАЙ-** *(perf.)* (прослу́шива<u>й</u>-), что? listen through; что? miss, not hear.

    прослу́шаю, прослу́шаешь, прослу́шает, прослу́шаем, прослу́шаете, прослу́шают
    прослу́шал, прослу́шала, прослу́шало, прослу́шали. Прослу́шай/те!

прослу́шивать: **ПРОСЛУ́ШИВАЙ-** *(imperf.)* (прослу́ша<u>й</u>-), что? listen through; что? miss, not hear.

    прослу́шиваю, прослу́шиваешь, прослу́шивает, прослу́шиваем, прослу́шиваете, прослу́шивают
    прослу́шивал, прослу́шивала, прослу́шивало, прослу́шивали. Прослу́шивай/те!

просма́тривать: **ПРОСМА́ТРИВАЙ-** *(imperf.)* (просмотр<u>е</u>-), что? look through; что? over look, fail to notice.

    просма́триваю, просма́триваешь, просма́тривает, просма́триваем, просма́триваете, просма́тривают
    просма́тривал, просма́тривала, просма́тривало, просма́тривали. Просма́тривай/те!

просмотрѐть: **ПРОСМОТРЕ́-** *(perf.)* (просма́трива<u>й</u>-), что? look through; что? over look, fail to notice.

    просмотрю́, просмо́тришь, просмо́трит, просмо́трим, просмо́трите, просмо́трят
    просмотре́л, просмотре́ла, просмотре́ло, просмотре́ли. Просмотри́/те!

просну́ться: **ПРОСНУ́-СЯ** *(perf.)* (просыпа́<u>й</u>-ся), wake up.

    просну́сь, проснёшься, проснётся, проснёмся, проснётесь, просну́тся
    просну́лся, просну́лась, просну́лось, просну́лись. Просни́/тесь!

проспрягáть: **ПРОСПРЯГÁЙ-** *(perf.)* (спрягáй-), что? conjugate.
проспрягáю, проспрягáешь, проспрягáет, проспрягáем,
проспрягáете, проспрягáют
проспрягáл, проспрягáла, проспрягáло, проспрягáли.
Проспрягáй/те!

простúть: **ПРОСТИ́-** *(perf.)* (прощáй-), что? кого? excuse, pardon, forgive.
прощý, прости́шь, прости́т, прости́м, прости́те, простя́т
прости́л, прости́ла, прости́ло, прости́ли. Прости́/те!

прости́ться: **ПРОСТИ́-СЯ** *(perf.)* (прощáй-ся), с чем? с кем? say good-bye (to).
прощýсь, прости́шься, прости́тся, прости́мся, прости́тесь,
простя́тся
прости́лся, прости́лась, прости́лось, прости́лись. Прости́/тесь!

простуди́ться: **ПРОСТУДИ́-СЯ** *(perf.)* (простужáй-ся), catch a chill, catch a cold.
простужýсь, простýдишься, простýдится, простýдимся,
простýдитесь, простýдятся
простуди́лся, простуди́лась, простуди́лось, простуди́лись.
Простуди́/тесь!

простужáться: **ПРОСТУЖÁЙ-СЯ** *(imperf.)* (простуди́-ся), catch a chill, catch a cold.
простужáюсь, простужáешься, простужáется, простужáемся,
простужáетесь, простужáются
простужáлся, простужáлась, простужáлось, простужáлись.
Простужáйся! Простужáйтесь!

просыпáться: **ПРОСЫПÁЙ-СЯ** *(imperf.)* (проснýсь-ся), wake up.
просыпáюсь, просыпáешься, просыпáется, просыпáемся,
просыпáетесь, просыпáются
просыпáлся, просыпáлась, просыпáлось, просыпáлись.
Просыпáйся! Просыпáйтесь!

протя́гивать: **ПРОТЯ́ГИВАЙ-** *(imperf.)* (протянý-), что? куда? где? extend, stretch.
протя́гиваю, протя́гиваешь, протя́гивает, протя́гиваем,
протя́гиваете, протя́гивают
протя́гивал, протя́гивала, протя́гивало, протя́гивали.
Протя́гивай/те!

протянýть: **ПРОТЯНУ́-** *(perf.)* (протя́гивай-), что? куда? где? extend, stretch.
протянý, протя́нешь, протя́нет, протя́нем, протя́нете, протя́нут
протянýл, протянýла, протянýло, протянýли. Протяни́/те!

проходи́ть: **ПРОХОДИ́-** *(imperf.)* (**пройти́**), куда? pass by (on foot); go through.
прохожý, прохóдишь, прохóдит, прохóдим, прохóдите, прохóдят
проходи́л, проходи́ла, проходи́ло, проходи́ли. Проходи́/те!

процити́ровать: **ПРОЦИТИ́РОВА-** *(perf.)* (цити́рова-), что? кого? cite,
  quote.
    процити́рую, процити́руешь, процити́рует, процити́руем,
    процити́руете, процити́руют
    процити́ровал, процити́ровала, процити́ровало, процити́ровали.
    Процити́руй/те!

прочита́ть: **ПРОЧИТА́Й-** *(perf.)* (чита́й-), что? кого? read.
    прочита́ю, прочита́ешь, прочита́ет, прочита́ем, прочита́ете,
    прочита́ют
    прочита́л, прочита́ла, прочита́ло, прочита́ли. Прочита́й/те!

проща́ть: **ПРОЩА́Й-** *(imperf.)* (прости́-), что? кого? excuse, pardon, forgive.
    проща́ю, проща́ешь, проща́ет, проща́ем, проща́ете, проща́ют
    проща́л, проща́ла, проща́ло, проща́ли. Проща́й/те!

проща́ться: **ПРОЩА́Й-СЯ** *(imperf.)* (прости́-ся), с чем? с кем? say good-bye
  (to).
    проща́юсь, проща́ешься, проща́ется, проща́емся, проща́етесь,
    проща́ются
    проща́лся, проща́лась, проща́лось, проща́лись. Проща́йся!
    Проща́йтесь!
                      х
прояви́ть: **ПРОЯВИ́-** *(perf.)* (проявля́й-), что? show, demonstrate.
    проявлю́, проя́вишь, проя́вит, проя́вим, проя́вите, проя́вят
    прояви́л, прояви́ла, прояви́ло, прояви́ли. Прояви́/те!
                      х
прояви́ться: **ПРОЯВИ́-СЯ** *(perf.)* (проявля́й-ся), become apparent, show,
  reveal.
    [1st and 2nd person not used.] проя́вится, проя́вятся
    прояви́лся, прояви́лась, прояви́лось, прояви́лись.
                      х
проявля́ть: **ПРОЯВЛЯ́Й-** *(imperf.)* (прояви́-), что? show,demonstrate.
    проявля́ю, проявля́ешь, проявля́ет, проявля́ем, проявля́ете,
    проявля́ют
    проявля́л, проявля́ла, проявля́ло, проявля́ли. Проявля́й/те!
                      х
проявля́ться: **ПРОЯВЛЯ́Й-СЯ** *(imperf.)* (прояви́-ся), become apparent, show,
  reveal.
    [1st and 2nd person not used.] проявля́ется, проявля́ются
    проявля́лся, проявля́лась, проявля́лось, проявля́лись.

пря́тать(ся): **ПРЯ́ТА-(СЯ)** *(imperf.)* (спря́та-(ся)), что? кого? где? hide,
  conceal; (hide oneself).
    пря́чу(сь), пря́чешь(ся), пря́чет(ся), пря́чем(ся), пря́чете(сь),
    пря́чут(ся)
    пря́тал(ся), пря́тала(сь), пря́тало(сь), пря́тали(сь). Пря́чь(ся)!
    Пря́чьте(сь)!

публикова́ть(ся): **ПУБЛИКОВА́-(СЯ)** *(imperf.)* (опубликова́-(ся)), что? где? publish; (где? be published).
публику́ю(сь), публику́ешь(ся), публику́ет(ся), публику́ем(ся), публику́ете(сь), публику́ют(ся)
публикова́л(ся), публикова́ла(сь), публикова́ло(сь), публикова́ли(сь). Публику́й(ся)! Публику́йте(сь)!

пуга́ть(ся): **ПУГА́Й-(СЯ)** *(imperf.)* (испуга́й-(ся)), что? кого? frighten, scare; (be frightened, be scared).
пуга́ю(сь), пуга́ешь(ся), пуга́ет(ся), пуга́ем(ся), пуга́ете(сь), пуга́ют(ся)
пуга́л(ся), пуга́ла(сь), пуга́ло(сь), пуга́ли(сь). Пуга́й(ся)! Пуга́йте(сь)!

путеше́ствовать: **ПУТЕШЕ́СТВОВА-** *(imperf.)* где? travel, take a trip.
путеше́ствую, путеше́ствуешь, путеше́ствует, путеше́ствуем, путеше́ствуете, путеше́ствуют
путеше́ствовал, путеше́ствовала, путеше́ствовало, путеше́ствовали. Путеше́ствуй/те!

пыта́ться: **ПЫТА́Й-СЯ** *(imperf.)* (попыта́й-ся), attempt, try.
пыта́юсь, пыта́ешься, пыта́ется, пыта́емся, пыта́етесь, пыта́ются
пыта́лся, пыта́лась, пыта́лось, пыта́лись. Пыта́йся! Пыта́йтесь!

$\boxed{\text{Рр}}$

рабо́тать: **РАБО́ТАЙ-** *(imperf.)* где? (над чем?) work (on).
рабо́таю, рабо́таешь, рабо́тает, рабо́таем, рабо́таете, рабо́тают
рабо́тал, рабо́тала, рабо́тало, рабо́тали. Рабо́тай/те!

ра́довать(ся): **РА́ДОВА-(СЯ)** *(imperf.)* (обра́дова-(ся)), что? кого? чем? please, make happy; (чему? кому?) be pleased (about).
ра́дую(сь), ра́дуешь(ся), ра́дует(ся), ра́дуем(ся), ра́дуете(сь), ра́дуют(ся)
ра́довал(ся), ра́довала(сь), ра́довало(сь), ра́довали(сь). Ра́дуй(ся)! Ра́дуйте(сь)!

разбива́ть: **РАЗБИВА́Й-** *(imperf.)* (раз/бьй́-), что? break.
разбива́ю, разбива́ешь, разбива́ет, разбива́ем, разбива́ете, разбива́ют
разбива́л, разбива́ла, разбива́ло, разбива́ли. Разбива́й/те!

разби́ть: **РАЗ/БЬЙ́-** *(perf.)* (разбива́й-), что? break.
разобью́, разобьёшь, разобьёт, разобьём, разобьёте, разобью́т
разби́л, разби́ла, разби́ло, разби́ли. Разбе́й/те!

разбуди́ть: **РАЗБУ$\overset{\text{x}}{\text{ДИ}}$-** *(perf.)* (буди-), кого? что? wake up (someone).
разбужу́, разбу́дишь, разбу́дит, разбу́дим, разбу́дите, разбу́дят
разбуди́л, разбуди́ла, разбуди́ло, разбуди́ли. Разбуди́/те!

развеселѝть(ся): **РАЗВЕСЕЛЍ-(СЯ)** *(perf.)* (веселѝ-(ся)), кого? что? cheer, amuse; (с кем? have a good time, enjoy oneself).
развеселю́(сь), развеселѝшь(ся), развеселѝт(ся), развеселѝм(ся), развеселѝте(сь), развеселя́т(ся)
развеселѝл(ся), развеселѝла(сь), развеселѝло(сь), развеселѝли(сь)!
Развесели́/те(сь)!

развива́ть(ся): **РАЗВИВА́Й-(СЯ)** *(imperf.)* (раз/вьѝ-(ся)), что? кого? develop; (develop oneself, grow).
развива́ю(сь), развива́ешь(ся), развива́ет(ся), развива́ем(ся), развива́ете(сь), развива́ют(ся)
развива́л(ся), развива́ла(сь), развива́ло(сь), развива́ли(сь).
Развива́й(ся)! Развива́йте(сь)!

развѝть(ся): **РАЗ/ВЬЍ-(СЯ)** *(perf.)* (развива́й-(ся)), что? кого? develop; (develop oneself, grow).
разовью́(сь), разовьёшь(ся), раозвьёт(ся), разовьём(ся), разовьёте(сь), разовью́т(ся)
развѝл(ся), развила́(сь), развѝло(сь), развѝли(сь). Развѐй(ся)!
Развѐйте(сь)!

разгиба́ть: **РАЗГИБА́Й-** *(imperf.)* (разогну́-), что? unbend, straighten out.
разгиба́ю, разгиба́ешь, разгиба́ет, разгиба́ем, разгиба́ете, разгиба́ют
разгиба́л, разгиба́ла, разгиба́ло, разгиба́ли. Разгиба́й/те!

разгля́дывать: **РАЗГЛЯ́ДЫВАЙ-** *(imperf.)* (разгляде́-), что? кого? examine, look over.
разгля́дываю, разгля́дываешь, разгля́дывает, разгля́дываем, разгля́дываете, разгля́дывают
разгля́дывал, разгля́дывала, разгля́дывало, разгля́дывали.
Разгля́дывай/те!

разгляде́ть: **РАЗГЛЯДЕ́-** *(perf.)* (разгля́дывай-), что? кого? examine, look over.
разгляжу́, разглядѝшь, разглядѝт, разглядѝм, разглядѝте, разглядя́т
разгляде́л, разгляде́ла, разгляде́ло, разгляде́ли. Разгляди́/те!

разгова́ривать: **РАЗГОВА́РИВАЙ-** *(imperf.)* о чём? о ком? с кем? have a talk, converse.
разгова́риваю, разгова́риваешь, разгова́ривает, разгова́риваем, разгова́риваете, разгова́ривают
разгова́ривал, разгова́ривала, разгова́ривало, разгова́ривали.
Разгова́ривай/те!

разгора́ться: **РАЗГОРА́Й-СЯ** *(imperf.)* (разгоре́-ся), flame up, flare up.
[3rd person only.] разгора́ется, разгора́ются
разгора́лся, разгора́лась, разгора́лось, разгора́лись.

разгоре́ться: **РАЗГОРЕ́-СЯ** *(perf.)* (разгора́й-ся), flame up, flare up.
[3rd person only.] разгорѝт(ся), разгоря́т(ся)
разгоре́л(ся), разгоре́ла(сь), разгоре́ло(сь), разгоре́ли(сь).

раздева́ть(ся): **РАЗДЕВА́Й-(СЯ)** *(imperf.)* (разде́<u>н</u>-(ся)), что? кого? undress; (get undressed, take off one's coat).

> раздева́ю(сь), раздева́ешь(ся), раздева́ет(ся), раздева́ем(ся), раздева́ете(сь), раздева́ют(ся)
>
> раздева́л(ся), раздева́ла(сь), раздева́ло(сь), раздева́ли(сь).
> Раздева́й(ся)! Раздева́йте(сь)!

разделѝ́ть: **РАЗДЕЛ<u>И</u>-** *(perf.)* (дел<u>и</u>- and раздел<u>я́й</u>-), что? divide up, share.

> разделю́, разде́лишь, разде́лит, разде́лим, разде́лите, разде́лят
> раздели́л, раздели́ла, раздели́ло, раздели́ли. Раздели́/те!

раздели́ться: **РАЗДЕЛ<u>И</u>-СЯ** *(perf.)* (дел<u>и</u>-ся and раздел<u>я́й</u>-ся), на что? divide (into).

> разделю́сь, разде́лишься, разде́лится, разде́лимся, разде́литесь, разде́лятся
> раздели́лся, раздели́лась, раздели́лось, раздели́лись.
> Раздели́/тесь!

разделя́ть: **РАЗДЕЛ<u>Я́Й</u>-**(*imperf.*) (раздел<u>и</u>-), что? divide up, share.

> разделя́ю, разделя́ешь, разделя́ет, разделя́ем, разделя́ете, разделя́ют
> разделя́л, разделя́ла, разделя́ло, разделя́ли. Разделя́й/те!

разделя́ться: **РАЗДЕЛ<u>Я́Й</u>-СЯ** (*imperf.*) (раздел<u>и</u>-ся), на что? divide (into).

> разделя́юсь, разделя́ешься, разделя́ется, разделя́емся, разделя́етесь, разделя́ются
> разделя́лся, разделя́лась, разделя́лось, разделя́лись. Разделя́йся!
> разделя́йтесь!

разде́ть(ся): **РАЗДЕ́<u>Н</u>-(СЯ)** *(perf.)* (раздева́<u>й</u>-(ся)), что? кого? undress; (get undressed, take off one's coat).

> разде́ну(сь), разде́нешь(ся), разде́нет(ся), разде́нем(ся), разде́нете(сь), разде́нут(ся)
> разде́л(ся), разде́ла(сь), разде́ло(сь), разде́ли(сь). Разде́нь(ся)!
> Разде́ньте(сь)!

разду́мать: **РАЗДУ́М<u>АЙ</u>-** *(perf.)* (разду́мыв<u>ай</u>-), change one's mind.

> разду́маю, разду́маешь, разду́мает, разду́маем, разду́маете, разду́мают
> разду́мал, разду́мала, разду́мало, разду́мали. Разду́май/те!

разду́мывать: **РАЗДУ́МЫВ<u>АЙ</u>-** *(imperf.)* (разду́м<u>ай</u>-), change one's mind; mediate, deliberate.

> разду́мываю, разду́мываешь, разду́мывает, разду́мываем, разду́мываете, разду́мывают
> разду́мывал, разду́мывала, разду́мывало, разду́мывали.
> Разду́мывай/те!

различа́ть(ся): **РАЗЛИЧА́Й-(СЯ)** *(imperf.)* (различи́-(ся)), что? кого?
   distinguish from, differentiate from; (чем? по чему? distinguish oneself;
   differ from).
   различа́ю(сь), различа́ешь(ся), различа́ет(ся), различа́ем(ся),
   различа́ете(сь), различа́ют(ся)
   различа́л(ся), различа́ла(сь), различа́ло(сь), различа́ли(сь).
   Различа́й(ся)! Различа́йте(сь)!

различи́ть(ся): **РАЗЛИЧИ́-(СЯ)** *(perf.)* (различа́й-(ся)), что? кого?
   distinguish from, differentiate from; (чем? по чему? distinguish oneself;
   differ from).
   различу́(сь), различи́шь(ся), различи́т(ся), различи́м(ся),
   различи́те(сь), различа́т(ся)
   различи́л(ся), различи́ла(сь), различи́ло(сь), различи́ли(сь).
   Различи́/те(сь)!

разлуча́ть(ся): **РАЗЛУЧА́Й-(СЯ)** *(imperf.)* (разлучи́-(ся)), что? кого? с
   кем? separate, part; (be separated).
   разлуча́ю(сь), разлуча́ешь(ся), разлуча́ет(ся), разлуча́ем(ся),
   разлуча́ете(сь), разлуча́ют(ся)
   разлуча́л(ся), разлуча́ла(сь), разлуча́ло(сь), разлуча́ли(сь).
   Разлуча́й(ся)! Разлуча́йте(сь)!

разлучи́ть(ся): **РАЗЛУЧИ́-(СЯ)** *(perf.)* (разлуча́й-(ся)), что? кого? с кем?
   separate, part; (be separated).
   разлучу́(сь), разлучи́шь(ся), разлучи́т(ся), разлучи́м(ся),
   разлучи́те(сь), разлуча́т(ся)
   разлучи́л(ся), разлучи́ла(сь), разлучи́ло(сь), разлучи́ли(сь).
   Разлучи́/те(сь)!

разлюби́ть: **РАЗЛЮБИ́-** *(perf. only)* что? кого? fall out of love.
   разлюблю́, разлю́бишь, разлю́бит, разлю́бим, разлю́бите, разлю́бят
   разлюби́л, разлюби́ла, разлюби́ло, разлюби́ли. Разлюби́/те!

разме́нивать: **РАЗМЕ́НИВАЙ-** *(imperf.)* (разменя́й-), что? change (money).
   разме́ниваю, разме́ниваешь, разме́нивает, разме́ниваем,
   разме́ниваете, разме́нивают
   разме́нивал, разме́нивала, разме́нивало, разме́нивали. Разме́нивай/те!

разменя́ть: **РАЗМЕНЯ́Й-** *(perf.)* (разме́нивай-), что? change (money).
   разменя́ю, разменя́ешь, разменя́ет, разменя́ем, разменя́ете, разменя́ют
   разменя́л, разменя́ла, разменя́ло, разменя́ли. Разменя́й/те!

размести́ть(ся): **РАЗМЕСТИ́-(СЯ)** *(perf.)* (размеща́й-(ся)), что? кого? куда?
   put, place, accommodate (oneself).
   размещу́(сь), размести́шь(ся), размести́т(ся), размести́м(ся),
   размести́те́(сь), разместа́т(ся)
   размести́л(ся), размести́ла́(сь), размести́ло́(сь), размести́ли(сь).
   Размести́(сь)! Размести́те́(сь)!

размещáть(ся): **РАЗМЕЩÁЙ-(СЯ)** *(imperf.)* (размести́-(ся)), что? кого? куда? put, place, accommodate (oneself).
размещáю(сь), размещáешь(ся), размещáет(ся), размещáем(ся), размещáетé(сь), размещáют(ся)
размещáл(ся), размещáла(сь), размещáло(сь), размещáли(сь).
Размещáй(ся)! Размещáйте(сь)!

размывáть: **РАЗМЫВÁЙ-** *(imperf.)* (размо́й-), что? wash away, erode.
размывáю, размывáешь, размывáет, размывáем, размывáете, размывáют
размывáл, размывáла, размывáло, размывáли. Размывáй/те!

размы́ть: **РАЗМО́Й-** *(perf.)* (размывáй-), что? wash away, erode.
размо́ю, размо́ешь, размо́ет, размо́ем, размо́ете, размо́ют
размы́л, размы́ла, размы́ло, размы́ли. Размо́й/те!

размышля́ть: **РАЗМЫШЛЯ́Й-** *(imperf.)* о чём? о ком? над чем? think, meditate (on).
размышля́ю, размышля́ешь, размышля́ет, размышля́ем, размышля́ете, размышля́ют
размышля́л, размышля́ла, размышля́ло, размышля́ли.
Размышля́й/те!

разогну́ть: **РАЗОГНУ́-** *(perf.)* (разгибáй-), что? unbend, straighten out.
разогну́, разогнёшь, разогнёт, разогнём, разогнёте, разогну́т
разогну́л, разогну́ла, разогну́ло, разогну́ли. Разогни́/те!

^x
разойти́сь: *(irreg.)* *(perf.)* (расходи́-ся), куда? go in different directions, split up; с чем? с кем? break up, get divorced.
разойду́сь, разойдёшься, разойдётся, разойдёмся, разойдётесь, разойду́тся
разошёлся, разошла́сь, разошло́сь, разошли́сь. Разойди́/тесь!

разрабáтывать: **РАЗРАБÁТЫВАЙ-** *(imperf.)* (разрабóтай-), что? cultivate, work out.
разрабáтываю, разрабáтываешь, разрабáтывает, разрабáтываем, разрабáтываете, разрабáтывают
разрабáтывал, разрабáтывала, разрабáтывало, разрабáтывали.
Разрабáтывай/те!

разрабóтать: **РАЗРАБО́ТАЙ-** *(perf.)* (разрабáтывай-), что? cultivate, work out.
разрабóтаю, разрабóтаешь, разрабóтает, разрабóтаем, разрабóтаете, разрабóтают
разрабóтал, разрабóтала, разрабóтало, разрабóтали.
Разрабóтай/те!

разражáться: **РАЗРАЖÁЙ-СЯ** *(imperf.)* (разрази́-сь), чем? burst out, break out.
разражáюсь, разражáешься, разражáется, разражáемся, разражáетесь, разражáются
разражáлся, разражáлась, разражáлось, разражáлись. Разражáйся!
Разражáйтесь!

разразиться: **РАЗРАЗ<u>И</u>-СЯ** *(perf.)* (разраж<u>а́й</u>-ся), чем? burst out, break out.
   разражу́сь, разрази́шься, разрази́тся, разрази́мся, разрази́тесь,
   разразя́тся
   разрази́лся, разрази́лась, разрази́лось, разрази́лись. Разрази́/тесь!

разре́зать: **РАЗРЕ́ЗА-** *(perf.)* (ре́з<u>а</u>-), что? cut, slice.
   разре́жу, разре́жешь, разре́жет, разре́жем, разре́жете, разре́жут
   разре́зал, разре́зала, разре́зало, разре́зали. Разре́жь/те!

разреша́ть: **РАЗРЕШ<u>А́Й</u>-** *(imperf.)* (разреш<u>и́</u>-), что? кому? allow, permit.
   разреша́ю, разреша́ешь, разреша́ет, разреша́ем, разреша́ете,
   разреша́ют
   разреша́л, разреша́ла, разреша́ло, разреша́ли. Разреша́й/те!

разреши́ть: **РАЗРЕШ<u>И́</u>-** *(perf.)* (разреш<u>а́й</u>-), что? кому? allow, permit.
   разрешу́, разреши́шь, разреши́т, разреши́м, разреши́те, разреша́т
   разреши́л, разреши́ла, разреши́ло, разреши́ли. Разреши́/те!

разруша́ть(ся): **РАЗРУШ<u>А́Й</u>-(СЯ)** *(imperf.)* (разру́ш<u>и</u>-(ся)), что? destroy;
   (crumble, disintegrate).
   разруша́ю(сь), разруша́ешь(ся), разруша́ет(ся), разруша́ем(ся),
   разруша́ете(сь), разруша́ют(ся)
   разруша́л(ся), разруша́ла(сь), разруша́ло(сь), разруша́ли(сь).
   Разруша́й(ся)! Разруша́йте(сь)!

разру́шить(ся): **РАЗРУ́Ш<u>И</u>-(СЯ)** *(perf.)* (разруш<u>а́й</u>-(ся)), что? destroy;
   (crumble, disintegrate).
   разру́шу(сь), разру́шишь(ся), разру́шит(ся), разру́шим(ся),
   разру́шите(сь), разру́шат(ся)
   разру́шил(ся), разру́шила(сь), разру́шило(сь), разру́шили(сь).
   Разру́шь(ся)! Разру́шьте(сь)!

разу́чивать: **РАЗУ́ЧИВ<u>А́Й</u>-** *(imperf.)* (разучи̽-), что? learn.
   разу́чиваю, разу́чиваешь, разу́чивает, разу́чиваем, разу́чиваете,
   разу́чивают
   разу́чивал, разу́чивала, разу́чивало, разу́чивали. Разу́чивай/те!

разучи́ть: **РАЗУ̽Ч<u>И</u>-** *(perf.)* (разу́чив<u>а́й</u>-), что? learn.
   разучу́, разу́чишь, разу́чит, разу́чим, разу́чите, разу́чат
   разучи́л, разучи́ла, разучи́ло, разучи́ли. Разучи́/те!

разъезжа́ться: **РАЗЪЕЗЖ<u>А́Й</u>-СЯ** *(imperf.)* (**разъе́хаться**), куда? go in
   different directions, disperse (by vehicle).
   разъезжа́юсь, разъезжа́ешься, разъезжа́ется, разъезжа́емся,
   разъезжа́етесь, разъезжа́ются
   разъезжа́лся, разъезжа́лась, разъезжа́лось, разъезжа́лись.
   Разъезжа́йся! Разъезжа́йтесь!

разъе́хаться: *(irreg.)* *(perf.)* (разъезжа́й-ся), куда? go in different directions, disperse (by vehicle).
разъе́дусь, разъе́дешься, разъе́дется, разъе́демся, разъе́детесь, разъе́дутся
разъе́хался, разъе́халась, разъе́халось, разъе́хались. (Разъезжа́йся! Разъезжа́йтесь!)

разъясни́ть: **РАЗЪЯСНИ́-** *(perf.)* (разъясня́й-), что? кому? explain, clarify (to).
разъясню́, разъясни́шь, разъясни́т, разъясни́м, разъясни́те, разъясня́т
разъясни́л, разъясни́ла, разъясни́ло, разъясни́ли. Разъясни́/те!

разъясня́ть: **РАЗЪЯСНЯ́Й-** *(imperf.)* (разъясни́-), что? кому? explain, clarify (to).
разъясня́ю, разъясня́ешь, разъясня́ет, разъясня́ем, разъясня́ете, разъясня́ют
разъясня́л, разъясня́ла, разъясня́ло, разъясня́ли. Разъясня́й/те!

расколо́ть: **РАСКОЛО̲-** (perf.) (коло̲-), что? чем? split, break; stick stab.
расколю́, раско́лешь, раско́лет, раско́лем, раско́лете, раско́лют
расколо́л, расколо́ла, расколо́ло, расколо́ли. Расколи́/те!

раскрыва́ть: **РАСКРЫВА́Й-** *(imperf.)* (раскро́й-), что? open up.
раскрыва́ю, раскрыва́ешь, раскрыва́ет, раскрыва́ем, раскрыва́ете, раскрыва́ют
раскрыва́л, раскрыва́ла, раскрыва́ло, раскрыва́ли. Раскрыва́й/те!

раскры́ть: **РАСКРО́Й-** *(perf.)* (раскры́вай-), что? open up.
раскро́ю, раскро́ешь, раскро́ет, раскро́ем, раскро́ете, раскро́ют
раскры́л, раскры́ла, раскры́ло, раскры́ли. Раскро́й/те!

раскупа́ть: **РАСКУПА̲Й-** *(imperf.)* (раскупи̲-), что? buy up.
раскупа́ю, раскупа́ешь, раскупа́ет, раскупа́ем, раскупа́ете, раскупа́ют
раскупа́л, раскупа́ла, раскупа́ло, раскупа́ли. Раскупа́й/те!

раскупи́ть: **РАСКУПИ̲-** *(perf.)* (раскупа̲й-), что? buy up.
раскуплю́, раску́пишь, раску́пит, раску́пим, раску́пите, раску́пят
раскупи́л, раскупи́ла, раскупи́ло, раскупи́ли. Раскупи́/те!

распеча́тать: **РАСПЕЧА́ТАЙ-** *(perf.)* (распеча́тывай-), что? unseal, open.
распеча́таю, распеча́таешь, распеча́тает, распеча́таем, распеча́таете, распеча́тают
распеча́тал, распеча́тала, распеча́тало, распеча́тали. Распеча́тай/те!

распеча́тывать: **РАСПЕЧА́ТЫВАЙ-** *(imperf.)* (распеча́тай-), что? unseal, open.
распеча́тываю, распеча́тываешь, распеча́тывает, распеча́тываем, распеча́тываете, распеча́тывают
распеча́тывал, распеча́тывала, распеча́тывало, распеча́тывали. Распеча́тывай/те!

расписа́ться: **РАСПИС<u>А́</u>-СЯ** *(perf.)* (распи́сыв<u>ай</u>-ся), в чём? sign one's name; register a marriage.
распишу́сь, распи́шешься, распи́шется, распи́шемся, распи́шетесь, распи́шутся
расписа́лся, расписа́лась, расписа́лось, расписа́лись.
Распиши́/тесь!

распи́сываться: **РАСПИ́СЫВ<u>АЙ</u>-СЯ** *(imperf.)* (распис<u>а́</u>-ся), в чём? sign one's name; register a marriage.
распи́сываюсь, распи́сываешься, распи́сывается, распи́сываемся, распи́сываетесь, распи́сываются
распи́сывался, распи́сывалась, распи́сывалось, распи́сывались.
Распи́сывайся! Распи́сывайтесь!

располага́ть: **РАСПОЛАГ<u>А́Й</u>-** *(imperf.)* (располож<u>и</u>-), что? кого? куда? place, arrange.
располага́ю, располага́ешь, располага́ет, располага́ем, располага́ете, располага́ют
располага́л, располага́ла, располага́ло, располага́ли.
Располага́й/те!

располага́ться: **РАСПОЛАГ<u>А́Й</u>-СЯ** *(imperf.)* (располож<u>и</u>-ся), где? be located, be situated.
располага́юсь, располага́ешься, располага́ется, располага́емся, располага́етесь, располага́ются
располага́лся, располага́лась, располага́лось, располага́лись.
Располага́йся! Располага́йтесь!

расположи́ть: **РАСПОЛОЖ<u>И́</u>-** *(perf.)* (располаг<u>а́й</u>-), что? кого? куда? place, arrange.
расположу́, располо́жишь, располо́жит, располо́жим, располо́жите, располо́жат
расположи́л, расположи́ла, расположи́ло, расположи́ли.
Расположи́/те!

расположи́ться: **РАСПОЛОЖ<u>И́</u>-СЯ** *(perf.)* (располаг<u>а́й</u>-ся), где? be located, be situated.
расположу́сь, располо́жишься, располо́жится, располо́жимся, располо́житесь, располо́жатся
расположи́лся, расположи́лась, расположи́лось, расположи́лись.
Расположи́/тесь!

распространя́ть(ся): **РАСПРОСТРАН<u>Я́Й</u>-(СЯ)** *(imperf.)* (распростран<u>и́</u>-(ся)), что? кого? spread, disseminate, propagate; (spread, extend).
распространя́ю(сь), распространя́ешь(ся), распространя́ет(ся), распространя́ем(ся), распространя́ете(сь), распространя́ют(ся)
распространя́л(ся), распространя́ла(сь), распространя́ло(сь), распространя́ли(сь). Распространя́й(ся)! Распространя́йте(сь)!

распространи́ть(ся): **РАСПРОСТРАНИ́-(СЯ)** *(perf.)* (распростран<u>я́й</u>-(ся)), что? кого? spread, disseminate, propagate; (spread, extend).
распространю́(сь), распространи́шь(ся), распространи́т(ся),
распространи́м(ся), распространи́те(сь), распространя́т(ся)
распространи́л(ся), распространи́ла(сь), распространи́ло(сь),
распространи́ли(сь). Распространи́/те(сь)!

рассерди́ть(ся): **РАССЕРДИ́-(СЯ)** *(perf.)* (серди-(ся)), что? кого? anger; (на что? на кого? be angry, get angry at).
рассержу́(сь), рассе́рдишь(ся), рассе́рдит(ся), рассе́рдим(ся),
рассе́рдите(сь), рассе́рдят(ся)
рассерди́л(ся), рассерди́ла(сь), рассерди́ло(сь), рассерди́ли(сь).
Рассерди́/те(сь)!

рассказа́ть: **РАССКАЗ<u>А́</u>-** *(perf.)* (расска́зывай-), что? relate, say, tell.
расскажу́, расска́жешь, расска́жет, расска́жем, расска́жете,
расска́жут
рассказа́л, рассказа́ла, рассказа́ло, рассказа́ли. Расскажи́/те!

расска́зывать: **РАССКА́ЗЫВ<u>АЙ</u>-** *(imperf.)* (расска<u>з</u>а-), что? relate, say, tell.
расска́зываю, расска́зываешь, расска́зывает, расска́зываем,
расска́зываете, расска́зывают
расска́зывал, расска́зывала, расска́зывало, расска́зывали.
Расска́зывай/те!

рассма́тривать: **РАССМА́ТРИВ<u>АЙ</u>-** *(imperf.)* (рассмотр<u>е</u>-), что? кого? examine, look over; consider.
рассма́триваю, рассма́триваешь, рассма́тривает, рассма́триваем,
рассма́триваете, рассма́тривают
рассма́тривал, рассма́тривала, рассма́тривало, рассма́тривали.
Рассма́тривай/те!

рассмотре́ть: **РАССМОТР<u>Е́</u>-** *(perf.)* (рассма́трив<u>ай</u>-), что? кого? examine, look over; consider.
рассмотрю́, рассмо́тришь, рассмо́трит, рассмо́трим, рассмо́трите,
рассмо́трят
рассмотре́л, рассмотре́ла, рассмотре́ло, рассмотре́ли.
Рассмотри́/те!

расспра́шивать: **РАССПРА́ШИВ<u>АЙ</u>-** *(imperf.)* (расспрос<u>и</u>-), что? кого? (о чём? о ком?) question, inquire (about).
расспра́шиваю, расспра́шиваешь, расспра́шивает, расспра́шиваем,
расспра́шиваете, расспра́шивают
расспра́шивал, расспра́шивала, расспра́шивало, расспра́шивали.
Расспра́шивай/те!

расспроси́ть: **РАССПРОС<u>И́</u>-** *(perf.)* (расспра́шив<u>ай</u>-), что? кого? (о чём? о ком?) question, inquire (about).
расспрошу́, расспро́сишь, расспро́сит, расспро́сим, расспро́сите,
расспро́сят
расспроси́л, расспроси́ла, расспроси́ло, расспроси́ли.
Расспроси́/те!

расставáться: **РАССТАВÁЙ-СЯ** *(imperf.)* (расстáн-ся), с чем? с кем? part (with), take leave of.

расстаю́сь, расстаёшься, расстаётся, расстаёмся, расстаётесь, расстаю́тся

расставáлся, расставáлась, расставáлось, расставáлись. Расставáйся! Расставáйтесь!

расстáвить: **РАССТÁВИ-** *(perf.)* (расставля́й-), что? кого? place about, arrange.

расстáвлю, расстáвишь, расстáвит, расстáвим, расстáвите, расстáвят

расстáвил, расстáвила, расстáвило, расстáвили. Расстáвь/те!

расставля́ть: **РАССТАВЛЯ́Й-** *(imperf.)* (расстáви-), что? кого? place about, arrange.

расставля́ю, расставля́ешь, расставля́ет, расставля́ем, расставля́ете, расставля́ют

расставля́л, расставля́ла, расставля́ло, расставля́ли. Расставля́й/те!

расстáться: **РАССТÁН-СЯ** *(perf.)* (расставáй-ся), с чем? с кем? part (with), take leave of.

расстáнусь, расстáнешься, расстáнется, расстáнемся, расстáнетесь, расстáнутся

расстáлся, расстáлась, расстáлось, расстáлись. Расстáнься! Расстáньтесь!

расстрáивать(ся): **РАССТРÁИВАЙ-(СЯ)** *(imperf.)* (расстрóи-(ся)), что? кого? upset; (от чего? be upset, be distraught).

расстрáиваю(сь), расстрáиваешь(ся), расстрáивает(ся), расстрáиваем(ся), расстрáиваете(сь), расстрáивают(ся)

расстрáивал(ся), расстрáивала(сь), расстрáивало(сь), расстрáивали(сь). Расстрáивай(ся)! Расстрáивайте(сь)!

расстрóить(ся): **РАССТРÓИ-(СЯ)** *(perf.)* (расстрáивай-ся), что? кого? upset; (от чего? be upset, be distraught).

расстрóю(сь), расстрóишь(ся), расстрóит(ся), расстрóим(ся), расстрóите(сь), расстрóят(ся)

расстрóил(ся), расстрóила(сь), расстрóило(сь), расстрóили(сь). Расстрóй(ся)! Расстрóйте(сь)!

рассуди́ть: **РАССУДИ́-** *(perf.)* (рассужда́й-), что? кого? judge, arbitrate; consider, decide.

рассужу́, рассу́дишь, рассу́дит, рассу́дим, рассу́дите, рассу́дят
рассуди́л, рассуди́ла, рассуди́ло, рассуди́ли. Рассуди́/те!

рассужда́ть: **РАССУЖДÁЙ-** *(imperf.)* (рассуди́-), что? кого? judge, arbitrate; consider, decide.

рассужда́ю, рассужда́ешь, рассужда́ет, рассужда́ем, рассужда́ете, рассужда́ют

рассужда́л, рассужда́ла, рассужда́ло, рассужда́ли. Рассужда́й/те!

рассчита́ть: **РАССЧИТА́Й-** *(perf.)* (рассчи́тыв<u>ай</u>-), на что? на кого? intend, design.
    рассчита́ю, рассчита́ешь, рассчита́ет, рассчита́ем, рассчита́ете, рассчита́ют
    рассчита́л, рассчита́ла, рассчита́ло, рассчита́ли. Рассчита́й/те!

рассчи́тывать: **РАССЧИ́ТЫВА<u>Й</u>-** *(imperf.)* (рассчита́й-), на что? на кого? intend, design.
    рассчи́тываю, рассчи́тываешь, рассчи́тывает, рассчи́тываем, рассчи́тываете, рассчи́тывают
    рассчи́тывал, рассчи́тывала, рассчи́тывало, рассчи́тывали. рассчи́тывай/те!

раста́ять: **РАСТА́<u>Я</u>-** *(perf.)* (та́<u>я</u>-), melt.
    раста́ю, раста́ешь, раста́ет, раста́ем, раста́ете, раста́ют
    раста́ял, раста́яла, раста́яло, раста́яли. Раста́й/те!

расти́: *(irreg.)* *(imperf.)* **(вы́расти)**, grow, grow up.
    расту́, растёшь, растёт, растём, растёте, расту́т
    ро́с, росла́, росло́, росли́. Расти́/те!

расходи́ться: **РАСХОДИ́-СЯ** *(imperf.)* **(разойти́сь)**, куда? go in different directions, split up; с чем? с кем? break up, get divorced.
    расхожу́сь, расхо́дишься, расхо́дится, расхо́димся, расхо́дитесь, расхо́дятся
    расходи́лся, расходи́лась, расходи́лось, расходи́лись. Расходи́/тесь!

расхоте́ть: *(irreg.)* *(perf.)* что? кого? not want anymore.
    расхочу́, расхо́чешь, расхо́чет, расхоти́м, расхоти́те, расхотя́т
    расхоте́л, расхоте́ла, расхоте́ло, расхоте́ли. [No imperative]

расцвести́: **РАСЦВЁТ⁻-**(*perf.*) (цвёт⁻-), flower, bloom.
    расцвету́, расцветёшь, расцветёт, расцветём, расцветёте, расцвету́т
    расцвёл, расцвела́, расцвело́, расцвели. Расцвети́/те!

расши́рить(ся): **РАСШИ́РИ-(СЯ)** *(perf.)* (расширя́й-(ся)), что? widen; (expand).
    расши́рю(сь), расши́ришь(ся), расши́рит(ся), расши́рим(ся), расши́рите(сь), расши́рят(ся)
    расши́рил(ся), расши́рила(сь), расши́рило(сь), расши́рили(сь). Расши́рь(ся)! Расши́рьте(сь)!

расширя́ть(ся): **РАСШИРЯ́Й-(СЯ)** *(imperf.)* (расши́ри-(ся)), что? widen; (expand).
    расширя́ю(сь), расширя́ешь(ся), расширя́ет(ся), расширя́ем(ся), расширя́ете(сь), расширя́ют(ся)
    расширя́л(ся), расширя́ла(сь), расширя́ло(сь), расширя́ли(сь). Расширя́й(ся)! Расширя́йте(сь)!

рва́ть: **РВ<u>А</u>-** *(imperf.)* (со-рв<u>а</u>-), что? tear, pick, pull.
    рву́, рвёшь, рвёт, рвём, рвёте, рву́т
    рва́л, рвала́, рва́ло, рва́ли. Рви/те!

реабилити́ровать: **РЕАБИЛИТИ́РОВА**- *(imperf. and perf.)* что? кого? rehabilitate.
    реабилити́рую, реабилити́руешь, реабилити́рует, реабилити́руем, реабилити́руете, реабилити́руют
    реабилити́ровал, реабилити́ровала, реабилити́ровало, реабилити́ровали. Реабилити́руй/те!

реаги́ровать: **РЕАГИ́РОВА**- *(imperf. and perf.)* на что? react (to).
    реаги́рую, реаги́руешь, реаги́рует, реаги́руем, реаги́руете, реаги́руют
    реаги́ровал, реаги́ровала, реаги́ровало, реаги́ровали. Реаги́руй/те!

ре́зать: **РЕ́ЗА**- *(imperf.)* (разре́за-), что? cut, slice.
    ре́жу, ре́жешь, ре́жет, ре́жем, ре́жете, ре́жут
    ре́зал, ре́зала, ре́зало, ре́зали. Ре́жь/те!

рекомендова́ть: **РЕКОМЕНДОВА́**- *(imperf.)* (порекомендова́-), что? кого? кому? recommend (to).
    рекоменду́ю, рекоменду́ешь, рекоменду́ет, рекоменду́ем, рекоменду́ете, рекоменду́ют
    рекомендова́л, рекомендова́ла, рекомендова́ло, рекомендова́ли. Рекоменду́й/те!

реставри́ровать: **РЕСТАВРИ́РОВА**- *(imperf. and perf.)* что? restore.
    реставри́рую, реставри́руешь, реставри́рует, реставри́руем, реставри́руете, реставри́руют
    реставри́ровал, реставри́ровала, реставри́ровало, реставри́ровали. Реставри́руй/те!

рецензи́ровать: **РЕЦЕНЗИ́РОВА**- *(imperf.)* (прорецензи́рова-), что? review, critique.
    рецензи́рую, рецензи́руешь, рецензи́рует, рецензи́руем, рецензи́руете, рецензи́руют
    рецензи́ровал, рецензи́ровала, рецензи́ровало, рецензи́ровали. Рецензи́руй/те!

реша́ть: **РЕША́Й**- *(imperf.)* (реши́-), что? work on, solve, decide.
    реша́ю, реша́ешь, реша́ет, реша́ем, реша́ете, реша́ют
    реша́л, реша́ла, реша́ло, реша́ли. Реша́й/те!

реша́ться: **РЕША́Й-СЯ** *(imperf.)* (реши́-ся), на что? make up one's mind, resolve, bring oneself to do something.
    реша́юсь, реша́ешься, реша́ется, реша́емся, реша́етесь, реша́ются
    реша́лся, реша́лась, реша́лось, реша́лись. Реша́йся! Реша́йтесь!

реши́ть: **РЕШИ́**- *(perf.)* (реша́й-), что? solve, decide.
    решу́, реши́шь, реши́т, реши́м, реши́те, реша́т
    реши́л, реши́ла, реши́ло, реши́ли. Реши́/те!

решиться: **РЕШИ́-СЯ** *(perf.)* (реша́й-ся), на что? make up one's mind, resolve, bring oneself to do something.
 решу́сь, реши́шься, реши́тся, реши́мся, реши́тесь, реша́тся
 реши́лся, реши́лась, реши́лось, реши́лись. Реши́/тесь!

рисова́ть: **РИСОВА́-** *(imperf.)* (нарисова́-), что? кого? draw.
 рису́ю, рису́ешь, рису́ет, рису́ем, рису́ете, рису́ют
 рисова́л, рисова́ла, рисова́ло, рисова́ли. Рису́й/те!

робе́ть: **РОБЕ́Й-** *(imperf.)* (оробе́й-), перед чем? перед кем? be shy.
 робе́ю, робе́ешь, робе́ет, робе́ем, робе́ете, робе́ют
 робе́л, робе́ла, робе́ло, робе́ли. Робе́й/те!

роди́ть(ся): **РОДИ́-(СЯ)** *(perf.)* (рожда́й-(ся)), что? кого? give birth; (be born).
 рожу́сь, роди́шься, роди́тся, роди́мся, роди́тесь, рожа́тся
 роди́лся, роди́ла́сь, роди́ло́сь, роди́ли́сь. Роди́/тесь!

рожда́ть(ся): **РОЖДА́Й-(СЯ)** *(imperf.)* (роди́-(ся)), что? кого? give birth; (be born).
 рожда́ю(сь), рожда́ешь(ся), рожда́ет(ся), рожда́ем(ся), рожда́ете(сь), рожда́ют(ся)
 рожда́л(ся), рожда́ла(сь), рожда́ло(сь), рожда́ли(сь). Рожда́й(ся)! Рожда́йте(сь)!

роня́ть: **РОНˣЯ́Й-** *(imperf.)* (урони́-), что? куда? drop.
 роня́ю, роня́ешь, роня́ет, роня́ем, роня́ете, роня́ют
 роня́л, роня́ла, роня́ло, роня́ли. Роня́й/те!

ропта́ть: **РОПТˣА́-** *(imperf.)* на что? на кого? murmur, grumble (at).
 ропщу́, ро́пщешь, ро́пщет, ро́пщем, ро́пщете, ро́пщут
 ропта́л, ропта́ла, ропта́ло, ропта́ли. Ропщи́/те!

руководи́ть: **РУКОВОДИ́-** *(imperf.)* чем? кем? lead, direct.
 руковожу́, руководи́шь, руководи́т, руководи́м, руководи́те, руководя́т
 руководи́л, руководи́ла, руководи́ло, руководи́ли. Руководи́/те!

рыда́ть: **РЫДА́Й-** *(imperf.)* от чего? sob.
 рыда́ю, рыда́ешь, рыда́ет, рыда́ем, рыда́ете, рыда́ют
 рыда́л, рыда́ла, рыда́ло, рыда́ли. Рыда́й/те!

Сс

сади́ться: **САДИ́-СЯ** *(imperf.)* (сесть), куда? sit down.
 сажу́сь, сади́шься, сади́тся, сади́мся, сади́тесь, садя́тся
 сади́лся, сади́лась, сади́лось, сади́лись. Сади́/тесь!

сажа́ть: **САЖ<u>А́Й</u>**- *(imperf.)* (посади-)[x], что? куда? где? plant; что? кого? куда? seat.
    сажа́ю, сажа́ешь, сажа́ет, сажа́ем, сажа́ете, сажа́ют
    сажа́л, сажа́ла, сажа́ло, сажа́ли. Сажа́й/те!

сберега́ть: **СБЕРЕГ<u>А́Й</u>**- *(imperf.)* (сберё<u>г</u>-), что? кого? protect, save.
    сберега́ю, сберега́ешь, сберега́ет, сберега́ем, сберега́ете, сберега́ют
    сберега́л, сберега́ла, сберега́ло, сберега́ли. Сберега́й/те!

сбере́чь: **СБЕРЁ<u>Г</u>-**-*(perf.)* (сберег<u>а́й</u>- or берё<u>г</u>-), что? кого? guard, take care of, look after.
    сберегу́, сбережёшь, сбережёт, сбережём, сбережёте, сберегу́т
    сберёг, сберегла́, сберегло́, сберегли́. Сбереги́/те!

свари́ть(ся): **СВАР<u>И́</u>-(СЯ)** *(perf.)* (вар<u>и́</u>-(ся)), что? boil, cook.
    сварю́(сь), сва́ришь(ся), сва́рит(ся), сва́рим(ся), сва́рите(сь), сва́рят(ся)
    свари́л(ся), свари́ла(сь,) свари́ло(сь), свари́ли(сь). Свари́/те(сь)!

сверка́ть: **СВЕРК<u>А́Й</u>**- *(imperf.)* (сверкн<u>у́</u>-), чем? twinkle, sparkle.
    сверка́ю, сверка́ешь, сверка́ет, сверка́ем, сверка́ете, сверка́ют
    сверка́л, сверка́ла, сверка́ло, сверка́ли. Сверка́й/те!

сверкну́ть: **СВЕРКН<u>У́</u>**- *(perf.)* (сверк<u>а́й</u>-), чем? twinkle, sparkle.
    сверкну́, сверкнёшь, сверкнёт, сверкнём, сверкнёте, сверкну́т
    сверкну́л, сверкну́ла, сверкну́ло, сверкну́ли. Сверкни́/те!

свести́: **СВЁД<u>-</u>**-*(perf.)* (своди-)[x], что? кого? куда? lead to; что? к чему? reduce (to).
    сведу́, сведёшь, сведёт, сведём, сведёте, сведу́т
    свёл, свела́, свело́, свели. Сведи́/те!

света́ть: **СВЕТ<u>А́Й</u>**- *(imperf.)*, get light.
    света́ю, света́ешь, света́ет, света́ем, света́ете, света́ют
    света́л, света́ла, света́ло, света́ли. Света́й/те!

свети́ть: **СВЕТ<u>И́</u>**- *(imperf.)*, куда? shine (on).
    свечу́, све́тишь, све́тит, све́тим, све́тите, све́тят
    свети́л, свети́ла, свети́ло, свети́ли. Свети́/те!

светле́ть: **СВЕТЛ<u>Е́Й</u>**- *(imperf.)*, grow light.
    светле́ю, светле́ешь, светле́ет, светле́ем, светле́ете, светле́ют
    светле́л, светле́ла, светле́ло, светле́ли. Светле́й/те!

све́шать: **СВЕ́Ш<u>АЙ</u>**- *(perf.)* (веш<u>а́й</u>-), что? (на что?) weigh (on).
    све́шаю, све́шаешь, све́шает, све́шаем, све́шаете, све́шают
    све́шал, све́шала, све́шало, све́шали. Све́шай/те!

свидетельствовать: **СВИДЕ́ТЕЛЬСТВОВА**- *(imperf.)*, о чём? testify.
свидетельствую, свидетельствуешь, свидетельствует,
свидетельствуем, свидетельствуете, свидетельствуют
свидетельствовал, свидетельствовала, свидетельствовало,
свидетельствовали. Свидетельствуй/те!

свисте́ть: **СВИСТЕ́**- *(imperf.)*, whistle.
свищу́, свисти́шь, свисти́т, свисти́м, свисти́те, свистя́т
свисте́л, свисте́ла, свисте́ло, свисте́ли. Свисти́/те!

свить(ся): **С/ВЬЙ̌-(СЯ)** *(perf.)* (вьй̌-(ся)), что? twist, weave.
совью́(сь), совьёшь(ся), совьёт(ся), совьём(ся), совьёте(сь), совью́т(ся)
сви́л(ся), свила́(сь), свило́(сь), свили́(сь). Свей(ся)! Свейте(сь)!

своди́ть: **СВОДИ́**- *(imperf.)* (свёд́-), что? кого? куда? lead to; что? к чему? reduce (to).
свожу́, сво́дишь, сво́дит, сво́дим, сво́дите, сво́дят
своди́л, своди́ла, своди́ло, своди́ли. Своди́/те!

связа́ть: **СВЯЗА́**- *(perf.)* (свя́зывай̌-), что? кого? с чем? с кем? tie together, bind; connect, associate (with).
свяжу́, свя́жешь, свя́жет, свя́жем, свя́жете, свя́жут
связа́л, связа́ла, связа́ло, связа́ли. Свяжи́/те!

свя́зывать: **СВЯ́ЗЫВАЙ̌**- *(imperf.)* (связа́-), что? кого? с чем? с кем? tie together, bind; connect, associate (with).
свя́зываю, свя́зываешь, свя́зывает, свя́зываем, свя́зываете,
свя́зывают
свя́зывал, свя́зывала, свя́зывало, свя́зывали. Свя́зывай/те!

сгоре́ть: **СГОРЕ́**- *(perf.)* (горе́-), burn, be on fire.
сгорю́, сгори́шь, сгори́т, сгори́м, сгори́те, сгоря́т
сгоре́л, сгоре́ла, сгоре́ло, сгоре́ли. Сгори́/те!

сдава́ть: **СДАВА́Й**- *(imperf.)* (**сда́ть**), что? кому? give out; take (i.e., an exam).
сдаю́, сдаёшь, сдаёт, сдаём, сдаёте, сдаю́т
сдава́л, сдава́ла, сдава́ло, сдава́ли. Сдава́й/те!

сда́ть: *(irreg.)* *(perf.)* (сдава́й-), что? кому? give out; pass (i.e., an exam).
сда́м, сда́шь, сда́ст, сдади́м, сдади́те, сдаду́т
сда́л, сдала́, сда́ло, сда́ли. Сда́й/те!

сде́лать: **СДЕ́ЛАЙ**- *(perf.)* (де́лай-), что? make, do.
сде́лаю, сде́лаешь, сде́лает, сде́лаем, сде́лаете, сде́лают
сде́лал, сде́лала, сде́лало, сде́лали. Сде́лай(те)!

сдержа́ть(ся): **СДЕРЖА́-(СЯ)** *(perf.)* (сде́рживай-(ся)), что? кого? hold back, restrain, control; (restrain oneself, control oneself).
сдержу́(сь), сде́ржишь(ся), сде́ржит(ся), сде́ржим(ся), сде́ржите(сь),
сде́ржат(ся)
сдержа́л(ся), сдержа́ла(сь), сдержа́ло(сь), сдержа́ли(сь). Сдержи́/те!

сдéрживать(ся): **СДÉРЖИВА̱Й-(СЯ)** *(imperf.)* (сдержа̱-(ся)), что? кого?
   hold back, restrain, control; (restrain oneself, control oneself).
   сдéрживаю(сь), сдéрживаешь(ся), сдéрживает(ся), сдéрживаем(ся),
   сдéрживаете(сь), сдéрживают(ся)
   сдéрживал(ся), сдéрживала(сь), сдéрживало(сь), сдéрживали(сь).
   Сдéрживай(ся)! Сдéрживайте(сь)!

сердѝть(ся): **СЕРДИ̱-(СЯ)** *(imperf.)* (рассерди̱-(ся)), что? кого? anger; (на
   что? на кого? из-за чего? из-за кого? be angry, get angry at).
   сержу́(сь), сéрдишь(ся), сéрдит(ся), сéрдим(ся), сéрдите(сь),
   сéрдят(ся)
   серди́л(ся), серди́ла(сь), серди́ло(сь), серди́ли(сь). Серди́/те(сь)!

сéсть: *(irreg.) (perf.)* (сади̱-ся), куда? sit down.
   ся́ду, ся́дешь, ся́дет, ся́дем, ся́дете, ся́дут
   сéл, сéла, сéло, сéли. Ся́дь/те!

сéять: **СÉЯ-** *(imperf.)* (посéя̱-), что? sow.
   сéю, сéешь, сéет, сéем, сéете, сéют
   сéял, сéяла, сéяло, сéяли. Сéй/те!

сжа́ть(ся): **С/Ж/М̱́-(СЯ)** *(perf.)* (сжима̱й-(ся)), что? кого? чем? press,
   squeeze; (от чего? под чем? contract, collapse, shrink).
   сожму́(сь), сожмёшь(ся), сожмёт(ся), сожмём(ся), сожмёте(сь),
   сожму́т(ся)
   сжа́л(ся), сжа́ла(сь), сжа́ло(сь), сжа́ли(сь). Сожми́/те(сь)!

сжéчь: **С/Ж/Ѓ̱-***(imperf.)* (ж/ѓ̱-), что? кого? burn.
   сожгу́, сожжёшь, сожжёт, сожжём, сожжёте, сожгу́т
   сжёг, сожгла́, сожгло́, сожгли. Сожги́/те!

сжима́ть(ся): **СЖИМА̱́Й-(СЯ)** *(imperf.)* (с/ж/м̱́-(ся)), что? кого? чем? press,
   squeeze; (от чего? под чем? contract, collapse, shrink).
   сжима́ю(сь), сжима́ешь(ся), сжима́ет(ся), сжима́ем(ся), сжима́ете́(сь),
   сжима́ют(ся)
   сжима́л(ся), сжима́ла́(сь), сжима́ло́(сь), сжима́ли́(сь). Сжима́й(ся)!
   Сжима́йте́(сь)!

сидéть: **СИДÉ-** *(imperf.),* где? be sitting.
   сижу́, сиди́шь, сиди́т, сиди́м, сиди́те, сидя́т
   сидéл, сидéла, сидéло, сидéли. Сиди́/те!

синéть: **СИНÉ̱Й-** *(imperf.)* (посинé̱й-), turn blue.
   синéю, синéешь, синéет, синéем, синéете, синéют
   синéл, синéла, синéло, синéли. Синéй/те!

сия́ть: **СИЯ̱́Й-** *(imperf.),* shine, gleam.
   сия́ю, сия́ешь, сия́ет, сия́ем, сия́ете, сия́ют
   сия́л, сия́ла, сия́ло, сия́ли. Сия́й/те!

сказа́ть: **СКАЗА́**- *(imperf.)* (говори́-), что? say, tell.

скажу́, ска́жешь, ска́жет, ска́жем, ска́жете, ска́жут
сказа́л, сказа́ла, сказа́ло, сказа́ли. Скажи́/те!

скла́дывать(ся): **СКЛА́ДЫВА́Й-(СЯ)** *(imperf.)* (сложи́-(ся)), что? pile, heap, stack; (put together, form, take shape).

скла́дываю(сь), скла́дываешь(ся), скла́дывает(ся), скла́дываем(ся),
скла́дываете(сь), скла́дывают(ся)
скла́дывал(ся), скла́дывала(сь), скла́дывало(сь), скла́дывали(сь).
Скла́дывай(ся)! Скла́дывайте(сь)!

склоня́ть(ся): **СКЛОНЯ́Й-(СЯ)** *(imperf.)* (просклоня́й-(ся)), что? decline (i.e., a noun); (be declined).

склоня́ю(сь), склоня́ешь(ся), склоня́ет(ся), склоня́ем(ся),
склоня́ете(сь), склоня́ют(ся)
склоня́л(ся), склоня́ла(сь), склоня́ло(сь), склоня́ли(сь).
Склоня́й(ся)! Склоня́йте(сь)!

скользи́ть: **СКОЛЬЗИ́**- *(imperf.)* (скользну́-), по чему? на чём? slip, slide.

скольжу́, скользи́шь, скользи́т, скользи́м, скользи́те, скользя́т
скользи́л, скользи́ла, скользи́ло, скользи́ли. Скользи́/те!

скользну́ть: **СКОЛЬЗНУ́**- *(perf.)* (скользи́-), по чему? на чём? slip, slide.

скользну́, скользнёшь, скользнёт, скользнём, скользнёте, скользну́т
скользну́л, скользну́ла, скользну́ло, скользну́ли. Скользни́/те!

сконфу́зиться: **СКОНФУ́ЗИ-СЯ** *(perf.)* (конфу́зи-), feel embarrassed.

сконфу́жусь, сконфу́зишься, сконфу́зится, сконфу́зимся,
сконфу́зитесь, сконфу́зятся
сконфу́зился, сконфу́зилась, сконфу́зилось, сконфу́зились.
Сконфу́зься! Сконфу́зьтесь!

скрипе́ть: **СКРИПЕ́**- *(imperf.)* (скри́пну-), чем? creak, squeek.

скриплю́, скрипи́шь, скрипи́т, скрипи́м, скрипи́те, скрипя́т
скрипе́л, скрипе́ла, скрипе́ло, скрипе́ли. Скрипи́/те!

скри́пнуть: **СКРИ́ПНУ**- *(perf.)* (скрипе́-), чем? creak, squeek.

скри́пну, скри́пнешь, скри́пнет, скри́пнем, скри́пнете, скри́пнут
скри́пнул, скри́пнула, скри́пнуло, скри́пнули. Скри́пни/те!

скрыва́ть: **СКРЫВА́Й**- *(imperf.)* (скро́й-), что? кого? hide, conceal.

скрыва́ю, скрыва́ешь, скрыва́ет, скрыва́ем, скрыва́ете, скрыва́ют
скрыва́л, скрыва́ла, скрыва́ло, скрыва́ли. Скрыва́й/те!

скры́ть: **СКРО́Й**- *(perf.)* (скрыва́й-), что? кого? hide, conceal.

скро́ю, скро́ешь, скро́ет, скро́ем, скро́ете, скро́ют
скры́л, скры́ла, скры́ло, скры́ли. Скро́й/те!

скуча́ть: **СКУЧА́Й**-*(imperf.)*, по чему? по кому? and по чём? по ком? miss, yearn (for).

скуча́ю, скуча́ешь, скуча́ет, скуча́ем, скуча́ете, скуча́ют
скуча́л, скуча́ла, скуча́ло, скуча́ли. Скуча́й/те!

следи́ть: **СЛЕДИ́**- *(imperf.),* за чем? за кем? follow, keep track of.
  слежу́, следи́шь, следи́т, следи́м, следи́те, следя́т
  следи́л, следи́ла, следи́ло, следи́ли. Следи́/те!

слѐпнуть: **СЛЀПНУ•**- *(imperf.)* (ослѐпну•-), become blind.
  слѐпну, слѐпнешь, слѐпнет, слѐпнем, слѐпнете, слѐпнут
  слѐп, слѐпла, слѐпло, слѐпли. Слѐпни/те!

сливáть(ся): **СЛИВА́Й-(СЯ)** *(imperf.)* (с/льй-(ся)), что? с чего? куда? pour off; (flow together).
  сливáю(сь), сливáешь(ся), сливáет(ся), сливáем(ся), сливáете(сь), сливáют(ся)
  сливáл(ся), сливáла(сь), сливáло(сь), сливáли(сь). Сливáй(ся)! Сливáйте(сь)!

сли́ть(ся): **С/ЛЬЙ-(СЯ)** *(perf.)* (сливáй-(ся)), что? с чего? куда? pour off; (flow together).
  солью́(сь), сольёшь(ся), сольёт(ся), сольём(ся), сольёте(сь), солью́т(ся)
  сли́л(ся), слилá(сь), сли́ло(сь), сли́ли(сь). Слѐй(ся)! Слѐйте(сь)!

сложи́ть(ся): **СЛОЖИ́-(СЯ)** *(perf.)* (склáдывай-(ся)), что? pile, heap, stack; (put together, form, take shape).
  сложу́(сь), слóжишь(ся), слóжит(ся), слóжим(ся), слóжите(сь), слóжат(ся)
  сложи́л(ся), сложи́ла(сь), сложи́ло(сь), сложи́ли(сь). Сложи́/те(сь)!

сломáть(ся): **СЛОМА́Й-(СЯ)** *(perf.)* (ломáй-), что? break (oneself).
  сломáю(сь), сломáешь(ся), сломáет(ся), сломáем(ся), сломáетѐ(сь), сломáют(ся)
  сломáл(ся), сломáлá(сь), сломáлó(сь), сломáли(сь). Сломáй(ся)! Сломáйте(сь)!

служи́ть: **СЛУЖИ́**- *(imperf.)* (послужи-), чему? кому? serve.
  служу́, слу́жишь, слу́жит, слу́жим, слу́жите, слу́жат
  служи́л, служи́ла, служи́ло, служи́ли. Служи́/те!

случáться: **СЛУЧА́Й-СЯ** *(imperf.)* (случи́-ся), happen, occur.
  [1st and 2nd person not used.] случáется, случáются
  случáлся, случáлась, случáлось, случáлись.

случи́ться: **СЛУЧИ́-СЯ** *(perf.)* (случáй-ся), happen, occur.
  [1st and 2nd person not used.] случи́тся, случáтся
  случи́лся, случи́лась, случи́лось, случи́лись.

слу́шать: **СЛУ́ШАЙ**- *(imperf.)* (послушáй-), что? кого? listen (to).
  [also: (прослу́шай-), что? listen through; что? miss, not hear.]
  слу́шаю, слу́шаешь, слу́шает, слу́шаем, слу́шаете, слу́шают
  слу́шал, слу́шала, слу́шало, слу́шали. Слу́шай/те!

слы́шать: **СЛЫ́ША**- *(imperf.)* (услы́ша-), что? кого? hear; [coll.] smell.
  слы́шу, слы́шишь, слы́шит, слы́шим, слы́шите, слы́шат
  слы́шал, слы́шала, слы́шало, слы́шали. Слы́шь/те!

слы́шаться: **СЛЫ́ША-СЯ** *(imperf.)* (послы́ша-ся), think one hears something.
слы́шится, слы́шатся
слы́шалось, слы́шались.

смени́ть(ся): **СМЕНИ̇-(СЯ)** *(perf.)* (сменя́й-(ся)), что? на что? replace, change; (be replaced).
сменю́(сь), сме́нишь(ся), сме́нит(ся), сме́ним(ся), сме́ните(сь), сме́нят(ся)
смени́л(ся), смени́ла(сь), смени́ло(сь), смени́ли(сь). Смени́/те(сь)!

сменя́ть(ся): **СМЕНЯ̇Й-(СЯ)** *(imperf.)* (смени̇-(ся)), что? на что? replace, change; (be replaced).
сменя́ю(сь), сменя́ешь(ся), сменя́ет(ся), сменя́ем(ся), сменя́ете(сь), сменя́ют(ся)
сменя́л(ся), сменя́ла(сь), сменя́ло(сь), сменя́ли(сь). Сменя́й(ся)! Сменя́йте(сь)!

сме́ть: **СМЕ́Й-** *(imperf.)* (посме́й-), + infinitive, dare.
сме́ю, сме́ешь, сме́ет, сме́ем, сме́ете, сме́ют
сме́л, сме́ла, сме́ло, сме́ли. Сме́й/те!

смеши́ть: **СМЕШИ̇-** *(imperf.)* (насмеши̇-), что? кого? чем? make (someone) laugh.
смешу́, смеши́шь, смеши́т, смеши́м, смеши́те, смеша́т
смеши́л, смеши́ла, смеши́ло, смеши́ли. Смеши́/те!

смея́ться: **СМЕЯ̇-СЯ** *(imperf.)*, над чем? над кем? laugh (at).
смею́сь, смеёшься, смеётся, смеёмся, смеётесь, смею́тся
смея́лся, смея́лась, смея́лось, смея́лись. Сме́йся! Сме́йтесь!

смотре́ть: **СМОТРЕ̇-** *(perf.)* (посмотре̇-), что? кого? на что? на кого? watch; look (at).
смотрю́, смо́тришь, смо́трит, смо́трим, смо́трите, смо́трят
смотре́л, смотре́ла, смотре́ло, смотре́ли. Смотри́/те!

смо́чь: *(irreg.)* *(perf.)* (мочь), be able.
смогу́, смо́жешь, смо́жет, смо́жем, смо́жете, смо́гут
смо́г, смогла́, смогло́, смогли́. [No imperative.]

смути́ть(ся): **СМУТИ̇-(СЯ)** *(perf.)* (смуща́й-(ся)), что? кого? чем? embarrass, confuse, trouble; (от чего? be embarrassed, be confused).
смущу́(сь), смути́шь(ся), смути́т(ся), смути́м(ся), смути́те(сь), смутя́т(ся)
смути́л(ся), смути́ла(сь), смути́ло(сь), смути́ли(сь). Смути́/те(сь)!

смуща́ть(ся): **СМУЩА̇Й-(СЯ)** *(imperf.)* (смути̇-(ся)), что? кого? чем? embarrass, confuse, trouble; (от чего? be embarrassed, be confused).
смуща́ю(сь), смуща́ешь(ся), смуща́ет(ся), смуща́ем(ся), смуща́ете(сь), смуща́ют(ся)
смуща́л(ся), смуща́ла(сь), смуща́ло(сь), смуща́ли(сь). Смуща́й(ся)! Смуща́йте(сь)!

снижáть(ся): **СНИЖА́Й-(СЯ)** *(imperf.)* (снизи-(ся)), что? кого? lower,
     reduce; (be lowered, be reduced).
       снижáю(сь), снижáешь(ся), снижáет(ся), снижáем(ся), снижáете(сь),
       снижáют(ся)
       снижáл(ся), снижáла(сь), снижáло(сь), снижáли(сь). Снижáй(ся)!
       Снижáйте(сь)!

снúзить(ся): **СНИ́ЗИ-(СЯ)** *(perf.)* (снижáй-(ся)), что? кого? lower, reduce;
     (be lowered, be reduced).
       снúжу(сь), снúзишь(ся), снúзит(ся), снúзим(ся), снúзите(сь),
       снúзят(ся)
       снúзил(ся), снúзила(сь), снúзило(сь), снúзили(сь). Снúзь(ся)!
       Снúзьте(сь)!

снимáть: **СНИМА́Й-** *(imperf.)* (сним-), что? кого? (с чего?) remove, take
     away (from); to rent.
       снимáю, снимáешь, снимáет, снимáем, снимáете, снимáют
       снимáл, снимáла, снимáло, снимáли. Снимáй/те!

снúться: **СНИ́-СЯ** *(imperf.)* (приснú-ся), кому? dream.
       снюсь, снúшься, снúтся, снúмся, снúтесь, снятся
       снúлся, снúлась, снúлось, снúлись. Снú/тесь!

снять: **СНИМ-** *(perf.)* (снимáй-), что? кого? (с чего?) remove, take away
     (from); to rent.
       снимý, снúмешь, снúмет, снúмем, снúмете, снúмут
       снял, снялá, сняло, сняли. Сними /те!

собирáть(ся): **СОБИРА́Й-(СЯ)** *(imperf.)* (соб/ра-(ся)), кудá? где? collect,
     gather together.
       собирáю(сь), собирáешь(ся), собирáет(ся), собирáем(ся),
       собирáете(сь), собирáют(ся)
       собирáл(ся), собирáла(сь), собирáло(сь), собирáли(сь). Собирáй(ся)!
       Собирáйте(сь)!

собрáть(ся): **СОБ/РА́-(СЯ)** *(perf.)* (собирáй-(ся)), кудá? где? collect, gather
     together.
       соберý(сь), соберёшь(ся), соберёт(ся), соберём(ся), соберёте(сь),
       соберýт(ся)
       собрáл(ся), собралá(сь), собрáло(сь), собрáли(сь). Соберú/те(сь)!

совершáть(ся): **СОВЕРША́Й-(СЯ)** *(imperf.)* (совершú-(ся)), что? perform,
     commit; (с кем? be performed, happen).
       совершáю(сь), совершáешь(ся), совершáет(ся), совершáем(ся),
       совершáеté(сь), совершáют(ся)
       совершáл(ся), совершáлá(сь), совершáлó(сь), совершáлй(сь).
       Совершáй(ся)! Совершáйте(сь)!

совершйть(ся): **СОВЕРШИ́-(СЯ)** *(perf.)* (соверш<u>а́й</u>-(ся)), что? perform, commit; (с кем? be performed, happen).
совершу́(сь), соверши́шь(ся), соверши́т(ся), соверши́м(ся), соверши́те(сь), соверша́т(ся)
соверши́л(ся), соверши́ла(сь), соверши́ло(сь), соверши́ли(сь). Соверши́/те(сь)!

сове́товать(ся): **СОВЕ́Т<u>ОВА</u>-(СЯ)** *(imperf.)* (посове́т<u>ова</u>-(ся)), что? кому? advise, suggest; (с кем? confer, ask someone for advice).
сове́тую(сь), сове́туешь(ся), сове́тует(ся), сове́туем(ся), сове́туете(сь), сове́туют(ся)
сове́товал(ся), сове́товала(сь), сове́товало(сь), сове́товали(сь). Сове́туй(ся)! Сове́туйте(сь)!

совмести́ть: **СОВМЕСТИ́-** *(perf.)* (совмещ<u>а́й</u>-), что? (с чем?) mix, combine (with).
совмещу́, совмести́шь, совмести́т, совмести́м, совмести́те, совместя́т
совмести́л, совмести́ла, совмести́ло, совмести́ли. Совмести́/те!

совмеща́ть: **СОВМЕЩ<u>А́Й</u>-** *(imperf.)* (совмест<u>и́</u>-), что? (с чем?) mix, combine (with).
совмеща́ю, совмеща́ешь, совмеща́ет, совмеща́ем, совмеща́ете, совмеща́ют
совмеща́л, совмеща́ла, совмеща́ло, совмеща́ли. Совмеща́й/те!

совпада́ть: **СОВПАД<u>А́Й</u>-** *(imperf.)* (совпа<u>д́</u>-), с чем? coincide, concur (with).
совпада́ю, совпада́ешь, совпада́ет, совпада́ем, совпада́ете, совпада́ют
совпада́л, совпада́ла, совпада́ло, совпада́ли. Совпада́й/те!

совпа́сть: **СОВПА<u>Д́</u>-** *(perf.)* (совпа́дай-), с чем? coincide, concur (with).
совпаду́, совпадёшь, совпадёт, совпадём, совпадёте, совпаду́т
совпа́л, совпа́ла, совпа́ло, совпа́ли. Совпади́(те)!

согласи́ться: **СОГЛАСИ́-СЯ** *(perf.)* (соглаш<u>а́й</u>-ся), на что? agree (to).
соглашу́сь, согласи́шься, согласи́тся, согласи́мся, согласи́тесь, соглася́тся
согласи́лся, согласи́лась, согласи́лось, согласи́лись. Согласи́/тесь!

соглаша́ться: **СОГЛАШ<u>А́Й</u>-СЯ** *(imperf.)* (соглас<u>и́</u>-ся), на что? agree (to).
соглаша́юсь, соглаша́ешься, соглаша́ется, соглаша́емся, соглаша́етесь, соглаша́ются
соглаша́лся, соглаша́лась, соглаша́лось, соглаша́лись. Соглаша́йся! Соглаша́йтесь!

согну́ть(ся): **СОГН<u>У́</u>-(СЯ)** *(perf.)* (гн<u>у́</u>-(ся)), что? bend, bow.
согну́(сь), согнёшь(ся), согнёт(ся), согнём(ся), согнёте(сь), согну́т(ся)
согну́л(ся), согну́ла(сь), согну́ло(сь), согну́ли(сь). Согни́/те(сь)!

согре́ть(ся) : **СОГРЕ́Й-(СЯ)** *(perf.)*, (гре́й-(ся) and согрева́й-(ся)) что? кого?
give warmth; to heat, warm (oneself).
согре́ю(сь), согре́ешь(ся), согре́ет(ся), согре́ем(ся), согре́ете(сь),
согре́ют(ся)
согре́л(ся), согре́ла(сь), согре́ло(сь), согре́ли(сь). Согре́й(ся)!
Согре́йте(сь)!

согрева́ть(ся): **СОГРЕВА́Й-(СЯ)** *(imperf.)*, (согре́й-(ся)), что? кого? give
warmth; to heat, warm (oneself).
согрева́ю(сь), согрева́ешь(ся), согрева́ет(ся), согрева́ем(ся),
согрева́ете(сь), согрева́ют(ся)
согрева́л(ся), согрева́ла(сь), согрева́ло(сь), согрева́ли(сь).
Согрева́й(ся)! Согрева́йте(сь)!

соедини́ть(ся): **СОЕДИНИ́-(СЯ)** *(perf.)* (соединя́й-(ся)), что? кого? unite,
bring together, connect; (bring oneselves together, unite oneselves).
соединю́(сь), соедини́шь(ся), соедини́т(ся), соедини́м(ся),
соедини́те(сь), соединя́т(ся)
соедини́л(ся), соедини́ла(сь), соедини́ло(сь), соедини́ли(сь).
Соедини́/те(сь)!

соединя́ть(ся): **СОЕДИНЯ́Й-(СЯ)** *(imperf.)* (соедини́-(ся)), что? кого? unite,
bring together, connect; (bring oneselves together, unite oneselves).
соединя́ю(сь), соединя́ешь(ся), соединя́ет(ся), соединя́ем(ся),
соединя́ете(сь), соединя́ют(ся)
соединя́л(ся), соединя́ла(сь), соединя́ло(сь), соединя́ли(сь).
Соединя́й(ся)! Соединя́йте(сь)!

создава́ть: **СОЗДАВА́Й-** *(imperf.)* (**созда́ть**), что? found, create.
создаю́, создаёшь, создаёт, создаём, создаёте, создаю́т
создава́л, создава́ла, создава́ло, создава́ли. Создава́й/те!

созда́ть: *(irreg.)* *(perf.)* (создава́й-), что? found, create.
созда́м, созда́шь, созда́ст, создади́м, создади́те, создаду́т
со́здал, создала́, со́здало, со́здали. Созда́й/те!

сойти́: *(irreg.)* *(perf.)* (сходи́-), куда? откуда? go down, descend.
сойду́, сойдёшь, сойдёт, сойдём, сойдёте, сойду́т
сошёл, сошла́, сошло́, сошли́, Сойди́/те!

сократи́ть: **СОКРАТИ́-** *(perf.)* (сокраща́й-), что? shorten, decrease, cut back.
сокращу́, сократи́шь, сократи́т, сократи́м, сократи́те, сократя́т
сократи́л, сократи́ла, сократи́ло, сократи́ли. Сократи́/те!

сокраща́ть: **СОКРАЩА́Й-** *(imperf.)* (сократи́-), что? shorten, decrease, cut
back.
сокраща́ю, сокраща́ешь, сокраща́ет, сокраща́ем, сокраща́ете,
сокраща́ют
сокраща́л, сокраща́ла, сокраща́ло, сокраща́ли. Сокраща́й/те!

солга́ть: **СОЛГА́-** *(perf.)* (лга́-), кому? о чём? lie, fib (to).
солгу́, солжёшь, солжёт, солжём, солжёте, солгу́т
солга́л, солгала́, солга́ло, солга́ли. Солги́/те!

сомнева́ться: **СОМНЕВА́Й-СЯ** *(imperf.)*, в чём? в ком? doubt.
сомнева́юсь, сомнева́ешься, сомнева́ется, сомнева́емся,
сомнева́етесь, сомнева́ются
сомнева́лся, сомнева́лась, сомнева́лось, сомнева́лись. Сомнева́йся!
Сомнева́йтесь!

сообща́ть: **СООБЩА́Й-** *(imperf.)* (сообщи́-), кому? что? о чём? inform
(about).
сообща́ю, сообща́ешь, сообща́ет, сообща́ем, сообща́ете, сообща́ют
сообща́л, сообща́ла, сообща́ло, сообща́ли. Сообща́й/те!

сообщи́ть: **СООБЩИ́-** *(perf.)* (сообща́й-), кому? что? о чём? inform (about).
сообщу́, сообщи́шь, сообщи́т, сообщи́м, сообщи́те, сообща́т
сообщи́л, сообщи́ла, сообщи́ло, сообщи́ли. Сообщи́/те!

соотве́тствовать: **СООТВЕ́ТСТВОВА-** *(imperf.)*, кому? чему? correspond
(with), conform (to).
соотве́тствую, соотве́тствуешь, соотве́тствует, соотве́тствуем,
соотве́тствуете, соотве́тствуют
соотве́тствовал, соотве́тствовала, соотве́тствовало,
соотве́тствовали. Соотве́тствуй/те!

сопровожда́ть: **СОПРОВОЖДА́Й-** *(imperf.)*, что? кого? accompany.
сопровожда́ю, сопровожда́ешь, сопровожда́ет, сопровожда́ем,
сопровожда́ете, сопровожда́ют
сопровожда́л, сопровожда́ла, сопровожда́ло, сопровожда́ли.
Сопровожда́й/те!

сорва́ть: **СОРВ̇А-** *(perf.)* (рв̇а-), что? tear down, pull off.
сорву́, сорвёшь, сорвёт, сорвём, сорвёте, сорву́т
сорва́л, сорвала́, сорва́ло, сорва́ли. Сорви́/те!

соску́читься: **СОСКУ́ЧИ-СЯ** *(perf.)*, become bored; по чему? по кому? and по
чём? по ком? miss, yearn for.
соску́чусь, соску́чишься, соску́чится, соску́чимся, соску́читесь,
соску́чатся
соску́чился, соску́чилась, соску́чилось, соску́чились. Соску́чься!
Соску́чьтесь

соста́вить: **СОСТА́ВИ-** *(perf.)* (составля́й-), что? put together, make up.
соста́влю, соста́вишь, соста́вит, соста́вим, соста́вите, соста́вят
соста́вил, соста́вила, соста́вило, соста́вили. Соста́вь/те!

составля́ть: **СОСТАВЛЯ́Й-** *(imperf.)* (соста́ви-), что? put together, make up.
составля́ю, составля́ешь, составля́ет, составля́ем, составля́ете,
составля́ют
составля́л, составля́ла, составля́ло, составля́ли. Составля́й/те!

состоя́ть: **СОСТОЯ́-** [belongs to -жа- class] *(imperf.)*, из чего? из кого?
consist (of).
состою́, состои́шь, состои́т, состои́м, состои́те, состоя́т
состоя́л, состоя́ла, состоя́ло, состоя́ли. [No imperative.]

сóхнуть: **СÓХНУ•-** *(imperf.),* что? dry, get dry.
    сóхну, сóхнешь, сóхнет, сóхнем, сóхнете, сóхнут
    сóх, сóхла, сóхло, сóхли. Сóхни/те!

сохранить(ся): **СОХРАНИ́-(СЯ)** *(perf.)* (сохраня́й-(ся) or храни́-(ся)), что?
    кого? preserve, maintain, save; (be preserved).
    сохраню́(сь), сохрани́шь(ся), сохрани́т(ся), сохрани́м(ся),
    сохрани́те(сь), сохраня́т(ся)
    сохрани́л(ся), сохрани́ла(сь), сохрани́ло(сь), сохрани́ли(сь).
    Сохрани́/те(сь)!

сохранять(ся): **СОХРАНЯ́Й-(СЯ)** *(imperf.)* (сохрани́-(ся)), что? кого?
    preserve, maintain, save; (be preserved).
    сохраня́ю(сь), сохраня́ешь(ся), сохраня́ет(ся), сохраня́ем(ся),
    сохраня́ете(сь), сохраня́ют(ся)
    сохраня́л(ся), сохраня́ла(сь), сохраня́ло(сь), сохраня́ли(сь).
    Сохраня́й(ся)! Сохраня́йте(сь)!

сочини́ть: **СОЧИНИ́-** *(perf.)* (сочиня́й-), что? compose, write.
    сочиню́, сочини́шь, сочини́т, сочини́м, сочини́те, сочиня́т
    сочини́л, сочини́ла, сочини́ло, сочини́ли. Сочини́/те!

сочиня́ть: **СОЧИНЯ́Й-** *(imperf.)* (сочини́-), что? compose, write.
    сочиня́ю, сочиня́ешь, сочиня́ет, сочиня́ем, сочиня́ете, сочиня́ют
    сочиня́л, сочиня́ла, сочиня́ло, сочиня́ли. Сочиня́й/те!

спаса́ть(ся): **СПАСА́Й-(СЯ)** *(imperf.)* (спас⁻-(ся)), что? кого? save, rescue;
    (save oneself).
    спаса́ю(сь), спаса́ешь(ся), спаса́ет(ся), спаса́ем(ся), спаса́ете(сь),
    спаса́ют(ся)
    спаса́л(ся), спаса́ла(сь), спаса́ло(сь), спаса́ли(сь). Спаса́й(ся)!
    Спаса́йте(сь)!

спасти́(сь): **СПАС⁻(СЯ)** *(perf.)* (спаса́й-(ся)), что? кого? save, rescue; (save
    oneself).
    спасу́(сь), спасёшь(ся), спасёт(ся), спасём(ся), спасёте(сь), спасу́т(ся)
    спа́с(ся), спасла́(сь), спасло́(сь), спасли́(сь). Спаси́/те(сь)!

спа́ть: *(irreg.) (imperf.),* где? в чём? на чём? sleep.
    сплю, спишь, спит, спим, спите, спят
    спал, спала́, спа́ло, спа́ли. Спи/те!

спе́ть: *(irreg.) (perf.)* (**пе́ть**), что? sing.
    спою́, споёшь, споёт, споём, споёте, спою́т
    спе́л, спе́ла, спе́ло, спе́ли. Спо́й(те)!

спеши́ть: **СПЕШИ́-** *(imperf.),* куда? hurry, rush (to).
    спешу́, спеши́шь, спеши́т, спеши́м, спеши́те, спеша́т
    спеши́л, спеши́ла, спеши́ло, спеши́ли. Спеши́/те!

списа́ть: **СПИСА̀-** *(perf.)* (спи́сывай-), что? с чего? copy (off).
    спишу́, спи́шешь, спи́шет, спи́шем, спи́шете, спи́шут
    списа́л, списа́ла, списа́ло, списа́ли. Спиши́/те!

списывать: **СПИ́СЫВАЙ-** *(imperf.)* (списа̱-), что? с чего? copy (off).
списываю, списываешь, списывает, списываем, списываете, списывают
списывал, списывала, списывало, списывали. Списывай/те!

сползать: **СПОЛЗА́Й-** *(imperf.)*, (сполз-́) с чего? с кого? slip, work down.
сползаю, сползаешь, сползает, сползаем, сползаете, сползают
сползал, сползала, сползало, сползали. Сползай/те!

сползти: **СПОЛЗ-́** *(perf.)* (сползай-), с чего? с кого? slip, work down.
сползу́, сползёшь, сползёт, сползём, сползёте, сползу́т
сполз, сползла́, спо́лзло, спо́лзли. Сползи́/те!

спо́рить: **СПО́РИ-** *(imperf.)* (поспо́ри-), с кем? о чём? argue.
спо́рю, спо́ришь, спо́рит, спо́рим, спо́рите, спо́рят
спо́рил, спо́рила, спо́рило, спо́рили. Спо́рь/те!

спра́шивать: **СПРА́ШИВАЙ-** *(imperf.)* (спроси̱-), что? кого? о чём? ask (a question), question.
спра́шиваю, спра́шиваешь, спра́шивает, спра́шиваем, спра́шиваете, спра́шивают
спра́шивал, спра́шивала, спра́шивало, спра́шивали. Спра́шивай/те!

спроси́ть: **СПРОСИ̱-** *(perf.)* (спра́шивай-), что? кого? о чём? ask (a question), question.
спрошу́, спро́сишь, спро́сит, спро́сим, спро́сите, спро́сят
спроси́л, спроси́ла, спроси́ло, спроси́ли. Спроси́/те!

спряга́ть: **СПРЯГА́Й-** *(imperf.)* (проспряга̱й-), что? conjugate.
спряга́ю, спряга́ешь, спряга́ет, спряга́ем, спряга́ете, спряга́ют
спряга́л, спряга́ла, спряга́ло, спряга́ли. Спряга́й/те!

спря́тать(ся): **СПРЯ́ТА-(СЯ)** *(perf.)* (пря́та-(ся)), что? кого? где? hide, conceal; (hide oneself).
спря́чу(сь), спря́чешь(ся), спря́чет(ся), спря́чем(ся), спря́чете(сь), спря́чут(ся)
спря́тал(ся), спря́тала(сь), спря́тало(сь), спря́тали(сь). Спря́чь(ся)! Спря́чьте(сь)!

спуска́ть(ся): **СПУСКА́Й-(СЯ)** *(imperf.)* (спусти̱-(ся)), что? кого? куда? lower, roll down; (descend, go down).
спуска́ю(сь), спуска́ешь(ся), спуска́ет(ся), спуска́ем(ся), спуска́ете(сь), спуска́ют(ся)
спуска́л(ся), спуска́ла(сь), спуска́ло(сь), спуска́ли(сь). Спуска́й(ся)! Спуска́йте(сь)!

спусти́ть(ся): **СПУСТИ̱-(СЯ)** *(perf.)* (спуска̱й-(ся)), что? кого? куда? lower, roll down; (descend, go down).
спущу́(сь), спу́стишь(ся), спу́стит(ся), спу́стим(ся), спу́стите(сь), спу́стят(ся)
спусти́л(ся), спусти́ла(сь), спусти́ло(сь), спусти́ли(сь). Спусти́/те(сь)!

сра́внивать: **СРА́ВНИВАЙ**-*(imperf.)* (сравни́-), что? кого? с чем? с кем? compare (with).
сра́вниваю, сра́вниваешь, сра́внивает, сра́вниваем, сра́вниваете, сра́внивают
сра́внивал, сра́внивала, сра́внивало, сра́внивали. Сра́внивай/те!

сравни́ть: **СРАВНИ́**- *(perf.)* (сра́внивай-), что? кого? с чем? с кем? compare (with).
сравню́, сравни́шь, сравни́т, сравни́м, сравни́те, сравня́т
сравни́л, сравни́ла, сравни́ло, сравни́ли. Сравни́/те!

ссо́риться: **ССО́РИ-СЯ** *(imperf.)* (поссо́ри-ся), с чем? с кем? argue, disagree (with).
ссо́рюсь, ссо́ришься, ссо́рится, ссо́римся, ссо́ритесь, ссо́рятся
ссо́рился, ссо́рилась, ссо́рилось, ссо́рились. Ссо́рься! Ссо́рьтесь!

ста́вить: **СТА́ВИ**- *(imperf.)* (поста́ви-), куда? put, place, set (in a standing position).
ста́влю, ста́вишь, ста́вит, ста́вим, ста́вите, ста́вят
ста́вил, ста́вила, ста́вило, ста́вили. Ста́вь/те!

становиться: **СТАНОВИ̽-СЯ** *(imperf.)* (стан̲-), чем? кем? become.
становлю́сь, стано́вишься, стано́вится, стано́вимся, стано́витесь, стано́вятся
станови́лся, станови́лась, станови́лось, станови́лись. Станови́/тесь!

стара́ться: **СТАРА́Й-СЯ** *(imperf.)* (постара́й-ся), try, attempt.
стара́юсь, стара́ешься, стара́ется, стара́емся, стара́етесь, стара́ются
стара́лся, стара́лась, стара́лось, стара́лись. Стара́йся! Стара́йтесь!

ста́ть: **СТА́Н̲**- *(perf.)* (станови̽-ся), чем? кем? become.
ста́ну, ста́нешь, ста́нет, ста́нем, ста́нете, ста́нут
ста́л, ста́ла, ста́ло, ста́ли. Ста́нь/те!

стемне́ть: **СТЕМНЕ́Й**- *(perf.)* (темне̲й-), get dark. (Impersonal forms only).
стемне́ет
стемне́ло.

стере́ть: **С/ТР̋**- *(perf.)* (стира̲й-), что? из чего? rub off, clean.
сотру́, сотрёшь, сотрёт, сотрём, сотрёте, сотру́т
стёр, стёрла, стёрло, стёрли. Сотри́/те!

стесня́ться: **СТЕСНЯ̲Й-СЯ** *(imperf.)* (постесня̲й-ся), be shy, feel shy.
стесня́юсь, стесня́ешься, стесня́ется, стесня́емся, стесня́етесь, стесня́ются
стесня́лся, стесня́лась, стесня́лось, стесня́лись. Стесня́йся! Стесня́йтесь!

стимули́ровать: **СТИМУЛИ́РОВА-** *(imperf.)*, что? кого? stimulate, give impetus to.
стимули́рую, стимули́руешь, стимули́рует, стимули́руем, стимули́руете, стимули́руют
стимули́ровал, стимули́ровала, стимули́ровало, стимули́ровали. Стимули́руй/те!

стира́ть: **СТИРА́Й-** *(imperf.)* (с/тр̣-), что? из чего? rub off, clean.
стира́ю, стира́ешь, стира́ет, стира́ем, стира́ете, стира́ют
стира́л, стира́ла, стира́ло, стира́ли. Стира́й/те!

стира́ть: **СТИРА́Й-** *(imperf.)* (вы́стирай-), что? в чём? wash, launder.
стира́ю, стира́ешь, стира́ет, стира́ем, стира́ете, стира́ют
стира́л, стира́ла, стира́ло, стира́ли. Стира́й/те!

сто́ить: **СТО́И-** *(imperf.)*, что? or чего? cost; be worth.
сто́ю, сто́ишь, сто́ит, сто́им, сто́ите, сто́ят
сто́ил, сто́ила, сто́ило, сто́или. [No imperative.]

стоя́ть: **СТОЯ́-** [belongs to -жа- class] *(imperf.)*, где? stand, be standing.
стою́, стои́шь, стои́т, стои́м, стои́те, стоя́т
стоя́л, стоя́ла, стоя́ло, стоя́ли. Сто́й/те!

страда́ть: **СТРАДА́Й-** *(imperf.)*, чем? suffer.
страда́ю, страда́ешь, страда́ет, страда́ем, страда́ете, страда́ют
страда́л, страда́ла, страда́ло, страда́ли. Страда́й/те!

стреля́ть(ся): **СТРЕЛЯ́Й-(СЯ)** *(imperf.)*, во что? в кого? shoot (at); (commit suicide by shooting oneself).
стреля́ю(сь), стреля́ешь(ся), стреля́ет(ся), стреля́ем(ся), стреля́ете(сь), стреля́ют(ся)
стреля́л(ся), стреля́ла(сь), стреля́ло(сь), стреля́ли(сь). Стреля́й(ся)! Стреля́йте(сь)!

стреми́ться: **СТРЕМИ́-СЯ** *(imperf.)*, к чему? aspire to, hope for; speed, rush (toward).
стремлю́сь, стреми́шься, стреми́тся, стреми́мся, стреми́тесь, стремя́тся
стреми́лся, стреми́лась, стреми́лось, стреми́лись. Стреми́/тесь!

стричь(ся): **СТРИГ̣-(СЯ)** *(imperf.)* (подстриг̣-(ся)), что? кого? cut, trim, clip; (have one's hair trimmed).
стригу́(сь), стрижёшь(ся), стрижёт(ся), стрижём(ся), стрижёте(сь), стригу́т(ся)
стриг(ся), стри́гла(сь), стри́гло(сь), стри́гли(сь). Стриги́/те(сь)!

стро́ить: **СТРО́И-** *(imperf.)* (постро́и-), что? build, construct.
стро́ю, стро́ишь, стро́ит, стро́им, стро́ите, стро́ят
стро́ил, стро́ила, стро́ило, стро́или. Стро́й/те!

стучáть(ся): **СТУЧА́-(СЯ)** *(imperf.)* (постучá-(ся)), во что? knock; (куда? knock at).

стучу́(сь), стучи́шь(ся), стучи́т(ся), стучи́м(ся), стучи́те(сь), стучáт(ся)

стучáл(ся), стучáла(сь), стучáло(сь), стучáли(сь). Стучи́/те(сь)!

сты́ть: **СТЫ́Н-** *(imperf.)* (остын-), grow cold.

сты́ну, сты́нешь, сты́нет, сты́нем, сты́нете, сты́нут

сты́л, сты́ла, сты́ло, сты́ли. Сты́нь/те!

суди́ть: **СУ_xДИ́-** *(imperf.),* что? кого? judge.

сужу́, су́дишь, су́дит, су́дим, су́дите, су́дят

суди́л, суди́ла, суди́ло, суди́ли. Суди́/те!

сумéть: **СУМЕ́Й-** *(perf.)* (умéй-), (+ infinitive) be able, can.

сумéю, сумéешь, сумéет, сумéем, сумéете, сумéют

сумéл, сумéла, сумéло, сумéли. Сумéй/те!

существовáть: **СУЩЕСТВОВА́-** *(imperf.),* exist.

существу́ю, существу́ешь, существу́ет, существу́ем, существу́ете, существу́ют

существовáл, существовáла, существовáло, существовáли. Существу́й/те!

сфотографи́ровать: **СФОТОГРАФИ́РОВА-** *(perf.)* (фотографи́рова-), что? кого? photograph, take pictures (of).

сфотографи́рую, сфотографи́руешь, сфотографи́рует, сфотографи́руем, сфотографи́руете, сфотографи́руют

сфотографи́ровал, сфотографи́ровала, сфотографи́ровало, сфотографи́ровали. Сфотографи́руй/те!

схвати́ть: **СХВА_xТИ́-** *(perf.)* (схвáтывай- or хватáй-), что? кого? grab, seize, catch.

схвачу́, схвáтишь, схвáтит, схвáтим, схвáтите, схвáтят

схвати́л, схвати́ла, схвати́ло, схвати́ли. Схвати́/те!

схвáтывать: **СХВА́ТЫВА_xЙ-** *(imperf.)* (схвати-), что? кого? grab, seize, catch.

схвáтываю, схвáтываешь, схвáтывает, схвáтываем, схвáтываете, схвáтывают

схвáтывал, схвáтывала, схвáтывало, схвáтывали. Схвáтывай/те!

сходи́ть: **СХО_xДИ́-** *(imperf.)* (**сойти́**), куда? откуда? make a round trip (on foot); go down, descend.

схожу́, схóдишь, схóдит, схóдим, схóдите, схóдят

сходи́л, сходи́ла, сходи́ло, сходи́ли. Сходи́/те!

считáть: **СЧИТА́Й-** *(imperf.)* (посчитáй-), что? кого? count.

считáю, считáешь, считáет, считáем, считáете, считáют

считáл, считáла, считáло, считáли. Считáй/те!

считáть(ся): **СЧИТÁЙ-(СЯ)** *(imperf.)*, consider; (чем? кем? be considered).
считáю(сь), считáешь(ся), считáет(ся), считáем(ся), считáете(сь), считáют(ся)
считáл(ся), считáла(сь), считáло(сь), считáли(сь). Считáй(ся)! Считáйте(сь)!

сшить: **С/ШЬЙ́-** *(perf.)* (шьй́-), что? sew.
сошью, сошьёшь, сошьёт, сошьём, сошьёте, сошьют
сшил, сшила, сшило, сшили. Сшей/те!

съезжáться: **СЪЕЗЖÁЙ-СЯ** *(imperf.)* (**съéхаться**), куда? come together, converge (by vehicle).
съезжáюсь, съезжáешься, съезжáется, съезжáемся, съезжáетесь, съезжáются
съезжáлся, съезжáлась, съезжáлось, съезжáлись. Съезжáйся! Съезжáйтесь!

съéсть: *(irreg.)* *(perf.)* (**éсть**), что? eat.
съéм, съéшь, съéст, съедúм, съедúте, съедя́т
съéл, съéла, съéло, съéли. Съéшь/те!

съéхаться: *(irreg.)* *(perf.)* (съезжáй-ся), куда? come together, converge (by vehicle).
съéдусь, съéдешься, съéдется, съéдемся, съéдетесь, съéдутся
съéхался, съéхалась, съéхалось, съéхались. (Съезжáйся! Съезжáйтесь!)

сыгрáть: **СЫГРÁЙ-** *(perf.)* (игрáй-), во что? play (a game); на чём? play (musical instrument); что? кого? play (a part).
сыгрáю, сыгрáешь, сыгрáет, сыгрáем, сыгрáете, сыгрáют
сыгрáл, сыгрáла, сыгрáло, сыгрáли. Сыгрáй/те!

$$\boxed{\text{Т т}}$$

танцевáть: **ТАНЦЕВÁ-** *(imperf.)*, что? с кем? dance.
танцýю, танцýешь, танцýет, танцýем, танцýете, танцýют
танцевáл, танцевáла, танцевáло, танцевáли. Танцýй/те!

тáять: **ТÁЯ-** *(imperf.)* (растáя-), melt.
тáю, тáешь, тáет, тáем, тáете, тáют
тáял, тáяла, тáяло, тáяли. Тáй/те!

темнéть: **ТЕМНÉЙ-** *(imperf.)* (стемнéй-), get dark.
темнéю, темнéешь, темнéет, темнéем, темнéете, темнéют
темнéл, темнéла, темнéло, темнéли. Темнéй/те!

теплéть: **ТЕПЛÉЙ-** *(imperf.)* (потеплéй-), grow warm.
теплéю, теплéешь, теплéет, теплéем, теплéете, теплéют
теплéл, теплéла, теплéло, теплéли. Теплéй/те!

терпе́ть: **ТЕРПЕ̲́**- *(imperf.),* что? от кого? endure, suffer.
    терплю́, те́рпишь, те́рпит, те́рпим, те́рпите, те́рпят
    терпе́л, терпе́ла, терпе́ло, терпе́ли. Терпи́/те!

теря́ть: **ТЕР̲Я̲̀Й**- *(imperf.)* (потеря̲́й-), что? кого? где? lose.
    теря́ю, теря́ешь, теря́ет, теря́ем, теря́ете, теря́ют
    теря́л, теря́ла, теря́ло, теря́ли. Теря́й/те!

толка́ть(ся): **ТОЛКА̲́Й-(СЯ)** *(imperf.)* (толкн̲у̲́-(ся)), что? кого? push, shove (each other).
    толка́ю(сь), толка́ешь(ся), толка́ет(ся), толка́ем(ся), толка́ете(сь), толка́ют(ся)
    толка́л(ся), толка́ла(сь), толка́ло(сь), толка́ли(сь). Толка́й(ся)! Толка́йте(сь)!

толкну́ть(ся): **ТОЛКНУ̲́-(СЯ)** *(perf.)* (толка̲́й-(ся)), что? кого? push, shove (each other).
    толкну́(сь), толкнёшь(ся), толкнёт(ся), толкнём(ся), толкнёте(сь), толкну́т(ся)
    толкну́л(ся), толкну́ла(сь), толкну́ло(сь), толкну́ли(сь). Толкни́(сь)! Толкни́те(сь)!

томи́ть: **ТОМИ̲́**- *(imperf.)* (истоми̲́-), что? кого? где? чем? torment.
    томлю́, томи́шь, томи́т, томи́м, томи́те, томя́т
    томи́л, томи́ла, томи́ло, томи́ли. Томи́/те!

томи́ться: **ТОМИ̲́-СЯ** *(perf.)* (истоми̲́-ся), где? от чего? languish.
    томлю́сь, томи́шься, томи́тся, томи́мся, томи́тесь, томя́тся
    томи́лся, томи́лась, томи́лось, томи́лись. Томи́/тесь!

то́пать: **ТО̲́ПАЙ**- *(imperf.),* stamp (one's feet).
    то́паю, то́паешь, то́пает, то́паем, то́паете, то́пают
    то́пал, то́пала, то́пало, то́пали. То́пай/те!

топи́ть: **ТО̲ПЍ̲**- *(imperf.),* что? (чем?) heat (with); drown, sink.
    топлю́, то́пишь, то́пит, то́пим, то́пите, то́пят
    топи́л, топи́ла, топи́ло, топи́ли. Топи́/те!

торгова́ть: **ТОРГОВА̲́**- *(imperf.),* чем? где? trade, deal, sell.
    торгу́ю, торгу́ешь, торгу́ет, торгу́ем, торгу́ете, торгу́ют
    торгова́л, торгова́ла, торгова́ло, торгова́ли. Торгу́й/те!

торопи́ть(ся): **ТОР̲ОПЍ̲-(СЯ)** *(imperf.)* (поторопѝ̲-(ся)), что? кого? hurry, rush; (куда? be in a hurry, be rushed).
    тороплю́(сь), торо́пишь(ся), торо́пит(ся), торо́пим(ся), торо́пите(сь), торо́пят(ся)
    торопи́л(ся), торопи́ла(сь), торопи́ло(сь), торопи́ли(сь). Торопи́/те(сь)!

тошни́ть: **ТОШНИ̲́**- *(imperf.)* (3rd. pers. impersonal), кого? nauseate.
    тошни́т
    тошни́ло

тра́тить: **ТРА́ТИ**- *(imperf.)* (потра́т<u>и</u>- and истра́т<u>и</u>-), что? (на кого? на
что?) spend, expend, waste (on).
тра́чу, тра́тишь, тра́тит, тра́тим, тра́тите, тра́тят
тра́тил, тра́тила, тра́тило, тра́тили. Тра́ть/те!

тре́бовать: **ТРЕ́БОВА**- *(imperf.)* (потре́б<u>ова</u>-), что? чего? у кого? от кого?
demand, require, need.
тре́бую, тре́буешь, тре́бует, тре́буем, тре́буете, тре́буют
тре́бовал, тре́бовала, тре́бовало, тре́бовали. Тре́буй/те!

тревóжить(ся): **ТРЕВÓЖИ-(СЯ)** *(imperf.)* (встревóж<u>и</u>-(ся)), worry, alarm; (be
worried, be alarmed).
тревóжу(сь), тревóжишь(ся), тревóжит(ся), тревóжим(ся),
тревóжите(сь), тревóжат(ся)
тревóжил(ся), тревóжила(сь), тревóжило(сь), тревóжили(сь).
Тревóжь(ся)! Тревóжьте(сь)!

тренировáть(ся): **ТРЕНИР<u>ОВА́</u>-(СЯ)** *(imperf.)* (натренир<u>ова́</u>-(ся)), что?
кого? (в чём?) train, practice (in).
тренирýю(сь), тренирýешь(ся), тренирýет(ся), тренирýем(ся),
тренирýете(сь), тренирýют(ся)
тренировáл(ся), тренировáла(сь), тренировáло(сь), тренировáли(сь).
Тренирýй(ся)! Тренирýйте(сь)!

трещáть: **ТРЕЩА́**- *(imperf.)* от чего? crackle, crack.
трещý, трещи́шь, трещи́т, трещи́м, трещи́те, трещáт
трещáл, трещáла, трещáло, трещáли. Трещи́/те!

трóгать: **ТРÓГАЙ**- *(imperf.)* (трóн<u>у</u>-), что? кого? touch.
трóгаю, трóгаешь, трóгает, трóгаем, трóгаете, трóгают
трóгал, трóгала, трóгало, трóгали. Трóгай/те!

трóнуть: **ТРÓНУ**- *(perf.)* (трóг<u>ай</u>-), что? кого? touch.
трóну, трóнешь, трóнет, трóнем, трóнете, трóнут
трóнул, трóнула, трóнуло, трóнули. Трóнь/те!

тянýть(ся): **ТЯН<u>У́</u>-(СЯ)** *(imperf.)* (потян<u>у</u>-(ся)), что? кого? pull, stretch;
(stretch, extend; к чему? try to reach).
тянý(сь), тя́нешь(ся), тя́нет(ся), тя́нем(ся), тя́нете(сь), тя́нут(ся)
тянýл(ся), тянýла(сь), тянýло(сь), тянýли(сь). Тяни́/те(сь)!

У у

убеди́ть: **УБЕДИ́**- *(perf.)* (убеждáй-), кого? в чём? convince, persuade.
[First person singular not used]
убеди́шь, убеди́т, убеди́м, убеди́те, убедя́т
убеди́л, убеди́ла, убеди́ло, убеди́ли. Убеди́/те!

убеждáть: **УБЕЖДА́Й**- *(imperf.)* (убеди́-), кого? в чём? convince, persuade.
убеждáю, убеждáешь, убеждáет, убеждáем, убеждáете, убеждáют
убеждáл, убеждáла, убеждáло, убеждáли. Убеждáй/те!

убива́ть: **УБИВА́Й-** *(imperf.)* (убьй-), кого? что? kill.
    убива́ю, убива́ешь, убива́ет, убива́ем, убива́ете, убива́ют
    убива́л, убива́ла, убива́ло, убива́ли. Убива́й/те!

убира́ть: **УБИРА́Й-** *(imperf.)* (уб/ра́-] что? clean up, clear away, remove.
    убира́ю, убира́ешь, убира́ет, убира́ем, убира́ете, убира́ют
    убира́л, убира́ла, убира́ло, убира́ли. Убира́й/те!

уби́ть: **УБЬЙ-** *(perf.)* (убива́й-), кого? что? kill.
    убью, убьёшь, убьёт, убьём, убьёте, убьют
    уби́л, уби́ла, уби́ло, уби́ли. Убе́й/те!

убра́ть: **УБ/РА́-** *(perf.)* (убира́й-] что? clean up, clear away, remove.
    уберу́, уберёшь, уберёт, уберём, уберёте, уберу́т
    убра́л, убрала́, убра́ло, убра́ли. Убери́/те!

уважа́ть: **УВАЖА́Й-** *(imperf.),* кого? что? respect.
    уважа́ю, уважа́ешь, уважа́ет, уважа́ем, уважа́ете, уважа́ют
    уважа́л, уважа́ла, уважа́ло, уважа́ли. Уважа́й/те!

увели́чивать: **УВЕЛИ́ЧИВАЙ-** *(imperf.)* (увели́чи-) что? increase, raise.
    увели́чиваю, увели́чиваешь, увели́чивает, увели́чиваем,
    увели́чиваете, увели́чивают
    увели́чивал, увели́чивала, увели́чивало, увели́чивали.
    Увели́чивай/те!

увели́чить: **УВЕЛИ́ЧИ-** *(perf.)* (увели́чивай-) что? increase, raise.
    увели́чу, увели́чишь, увели́чим, увели́чит, увели́чите, увели́чат
    увели́чил, увели́чила. увели́чило, увели́чили. Увели́чь/те!

уверя́ть: **УВЕРЯ́Й-** *(imperf.)* (уве́ри-), кого? что? в чём? assure.
    уверя́ю, уверя́ешь, уверя́ет, уверя́ем, уверя́ете, уверя́ют
    уверя́л, уверя́ла, уверя́ло, уверя́ли. Уверя́й/те!

уве́рить: **УВЕ́РИ-** *(perf.)* (уверя́й-), кого? что? в чём? assure.
    уве́рю, уве́ришь, уве́рит, уве́рим, уве́рите, уве́рят
    уве́рил, уве́рила, уве́рило, уве́рили. Уве́рь/те!

уви́деть: **УВИ́ДЕ-** *(perf.)* (ви́де-), кого? что? see.
    уви́жу, уви́дишь, уви́дит, уви́дим, уви́дите, уви́дят
    уви́дел, уви́дела, уви́дело, уви́дели. [No regular imperative.]

увлека́ть(ся): **УВЛЕКА́Й-(СЯ)** *(imperf.)* (увлёк-ся)), кого? что? interest,
    fascinate; (чем? кем?) be taken with, be carried away by, be fascinated.
    увлека́ю(сь), увлека́ешь(ся), увлека́ет(ся), увлека́ем(ся),
    увлека́ете(сь), увлека́ют(ся)
    увлека́л(ся), увлека́ла(сь), увлека́ло(сь), увлека́ли(сь). Увлека́й(ся)!
    Увлека́йте(сь)!

увлéчься: **УВЛЁЌ-(СЯ)** *(perf.)* (увлекáй-(ся)), кого? что? interest, fascinate; (чем? кем?) be taken with, be carried away by, be fascinated.
увлекý, увлечёшь, увлечёт, увлечём, увлечёте, увлекýт
увлёк, увлеклá, увлеклó, увлеклú. Увлекú/те!

угадáть: **УГАДÁЙ-** *(perf.)* (угáдывай-), что? guess.
угадáю, угадáешь, угадáет, угадáем, угадáете, угадáют
угадáл, угадáла, угадáло, угадáли. Угадáй/те!

угáдывать: **УГÁДЫВАЙ-** *(imperf.)* (угадáй-), что? guess.
угáдываю, угáдываешь, угáдывает, угáдываем, угáдываете, угáдывают
угáдывал, угáдывала, угáдывало, угáдывали. Угáдывай/те!

угáснуть: **УГÁСНУ*-** *(perf.)*, die out.
угáсну, угáснешь, угáснет, угáснем, угáснете, угáснут
угáс, угáсла, угáсло, угáсли.

углубúть: **УГЛУБÚ-** *(perf.)* (углубля́й-), что? deepen.
углублю́, углубúшь, углубúт, углубúм, углубúте, углубя́т
углубúл, углубúла, углубúло, углубúли. Углубú/те!

углубля́ть: **УГЛУБЛЯ́Й-** *(imperf.)* (углубú-), что? deepen.
углубля́ю, углубля́ешь, углубля́ет, углубля́ем, углубля́ете, углубля́ют
углубля́л, углубля́ла, углубля́ло, углубля́ли. Углубля́й/те!

угнетáть: **УГНЕТÁЙ-** *(imperf.)* кого? что? oppress, depress.
угнетáю, угнетáешь, угнетáет, угнетáем, угнетáете, угнетáют
угнетáл, угнетáла, угнетáло, угнетáли. Угнетáй/те!

уговáривать: **УГОВÁРИВАЙ-** *(imperf.)* (уговорú-), кого? что? persuade, convince.
уговáриваю, уговáриваешь, уговáривает, уговáриваем, уговáриваете, уговáривают
уговáривал, уговáривала, уговáривало, уговáривали. Уговáривай/те!

уговорúть: **УГОВОРÚ-** *(perf.)* (уговáривай-), кого? что? persuade, convince.
уговорю́, уговорúшь, уговорúт, уговорúм, уговорúте, уговоря́т
уговорúл, уговорúла, уговорúло, уговорúли. Уговорú/те!

угощáть: **УГОЩÁЙ-** *(imperf.)* (угостú-), кого? что? чем? treat (to).
угощáю, угощáешь, угощáет, угощáем, угощáете, угощáют
угощáл, угощáла, угощáло, угощáли. Угощáй/те!

угостúть: **УГОСТÚ-** *(perf.)* (угощáй-), кого? что? чем? treat (to).
угощý, угостúшь, угостúт, угостúм, угостúте, угостя́т
угостúл, угостúла, угостúло, угостúли. Угостú/те!

удава́ться: **УДАВА́Й-СЯ** *(imperf.)* (**уда́ться**), (3rd pers. forms only) кому? manage (to), succeed (in).

    удаётся, удаю́тся

    удава́лся, удава́лась, удава́лось, удава́лись

ударя́ть: **УДАРЯ́Й-** *(imperf.)* (уда́ри-) чем? по чему? strike, hit.

    ударя́ю, ударя́ешь, ударя́ет, ударя́ем, ударя́ете, ударя́ют

    ударя́л, ударя́ла, ударя́ло, ударя́ли. Ударя́й/те!

уда́рить: **УДА́РИ-** *(perf.)* (ударя́й-) чем? по чему? strike, hit.

    уда́рю, уда́ришь, уда́рит, уда́рим, уда́рите, уда́рят

    уда́рил, уда́рила, уда́рило, уда́рили. Уда́рь/те!

уда́ться: *(irreg.)* *(perf.)* (уда̲ва́й-ся)), (3rd pers. forms only) кому? manage (to), succeed (in).

    уда́стся, удаду́тся

    удался́, удала́сь, удало́сь, удали́сь

уделить: **УДЕЛИ́-** *(perf.)* (уделя̲й-) кому? чему? give, accord.

    уделю́, удели́шь, удели́т, удели́м, удели́те, уделя́т

    удели́л, удели́ла, удели́ло, удели́ли. Удели́/те!

уделя́ть: **УДЕЛЯ́Й-** *(imperf.)* (удели̲-) кому? чему? give, accord.

    уделя́ю, уделя́ешь, уделя́ет, уделя́ем, уделя́ете, уделя́ют

    уделя́л, уделя́ла, уделя́ло, уделя́ли. Уделя́й/те!

удешеви́ть: **УДЕШЕВИ́-** *(perf.)* (удешевля̲й-) что? make cheaper, cheapen.

    удешевлю́, удешеви́шь, удешеви́т, удешеви́м, удешеви́те, удешевя́т

    удешеви́л, удешеви́ла, удешеви́ло, удешеви́ли. Удешеви́/те!

удешевля́ть: **УДЕШЕВЛЯ́Й-** *(imperf.)* (удешеви́-) что? make cheaper, cheapen.

    удешевля́ю, удешевля́ешь, удешевля́ет, удешевля́ем, удешевля́ете, удешевля́ют

    удешевля́л, удешевля́ла, удешевля́ло, удешевля́ли. Удешевля́й/те!

удиви́ть(ся): **УДИВИ́-(СЯ)** *(perf.)* (удивля̲й-(ся)) кого? что? surprise; (чему? be surprised at).

    удивлю́(сь), удиви́шь(ся), удиви́т(ся), удиви́м(ся), удиви́те(сь), удивя́т(ся)

    удиви́л(ся), удиви́ла(сь), удиви́ло(сь), удиви́ли(сь). Удиви́/те(сь)!

удивля́ть(ся): **УДИВЛЯ́Й-(СЯ)** *(imperf.)* (удиви̲-(ся)) кого? что? surprise; (чему? be surprised at).

    удивля́ю(сь), удивля́ешь(ся), удивля́ет(ся), удивля́ем(ся), удивля́ете(сь), удивля́ют(ся)

    удивля́л(ся), удивля́ла(сь), удивля́ло(сь), удивля́ли(сь). Удивля́й(ся)! Удивля́йте(сь)!

удлини́ть: **УДЛИНИ́-** *(perf.)* (удлиня̲й-) что? make longer.

    удлиню́, удлини́шь, удлини́т, удлини́м, удлини́те, удлиня́т

    удлини́л, удлини́ла, удлини́ло, удлини́ли. Удлини́/те!

удлинять: **УДЛИНЯ́Й**- *(imperf.)* (удлини́-) что? make longer.
    удлиня́ю, удлиня́ешь, удлиня́ет, удлиня́ем, удлиня́ете, удлиня́ют
    удлиня́л, удлиня́ла, удлиня́ло, удлиня́ли. Удлиня́й/те!

удовлетворя́ть: **УДОВЛЕТВОРЯ́Й**- *(imperf.)* (удовлетвори́-) кого? что?
satisfy.
    удовлетворя́ю, удовлетворя́ешь, удовлетворя́ет, удовлетворя́ем,
    удовлетворя́ете, удовлетворя́ют
    удовлетворя́л, удовлетворя́ла, удовлетворя́ло, удовлетворя́ли.
    Удовлетворя́й/те!

удовлетвори́ть: **УДОВЛЕТВОРИ́**- *(perf.)* (удовлетворя́й-) кого? что?
satisfy.
    удовлетворю́, удовлетвори́шь, удовлетвори́т, удовлетвори́м,
    удовлетвори́те, удовлетворя́т
    удовлетвори́л, удовлетвори́ла, удовлетвори́ло, удовлетвори́ли.
    Удовлетвори́/те!

удоста́ивать: **УДОСТА́ИВАЙ**- *(imperf.)* (удосто́и-) кого? что? favor, honor.
    удоста́иваю, удоста́иваешь, удоста́ивает, удоста́иваем,
    удоста́иваете, удоста́ивают
    удоста́ивал, удоста́ивала, удоста́ивало, удоста́ивали.
    Удоста́ивай/те!

удосто́ить: **УДОСТО́И**- *(perf.)* (удоста́ивай-) кого? что? favor, honor.
    удосто́ю, удосто́ишь, удосто́ит, удосто́им, удосто́ите, удосто́ят
    удосто́ил, удосто́ила, удосто́ило, удосто́или. Удосто́й/те!

уезжа́ть: **УЕЗЖА́Й**- *(imperf.)* (**уе́хать**), откуда? leave (by vehicle).
    уезжа́ю, уезжа́ешь, уезжа́ет, уезжа́ем, уезжа́ете, уезжа́ют
    уезжа́л, уезжа́ла, уезжа́ло, уезжа́ли. Уезжа́й/те!

уе́хать: *(irreg.)* *(perf.)* (уезжа́й-), откуда? leave (by vehicle).
    уе́ду, уе́дешь, уе́дет, уе́дем, уе́дете, уе́дут
    уе́хал, уе́хала, уе́хало, уе́хали. (Уезжа́й/те!)

у́жинать: **У́ЖИНАЙ**- *(imperf.)* (поу́жинай-), где? have supper.
    у́жинаю, у́жинаешь, у́жинает, у́жинаем, у́жинаете, у́жинают
    у́жинал, у́жинала, у́жинало, у́жинали. У́жинай/те!

узнава́ть: **УЗНАВА́Й**- *(imperf.)* (узна́й-) что? find out, learn.
    узнаю́, узнаёшь, узнаёт, узнаём, узнаёте, узнаю́т
    узнава́л, узнава́ла, узнава́ло, узнава́ли. Узнава́й/те!

узна́ть: **УЗНА́Й**- *(perf.)* (узнава́й-) что? find out, learn.
    узна́ю, узна́ешь, узна́ет, узна́ем, узна́ете, узна́ют
    узна́л, узна́ла, узна́ло, узна́ли. Узна́й/те!

указа́ть: **УКАЗА́**- *(perf.)* (ука́зывай-), на что? на кого? (кому?) indicate,
mention, show (to).
    укажу́, ука́жешь, ука́жет, ука́жем, ука́жете, ука́жут
    указа́л, указа́ла, указа́ло, указа́ли. Укажи́/те!

указывать: **УКА́ЗЫВАЙ-** *(imperf.)* (указа̱-), на что? на кого? (кому?) indicate, mention, show (to).
указываю, указываешь, указывает, указываем, указываете, указывают
указывал, указывала, указывало, указывали. Указывай/те!

укладывать: **УКЛА́ДЫВАЙ-** *(imperf.)* (уложи̱-), что? кого? куда? где? lay down, put down.
укладываю, укладываешь, укладывает, укладываем, укладываете, укладывают
укладывал, укладывала, укладывало, укладывали. Укладывай/те!

украсть: **УКРА́Д-** *(perf.)* (кра̱д-), что? кого? steal, be a thief.
украду́, украдёшь, украдёт, украдём, украдёте, украду́т
укра́л, укра́ла, укра́ло, укра́ли. Укради/те!

уложи́ть: **УЛОЖИ̱-** *(perf.)* (укла́дыва̱й-), что? кого? куда? где? lay down, put down.
уложу́, уло́жишь, уло́жит, уло́жим, уло́жите, уло́жат
уложи́л, уложи́ла, уложи́ло, уложи́ли. Уложи/те!

улучша́ть: **УЛУЧША́Й-** *(imperf.)* (улу́чши̱-), что? improve, better.
улучша́ю, улучша́ешь, улучша́ет, улучша́ем, улучша́ете, улучша́ют
улучша́л, улучша́ла, улучша́ло, улучша́ли. Улучшай/те!

улу́чшить: **УЛУ́ЧШИ-** *(perf.)* (улучша̱й-), что? improve, better.
улу́чшу, улу́чшишь, улу́чшит, улу́чшим, улу́чшите, улу́чшат
улу́чшил, улу́чшила, улу́чшило, улу́чшили. Улу́чши/те!

улыба́ться: **УЛЫБА́Й-СЯ** *(imperf.)* (улыбну̱-ся), (кому? чему?) smile (at).
улыба́юсь, улыба́ешься, улыба́ется, улыба́емся, улыба́етесь, улыба́ются
улыба́лся, улыба́лась, улыба́лось, улыба́лись. Улыба́йся! Улыба́йтесь!

улыбну́ться: **УЛЫБНУ́-СЯ** *(perf.)* (улыба̱й-ся), (кому? чему?) smile (at).
улыбну́сь, улыбнёшься, улыбнётся, улыбнёмся, улыбнётесь, улыбну́тся
улыбну́лся, улыбну́лась, улыбну́лось, улыбну́лись. Улыбни/тесь!

уменьша́ть: **УМЕНЬША́Й-** *(imperf.)* (уме́ньши̱-), что? diminish, cut down.
уменьша́ю, уменьша́ешь, уменьша́ет, уменьша́ем, уменьша́ете, уменьша́ют
уменьша́л, уменьша́ла, уменьша́ло, уменьша́ли. Уменьшай/те!

уме́ньшить: **УМЕ́НЬШИ-** *(perf.)* (уменьша̱й-), что? diminish, cut down.
уме́ньшу, уме́ньшишь, уме́ньшит, уме́ньшим, уме́ньшите, уме́ньшат
уме́ньшил, уме́ньшила, уме́ньшило, уме́ньшили. Уме́ньши/те!

умере́ть: **УМР-** *(perf.)* (умира̱й-), от чего? die.
умру́, умрёшь, умрёт, умрём, умрёте, умру́т
у́мер, умерла́, у́мерло, у́мерли. Умри/те!

уме́ть: **УМЕ́Й**- *(imperf.)* (суме́й-), (+ infinitive) be able, can.
    уме́ю, уме́ешь, уме́ет, уме́ем, уме́ете, уме́ют
    уме́л, уме́ла, уме́ло, уме́ли. Уме́й/те!

умира́ть: **УМИРА́Й**- *(imperf.)* (ум<u>р</u>-), от чего? die.
    умира́ю, умира́ешь, умира́ет, умира́ем, умира́ете, умира́ют
    умира́л, умира́ла, умира́ло, умира́ли. Умира́й/те!

умолка́ть: **УМОЛКА́Й**- *(imperf.)* (умо́лк<u>ну</u>*-), fall silent.
    умолка́ю, умолка́ешь, умолка́ет, умолка́ем, умолка́ете, умолка́ют
    умолка́л, умолка́ла, умолка́ло, умолка́ли. Умолка́й/те!

умо́лкнуть: **УМО́ЛК<u>НУ</u>***- *(perf.)* (умолк<u>а́й</u>-), fall silent.
    умо́лкну, умо́лкнешь, умо́лкнет, умо́лкнем, умо́лкнете, умо́лкнут
    умо́лк, умо́лкла, умо́лкло, умо́лкли. Умо́лкни/те!

умы́ть: **УМ<u>О́Й</u>**- *(perf.)* (умыв<u>а́й</u>-), что? кого? wash.
    умо́ю, умо́ешь, умо́ет, умо́ем, умо́ете, умо́ют
    умы́л, умы́ла, умы́ло, умы́ли. Умо́й/те!

умыва́ть: **УМЫВ<u>А́Й</u>**- *(imperf.)* (ум<u>о́й</u>-), что? кого? wash.
    умыва́ю, умыва́ешь, умыва́ет, умыва́ем, умыва́ете, умыва́ют
    умыва́л, умыва́ла, умыва́ло, умыва́ли. Умыва́й/те!

упакова́ть: **УПАКОВ<u>А́</u>**- *(perf.)* (упако́выв<u>ай</u>- and паков<u>а́</u>-), что? wrap, pack.
    упаку́ю, упаку́ешь, упаку́ет, упаку́ем, упаку́ете, упаку́ют
    упакова́л, упакова́ла, упакова́ло, упакова́ли. Упаку́й/те!

упако́вывать: **УПАКО́ВЫВ<u>АЙ</u>**- *(imperf.)* (упаков<u>а́</u>-), что? wrap, pack.
    упако́вываю, упако́вываешь, упако́вывает, упако́вываем,
    упако́вываете, упако́вывают
    упако́вывал, упако́вывала, упако́вывало, упако́вывали.
    Упако́вывай/те!

упа́сть: **УПА<u>Д́</u>**- *(perf.)* (па́д<u>ай</u>-), fall, drop.
    упаду́, упадёшь, упадёт, упадём, упадёте, упаду́т
    упа́л, упа́ла, упа́ло, упа́ли. Упади́/те!

упомина́ть: **УПОМИНА́Й**- *(imperf.)* (упомя<u>ну́</u>-), что? кого? о чём? о ком? mention, refer to.
    упомина́ю, упомина́ешь, упомина́ет, упомина́ем, упомина́ете,
    упомина́ют
    упомина́л, упомина́ла, упомина́ло, упомина́ли. Упомина́й/те!

упомяну́ть: **УПОМЯ<u>НУ́</u>**-*(perf.)* (упомина́й-), что? кого? о чём? о ком? mention, refer to.
    упомяну́, упомя́нешь, упомя́нет, упомя́нем, упомя́нете, упомя́нут
    упомяну́л, упомяну́ла, упомяну́ло, упомяну́ли. Упомяни́/те!

употребить: **УПОТРЕБИ́**- *(perf.)* (употребля́й-), что? кого? на что? для
      чего? use, make use of.
      употреблю́, употреби́шь, употреби́т, употреби́м, употреби́те,
      употребя́т
      употреби́л, употреби́ла, употреби́ло, употреби́ли. Употреби́/те!

употреблять: **УПОТРЕБЛЯ́Й**- *(imperf.)* (употреби́-), что? кого? на что?
      для чего? use, make use of.
      употребля́ю, употребля́ешь, употребля́ет, употребля́ем,
      употребля́ете, употребля́ют
      употребля́л, употребля́ла, употребля́ло, употребля́ли.
      Употребля́й/те!

управля́ть: **УПРАВЛЯ́Й**- *(imperf.)*, чем? кем? govern, rule.
      управля́ю, управля́ешь, управля́ет, управля́ем, управля́ете,
      управля́ют
      управля́л, управля́ла, управля́ло, управля́ли. Управля́й/те!

упрости́ть: **УПРОСТИ́**- *(perf.)* (упроща́й-), что? simplify.
      упрощу́, упрости́шь, упрости́т, упрости́м, упрости́те, упростя́т
      упрости́л, упрости́ла, упрости́ло, упрости́ли. Упрости́/те!

упроща́ть: **УПРОЩА́Й**- *(imperf.)* (упрости́-), что? simplify.
      упроща́ю, упроща́ешь, упроща́ет, упроща́ем, упроща́ете, упроща́ют
      упроща́л, упроща́ла, упроща́ло, упроща́ли. Упроща́й/те!

                    x
упуска́ть: **УПУСКА́Й**- *(imperf.)* (упусти́-), что? кого? let go, let escape.
      упуска́ю, упуска́ешь, упуска́ет, упуска́ем, упуска́ете, упуска́ют
      упуска́л, упуска́ла, упуска́ло, упуска́ли. Упуска́й/те!

         x
упусти́ть: **УПУСТИ́**- *(perf.)* (упуска́й-), что? кого? let go, let escape.
      упущу́, упу́стишь, упу́стит, упу́стим, упу́стите, упу́стят
      упусти́л, упусти́ла, упусти́ло, упусти́ли. Упусти́/те!

         x
урони́ть: **УРОНИ́**- *(perf.)* (роня́й-), что? куда? drop.
      уроню́, уро́нишь, уро́нит, уро́ним, уро́ните, уро́нят
      урони́л, урони́ла, урони́ло, урони́ли. Урони́/те!

уси́ливать: **УСИ́ЛИВАЙ**- *(imperf.)* (уси́ли-), что? strengthen, reinforce.
      уси́ливаю, уси́ливаешь, уси́ливает, уси́ливаем, уси́ливаете,
      уси́ливают
      уси́ливал, уси́ливала, уси́ливало, уси́ливали. Уси́ливай/те!

уси́лить: **УСИ́ЛИ**- *(perf.)* (уси́ливай-), что? strengthen, reinforce.
      уси́лю, уси́лишь, уси́лит, уси́лим, уси́лите, уси́лят
      уси́лил, уси́лила, уси́лило, уси́лили. Уси́ль/те!

ускóрить: **УСКÓРИ**- *(perf.)* (ускоря́й-), что? speed up, quicken.
      ускóрю, ускóришь, ускóрит, ускóрим, ускóрите, ускóрят
      ускóрил, ускóрила, ускóрило, ускóрили. Ускóрь/те!

ускорять: **УСКОР<u>ЯЙ</u>**- *(imperf.)* (уско́р<u>и</u>-), что? speed up, quicken.
    ускоря́ю, ускоря́ешь, ускоря́ет, ускоря́ем, ускоря́ете, ускоря́ют
    ускоря́л, ускоря́ла, ускоря́ло, ускоря́ли. Ускоря́й/те!

усложни́ть: **УСЛОЖН<u>И́</u>**- *(perf.)* (усложн<u>я́й</u>-), что? complicate.
    усложню́, усложни́шь, усложни́т, усложни́м, усложни́те,
    усложня́т
    усложни́л, усложни́ла, усложни́ло, усложни́ли. Усложни́/те!

усложня́ть: **УСЛОЖН<u>ЯЙ</u>**- *(imperf.)* (усложн<u>и́</u>-), что? complicate.
    усложня́ю, усложня́ешь, усложня́ет, усложня́ем, усложня́ете,
    усложня́ют
    усложня́л, усложня́ла, усложня́ло, усложня́ли. Усложня́й/те!

услы́шать: **УСЛЫ́<u>ША</u>**- *(perf.)* (слы́<u>ша</u>-), что? кого? hear; [coll.] smell.
    услы́шу, услы́шишь, услы́шит, услы́шим, услы́шите, услы́шат
    услы́шал, услы́шала, услы́шало, услы́шали. Услы́шь/те!

успева́ть: **УСПЕВ<u>А́Й</u>**- *(imperf.)* (усп<u>е́й</u>-), have time.
    успева́ю, успева́ешь, успева́ет, успева́ем, успева́ете, успева́ют
    успева́л, успева́ла, успева́ло, успева́ли. Успева́й/те!

успе́ть: **УСП<u>Е́Й</u>**- *(perf.)* (успев<u>а́й</u>-), have time.
    успе́ю, успе́ешь, успе́ет, успе́ем, успе́ете, успе́ют
    успе́л, успе́ла, успе́ло, успе́ли. Успе́й/те!

успока́ивать(ся): **УСПОКА́ИВ<u>АЙ</u>-(СЯ)** *(imperf.)* (успоко́<u>и</u>-(ся)), что? кого?
calm down, reassure; (calm down, be reassured).
    успока́иваю(сь), успока́иваешь(ся), успока́ивает(ся),
    успока́иваем(ся), успока́ивала(сь), успока́ивают(ся)
    успока́ивал(ся), успока́ивала(сь), успока́ивало(сь), успока́ивали(сь).
    Успока́ивай(ся)! Успока́ивайте(сь)!

успоко́ить(ся): **УСПОКО́<u>И</u>-(СЯ)** *(perf.)* (успока́ив<u>ай</u>-(ся)), что? кого? calm
down, reassure; (calm down, be reassured).
    успоко́ю(сь), успоко́ишь(ся), успоко́ит(ся), успоко́им(ся),
    успоко́ите(сь), успоко́ят(ся)
    успоко́ил(ся), успоко́ила(сь), успоко́ило(сь), успоко́или(сь).
    Успоко́й(ся)! Успоко́йте(сь)!

устава́ть: **УСТАВ<u>А́Й</u>**- *(imperf.)* (уст<u>а́н</u>-), от чего? be tired.
    устаю́, устаёшь, устаёт, устаём, устаёте, устаю́т
    устава́л, устава́ла, устава́ло, устава́ли. Устава́й/те!

                                                          ˣ
устана́вливать: **УСТАНА́ВЛИВ<u>АЙ</u>**- *(imperf.)* (установ<u>и́</u>-), что? set,
establish.
    устана́вливаю, устана́вливаешь, устана́вливает, устана́вливаем,
    устана́вливаете, устана́вливают
    устана́вливал, устана́вливала, устана́вливало, устана́вливали.
    Устана́вливай/те!

х

установи́ть: **УСТАНОВИ́-** *(perf.)* (устана́вливай-), что? set, establish.
установлю́, устано́вишь, устано́вит, устано́вим, устано́вите, устано́вят
установи́л, установи́ла, установи́ло, установи́ли. Установи́/те!

уста́ть: **УСТА́Н-** *(perf.)* (уставай-), от чего? be tired.
уста́ну, уста́нешь, уста́нет, уста́нем, уста́нете, уста́нут
уста́л, уста́ла, уста́ло, уста́ли. Уста́нь/те!

устра́ивать: **УСТРА́ИВАЙ-** *(imperf.)* (устро́и-), что? arrange, set up; suit, be convenient for.
устра́иваю, устра́иваешь, устра́ивает, устра́иваем, устра́иваете, устра́ивают
устра́ивал, устра́ивала, устра́ивало, устра́ивали. Устра́ивай/те!

устро́ить: **УСТРО́И-** *(perf.)* (устра́ивай-), что? arrange, set up; suit, be convenient for.
устро́ю, устро́ишь, устро́ит, устро́им, устро́ите, устро́ят
устро́ил, устро́ила, устро́ило, устро́или. Устро́й/те!

утвержда́ть: **УТВЕРЖДА́Й-** *(imperf.)* (утверди́-), что? maintain, claim, assert.
утвержда́ю, утвержда́ешь, утвержда́ет, утвержда́ем, утвержда́ете, утвержда́ют
утвержда́л, утвержда́ла, утвержда́ло, утвержда́ли. Утвержда́й/те!

утверди́ть: **УТВЕРДИ́-** *(perf.)* (утвержда́й-), что? maintain, claim, assert.
утвержу́, утверди́шь, утверди́т, утверди́м, утверди́те, утвердя́т
утверди́л, утверди́ла, утверди́ло, утверди́ли. Утверди́/те!

уха́живать: **УХА́ЖИВАЙ-** *(imperf.)*, за кем? за чем? court.
уха́живаю, уха́живаешь, уха́живает, уха́живаем, уха́живаете, уха́живают
уха́живал, уха́живала, уха́живало, уха́живали. Уха́живай/те!

ухудша́ть(ся): **УХУДША́Й-(СЯ)** *(imperf.)* (уху́дши-(ся)), что? worsen; (become worse).
ухудша́ю(сь), ухудша́ешь(ся), ухудша́ет(ся), ухудша́ем(ся), ухудша́ете(сь), ухудша́ют(ся)
ухудша́л(ся), ухудша́ла(сь), ухудша́ло(сь), ухудша́ли(сь). Ухудша́й(ся)! Ухудша́йте(сь)!

уху́дшить(ся): **УХУ́ДШИ-(СЯ)** *(perf.)* (ухудша́й-(ся)), что? worsen; (become worse).
уху́дшу(сь), уху́дшишь(ся), уху́дшит(ся), уху́дшим(ся), уху́дшите(сь), уху́дшат(ся)
уху́дшил(ся), уху́дшила(сь), уху́дшило(сь), уху́дшили(сь). Уху́дши/те(сь)!

участвовать: **УЧА́СТВОВА**- *(imperf.),* в чём? take part (in).
    участвую, участвуешь, участвует, участвуем, участвуете,
    участвуют
    участвовал, участвовала, участвовало, участвовали. Участвуй/те!

учи́ть: **УЧИ́**- *(imperf.)* (вы́учи-), что? learn (by heart) memorize. [also: (научи́-)
    + infinitive, teach.
    учу́, у́чишь, у́чит, у́чим, у́чите, у́чат
    учи́л, учи́ла, учи́ло, учи́ли. Учи́/те!

учи́ться: **УЧИ́**-СЯ *(imperf.),* где? be enrolled as a student.
    учу́сь, у́чишься, у́чится, у́чимся, у́читесь, у́чатся
    учи́лся, учи́лась, учи́лось, учи́лись. Учи́/тесь!

учи́ться: **УЧИ́**-СЯ *(imperf.)* (научи́-ся), чему? + infinitive, learn.
    учу́сь, у́чишься, у́чится, у́чимся, у́читесь, у́чатся
    учи́лся, учи́лась, учи́лось, учи́лись. Учи́/тесь!

Фф

фотографи́ровать: **ФОТОГРАФИ́РОВА**- *(imperf.)* (сфотографи́рова-),
    что? кого? photograph, take pictures (of).
    фотографи́рую, фотографи́руешь, фотографи́рует,
    фотографи́руем, фотографи́руете, фотографи́руют
    фотографи́ровал, фотографи́ровала, фотографи́ровало,
    фотографи́ровали. Фотографи́руй/те!

Хх

хвали́ть: **ХВАЛИ́**- *(imperf.)* (похвали́-), что? кого? за что? praise (for).
    хвалю́, хва́лишь, хва́лит, хва́лим, хва́лите, хва́лят
    хвали́л, хвали́ла, хвали́ло, хвали́ли. Хвали́/те!

хвата́ть: **ХВАТА́Й**- *(imperf.)* (схвати́-), что? кого? за что? grab hold of,
    seize.
    хвата́ю, хвата́ешь, хвата́ет, хвата́ем, хвата́ете, хвата́ют
    хвата́л, хвата́ла, хвата́ло, хвата́ли. Хвата́й/те!

хвата́ть: **ХВАТА́Й**- *(imperf.)* (хвати́-), чего? be enough, suffice (3rd person
    forms only).
    хвата́ет
    хвата́ло.

хвати́ть: **ХВАТИ́**- *(perf.)* (хвата́й-), чего? be enough, suffice (3rd person
    forms) only.
    хва́тит
    хвати́ло

хму́риться: **ХМУ́РИ-СЯ** *(imperf.)* (нахму́ри-ся), от чего? frown.
    хму́рюсь, хму́ришься, хму́рится, хму́римся, хму́ритесь, хму́рятся
    хму́рился, хму́рилась, хму́рилось, хму́рились. Хму́рься!
    Хму́рьтесь!
                     х
ходи́ть: **ХОДИ-** *(imperf.)* (multidirectional), walk, go (on foot).
    хожу́, хо́дишь, хо́дит, хо́дим, хо́дите, хо́дят
    ходи́л, ходи́ла, ходи́ло, ходи́ли. Ходи́/те!

холода́ть: **ХОЛОДА́Й-** *(imperf.)* (похолода́й-), grow cold.
    холода́ю, холода́ешь, холода́ет, холода́ем, холода́ете, холода́ют
    холода́л, холода́ла, холода́ло, холода́ли. Холода́й/те!

хоте́ть: *(irreg.)* *(imperf.)* чего? want, desire.
    хочу́, хо́чешь, хо́чет, хоти́м, хоти́те, хотя́т
    хоте́л, хоте́ла, хоте́ло, хоте́ли. Хоти́/те!

храни́ть(ся): **ХРАНИ́-(СЯ)** *(imperf.)* (сохраня́й-(ся)), что? кого? preserve,
    maintain, save; (be preserved).
    храню́(сь), храни́шь(ся), храни́т(ся), храни́м(ся), храни́те(сь),
    храня́т(ся)
    храни́л(ся), храни́ла(сь), храни́ло(сь), храни́ли(сь). Храни́/те(сь)!

храпе́ть: **ХРАПЕ́-** *(imperf.)*, snore.
    храплю́, храпи́шь, храпи́т, храпи́м, храпи́те, храпя́т
    храпе́л, храпе́ла, храпе́ло, храпе́ли. Храпи́/те!

хрипе́ть: **ХРИПЕ́-** *(imperf.)*, wheeze.
    хриплю́, хрипи́шь, хрипи́т, хрипи́м, хрипи́те, хрипя́т
    хрипе́л, хрипе́ла, хрипе́ло, хрипе́ли. Хрипи́/те!

хри́пнуть: **ХРИ́ПНУ•-** *(imperf.)* (охри́ну•-), become hoarse.
    хри́пну, хри́пнешь, хри́пнет, хри́пнем, хри́пнете, хри́пнут
    хрип, хри́пла, хри́пло, хри́пли. Хри́пни/те!

худе́ть: **ХУДЕ́Й-** *(imperf.)* (похуде́й-), lose weight.
    худе́ю, худе́ешь, худе́ет, худе́ем, худе́ете, худе́ют
    худе́л, худе́ла, худе́ло, худе́ли. Худе́й/те!

Цц

цара́пать(ся): **ЦАРА́ПАЙ-(СЯ)** *(imperf.)* (оцара́пай-(ся) or цара́пну-(ся)),
    что? кого? scratch (oneself).
    цара́паю(сь), цара́паешь(ся), цара́пает(ся), цара́паем(ся),
    цара́паете(сь), цара́пают(ся)
    цара́пал(ся), цара́пала(сь), цара́пало(сь), цара́пали(сь). Цара́пай(ся)!
    Цара́пайте(сь)!

цара́пнуть(ся): **ЦАРА́ПНУ-(СЯ)** *(perf.)* (цара́п<u>ай</u>-(ся)), что? кого? scratch (oneself).
　　цара́пну(сь), цара́пнешь(ся), цара́пнет(ся), цара́пнем(ся),
　　цара́пнете(сь), цара́пнут(ся)
　　цара́пнул(ся), цара́пнула(сь), цара́пнуло(сь), цара́пнули(сь).
　　Цара́пни/те(сь)!

цвети́ть: **ЦВЕТИ́-** *(imperf.)*, что? paint, color, dye.
　　цвечу́, цвети́шь, цвети́т, цвети́м, цвети́те, цветя́т
　　цвети́л, цвети́ла, цвети́ло, цвети́ли. Цвети́/те

целова́ть(ся): **ЦЕЛОВА́-(СЯ)** *(imperf.)* (поцел<u>ова́</u>-(ся)), что? кого? (с кем?) kiss (one another).
　　целу́ю(сь), целу́ешь(ся), целу́ет(ся), целу́ем(ся), целу́ете(сь),
　　целу́ют(ся)
　　целова́л(ся), целова́ла(сь), целова́ло(сь), целова́ли(сь). Целу́й(ся)!
　　Целу́йте(сь)!

цени́ть: **ЦЕНИ́-** *(imperf.)* (оце́нив<u>ай</u>-), что? кого? appraise, estimate, evaluate;
　　or (оце́ни-), что? кого? appreciate, think highly of.
　　ценю́, це́нишь, це́нит, це́ним, це́ните, це́нят
　　цени́л, цени́ла, цени́ло, цени́ли. Цени́/те!

цити́ровать: **ЦИТИ́РОВА-** *(imperf.)* (процити́р<u>ова</u>-), что? кого? cite, quote.
　　цити́рую, цити́руешь, цити́рует, цити́руем, цити́руете, цити́руют
　　цити́ровал, цити́ровала, цити́ровало, цити́ровали. Цити́руй/те!

$$\boxed{\textbf{Чч}}$$

черне́ть: **ЧЕРНÉЙ-** *(imperf.)* (почерне́й-), turn black, darken.
　　черне́ю, черне́ешь, черне́ет, черне́ем, черне́ете, черне́ют
　　черне́л, черне́ла, черне́ло, черне́ли. Черне́й/те!

чини́ть: **ЧИНИ́-** *(imperf.)* (почини-), что? fix, repair.
　　чиню́, чи́нишь, чи́нит, чи́ним, чи́ните, чи́нят
　　чини́л, чини́ла, чини́ло, чини́ли. Чини́/те!

чи́стить: **ЧИ́СТИ-** *(imperf.)* (почи́сти-), что? кого? clean.
　　чи́щу, чи́стишь, чи́стит, чи́стим, чи́стите, чи́стят
　　чи́стил, чи́стила, чи́стило, чи́стили. Чи́сти/те!

чита́ть: **ЧИТА́Й-** *(imperf.)* (прочита́й-), что? кого? read.
　　чита́ю, чита́ешь, чита́ет, чита́ем, чита́ете, чита́ют
　　чита́л, чита́ла, чита́ло, чита́ли. Чита́й/те!

чихáть: **ЧИХÁЙ**- *(imperf.)* (чихнý-), sneeze.
чихáю, чихáешь, чихáет, чихáем, чихáете, чихáют
чихáл, чихáла, чихáло, чихáли. Чихáй/те!

чихнýть: **ЧИХНÝ**- *(perf.)* (чихáй-), sneeze.
чихнý, чихнёшь, чихнёт, чихнём, чихнёте, чихнýт
чихнýл, чихнýла, чихнýло, чихнýли. Чихни́/те!

чýвствовать: **ЧÝВСТВОВА**- *(imperf.)* (почýвствова-), что? feel.
чýвствую, чýвствуешь, чýвствует, чýвствуем, чýвствуете,
чýвствуют
чýвствовал, чýвствовала, чýвствовало, чýвствовали. Чýвствуй/те!

ши́ть: **ШЬЙ́**- *(imperf.)* (с/шьй́-), что? sew.
шью, шьёшь, шьёт, шьём, шьёте, шьют
ши́л, ши́ла, ши́ло, ши́ли. Шей/те!

шумéть: **ШУМÉ**- *(imperf.)*, make noise, be noisy.
шумлю́, шуми́шь, шуми́т, шуми́м, шуми́те, шумя́т
шумéл, шумéла, шумéло, шумéли. Шуми́/те!

шути́ть: **ШУТИ́**- *(imperf.)* (пошути́-), над чем? над кем? joke.
шучý, шýтишь, шýтит, шýтим, шýтите, шýтят
шути́л, шути́ла, шути́ло, шути́ли. Шути́/те!

Щщ

щипáть: **ЩИПÁ**- *(imperf.)* что? кого? sting, nip, pinch.
щиплю́, щи́плешь, щи́плет, щи́плем, щи́плете, щи́плют
щипáл, щипáла, щипáло, щипáли. Щипли́/те!

Ээ

эвакуи́ровать: **ЭВАКУИ́РОВА**- *(imperf. & perf.)* что? evacuate.
эвакуи́рую, эвакуи́руешь, эвакуи́рует, эвакуи́руем, эвакуи́руете, эвакуи́руют
эвакуи́ровал, эвакуи́ровала, эвакуи́ровало, эвакуи́ровали
Эвакуи́руй/те!

экранизи́ровать: **ЭКРАНИЗИ́РОВА**- *(imperf. & perf.)* что? film, screen.
экранизи́рую, экранизи́руешь, экранизи́рует, экранизи́руем, экранизи́руете, экранизи́руют
экранизи́ровал, экранизи́ровала, экранизи́ровало, экранизи́ровали.
Экранизи́руй/те!

экспорти́ровать: **ЭКСПОРТИ́РОВА**- *(imperf. & perf.)* что? export.
экспорти́рую, экспорти́руешь, экспорти́рует, экспорти́руем, экспорти́руете, экспорти́руют
экспорти́ровал, экспорти́ровала, экспорти́ровало, экспорти́ровали.
Экспорти́руй/те!

Яя

яви́ться: **ЯВИ́-СЯ** *(perf.)* (явля́й-ся), appear; чем? кем? turn out to be.
явлю́сь, я́вишься, я́вится, я́вимся, я́витесь, я́вятся
яви́лся, яви́лась, яви́лось, яви́лись. Яви́(те)сь!

явля́ться: **ЯВЛЯ́Й-СЯ** *(imperf.)* (яви́-ся), appear; чем? кем? turn out to be.
явля́юсь, явля́ешься, явля́ется, явля́емся, явля́етесь, явля́ются
явля́лся, явля́лась, явля́лось, явля́лись. Явля́йся! Явля́йтесь!

INVENTORIES

Part II: Listing by Verbal Stem Classifier

-А-

бормотáть: БОРМОТА̱^x-

брáть: Б/РА̱^x-

вéять: ВЕ́Я̱-

вписáть: ВПИСА̱^x-

вы́брать: ВЫ́Б/РА̱-

вы́звать: ВЫ́З/ВА̱-

вы́писать: ВЫ́ПИСА̱-

вы́сказать: ВЫ́СКАЗА̱-

добрáться: ДОБ/РА̱^x-

дождáться: ДОЖДА̱^x-СЯ

доказáть: ДОКАЗА̱^x-

доскакáть: ДОСКАКА̱^x-

дремáть: ДРЕМА̱^x-

ждáть: ЖДА̱^x-

заказáть: ЗАКАЗА̱^x-

записáть: ЗАПИСА̱^x-

записáться: ЗАПИСА̱^x-СЯ

заплáкать: ЗАПЛА̱КА̱

засмея́ться: ЗАСМЕЯ́-СЯ

засы́пать: ЗАСЫ́ПА̱-

звáть: З/ВА̱^x-

искáть: ИСКА̱^x-

казáться: КАЗА̱^x-СЯ

колебáться: КОЛЕБА́-СЯ

лáять: ЛА́Я̱-

лгáть: ЛГА̱^x-

лепетáть: ЛЕПЕТА̱^x-

мáзать: МА́ЗА̱-

махáть: МАХА̱^x-

мурлы́кать: МУРЛЫ́КА̱-

набрáть: НАБ/РА̱^x-

надéяться: НАДЕ́Я̱-СЯ

назвáть(ся): НАЗ/ВА̱^x-(СЯ)

намáзать: НАМА́ЗА̱-

написáть: НАПИСА̱^x-

оказáть(ся): ОКАЗА̱^x-(СЯ)

описáть: ОПИСА̱^x-

отказáть(ся): ОТКАЗА̱^x-(СЯ)

оторвáть: ОТОРВА́-

отыскáть: ОТЫСКА̱^x-

писáть: ПИСА̱^x

плáкать: ПЛА́КА̱-

повéять: ПОВЕ́Я̱-

подписáть: ПОДПИСА̱^x-

подсказáть: ПОДСКАЗА̱^x-

позвáть: ПОЗ/ВА̱^x-

показа́ть: ПОКАЗА́ˣ-

показа́ться: ПОКАЗА́ˣ-СЯ

поколеба́ться: ПОКОЛЕБА́-СЯ

полоска́ть: ПОЛОСКА́ˣ-

пома́зать: ПОМА́ЗА-

посе́ять: ПОСЕ́Я-

посла́ть: ПОСЛА́-

предсказа́ть: ПРЕДСКАЗА́ˣ-

приказа́ть: ПРИКАЗА́ˣ-

приписа́ть: ПРИПИСА́ˣ-

причеса́ть(ся): ПРИЧЕСА́ˣ-(СЯ)

пробормота́ть: ПРОБОРМОТА́ˣ-

прополоска́ть: ПРОПОЛОСКА́ˣ-

пря́тать(ся): ПРЯ́ТА-(СЯ)

разре́зать: РАЗРЕ́ЗА-

расписа́ться: РАСПИСА́ˣ-СЯ

рассказа́ть: РАССКАЗА́ˣ-

раста́ять: РАСТА́Я-

рва́ть: РВА́ˣ-

ре́зать: РЕ́ЗА-

ропта́ть: РОПТА́ˣ-

связа́ть: СВЯЗА́ˣ-

се́ять: СЕ́Я-

сказа́ть: СКАЗА́ˣ-

смея́ться: СМЕЯ́-СЯ

собра́ть(ся): СОБ/РА́ˣ-(СЯ)

солга́ть: СОЛГА́ˣ-

сорва́ть: СО-РВА́-

списа́ть: СПИСА́ˣ-

спря́тать(ся): СПРЯ́ТА-(СЯ)

та́ять: ТА́Я-

убра́ть: УБ/РА́ˣ-

указа́ть: УКАЗА́ˣ-

щипа́ть: ЩИПА́ˣ-

Additional verbal stems:

-АВАЙ-

восставать: **ВОССТАВАЙ**-

вставать: **ВСТАВАЙ**-

выдавать: **ВЫДАВАЙ**-

давать: **ДАВАЙ**-

доставать: **ДОСТАВАЙ**-

задавать: **ЗАДАВАЙ**-

заставать: **ЗАСТАВАЙ**-

издавать: **ИЗДАВАЙ**-

оставаться: **ОСТАВАЙ**-СЯ

отдавать: **ОТДАВАЙ**-

отставать: **ОТСТАВАЙ**-

передавать: **ПЕРЕДАВАЙ**-

переставать: **ПЕРЕСТАВАЙ**-

подавать: **ПОДАВАЙ**-

представать: **ПРЕДСТАВАЙ**-

преподавать: **ПРЕПОДАВАЙ**-

признавать(ся): **ПРИЗНАВАЙ**-(СЯ)

приставать: **ПРИСТАВАЙ**-

продавать: **ПРОДАВАЙ**-

расставаться: **РАССТАВАЙ**-СЯ

сдавать: **СДАВАЙ**-

создавать: **СОЗДАВАЙ**-

удаваться: **УДАВАЙ**-СЯ

узнавать: **УЗНАВАЙ**-

уставать: **УСТАВАЙ**-

Additional verbal stems:

-АЙ-

бе́гать: БЕ́Г**АЙ**-

броса́ть: БРОС**А́Й**-

быва́ть: БЫВ**А́Й**-

валя́ться: ВАЛ**Я́Й**-СЯ

вдохновля́ть: ВДОХНОВЛ**Я́Й**-

ве́шать: ВЕ́Ш**АЙ**-

вжива́ться: ВЖИВ**А́Й**-СЯ

взгля́дывать: ВЗГЛЯ́ДЫВ**АЙ**-

вздыха́ть: ВЗДЫХ**А́Й**-

вкла́дывать: ВКЛА́ДЫВ**АЙ**-

включа́ть: ВКЛЮЧ**А́Й**-

влия́ть: ВЛИ**Я́Й**-

влюбля́ться: ВЛЮБЛ**Я́Й**-СЯ

вме́шиваться: ВМЕ́ШИВ**АЙ**-СЯ

вмеша́ться: ВМЕШ**А́Й**-СЯ

возвраща́ть(ся): ВОЗВРАЩ**А́Й**-(СЯ)

возглавля́ть: ВОЗГЛАВЛ**Я́Й**-

возлага́ть: ВОЗЛАГ**А́Й**-

возмуща́ться: ВОЗМУЩ**А́Й**-СЯ

возника́ть: ВОЗНИК**А́Й**-

возобновля́ться: ВОЗОБНОВЛ **Я́Й**-СЯ

возража́ть: ВОЗРАЖ**А́Й**-

воображ́ать: ВООБРАЖ**А́Й**-

восклица́ть: ВОСКЛИЦ**А́Й**-

воспита́ть: ВОСПИТ**А́Й**-

воспи́тывать: ВОСПИ́ТЫВ**АЙ**-

восстана́вливать:ВОССТАНА́ВЛИВ**АЙ** -

восхища́ть(ся): ВОСХИЩ**А́Й**-(СЯ)

впада́ть: ВПАД**А́Й**-

впи́сывать: ВПИ́СЫВ**АЙ**-

впита́ть: ВПИТ**А́Й**-

впи́тывать: ВПИ́ТЫВ**АЙ**-

вруча́ть: ВРУЧ**А́Й**-

вска́кивать: ВСКА́КИВ**АЙ**-

вскри́кивать: ВСКРИ́КИВ**АЙ**-

вслу́шаться: ВСЛУ́Ш**АЙ**-СЯ

вслу́шиваться: ВСЛУ́ШИВ**АЙ**-СЯ

всма́триваться: ВСМА́ТРИВ**АЙ** -СЯ

вспомина́ть: ВСПОМИН**А́Й**-

вставля́ть: ВСТАВЛ**Я́Й**-

встреча́ть(ся): ВСТРЕЧ**А́Й**-(СЯ)

выбира́ть: ВЫБИР**А́Й**-

выве́шивать: ВЫВЕ́ШИВ**АЙ**-

выделя́ть: ВЫДЕЛ**Я́Й**-

выде́рживать: ВЫДЕ́РЖИВ<u>АЙ</u>-

вы́думать: ВЫ́ДУМ<u>АЙ</u>-

выду́мывать: ВЫДУ́МЫВ<u>АЙ</u>-

выезжа́ть: ВЫЕЗЖ<u>А́Й</u>-

выздора́вливать: ВЫЗДОРА́ВЛИВ<u>АЙ</u> -

вызыва́ть: ВЫЗЫВ<u>А́Й</u>-

вы́играть: ВЫ́ИГР<u>АЙ</u>-

выи́грывать: ВЫИ́ГРЫВ<u>АЙ</u>-

выключа́ть: ВЫКЛЮЧ<u>А́Й</u>-

вы́купать(ся): ВЫ́КУП<u>АЙ</u>-(СЯ)

вылета́ть: ВЫЛЕТ<u>А́Й</u>-

вынима́ть: ВЫНИМ<u>А́Й</u>-

выпи́сывать: ВЫПИ́СЫВ<u>АЙ</u>-

выполня́ть: ВЫПОЛН<u>Я́Й</u>-

выпуска́ть: ВЫПУСК<u>А́Й</u>-

выраба́тывать: ВЫРАБА́ТЫВ<u>АЙ</u>-

вы́работать: ВЫ́РАБОТ<u>АЙ</u>-

выража́ть: ВЫРАЖ<u>А́Й</u>-

выраста́ть: ВЫРАСТ<u>А́Й</u>-

выра́щивать: ВЫРА́ЩИВ<u>АЙ</u>-

выруба́ть: ВЫРУБ<u>А́Й</u>-

выска́зывать: ВЫСКА́ЗЫВ<u>АЙ</u>-

вы́стирать: ВЫ́СТИР<u>АЙ</u>-

выступа́ть: ВЫСТУП<u>А́Й</u>-

вытека́ть: ВЫТЕК<u>А́Й</u>-

вытира́ть: ВЫТИР<u>А́Й</u>-

вычёркивать: ВЫЧЁРКИВ<u>АЙ</u>-

выясня́ть(ся): ВЫЯСН<u>Я́Й</u>-(СЯ)

глота́ть: ГЛОТ<u>А́Й</u>-

голода́ть(ся): ГОЛОД<u>А́Й</u>-

гуля́ть: ГУЛ<u>Я́Й</u>-

дви́гать(ся): ДВИ́Г<u>АЙ</u>-(СЯ)

де́лать: ДЕ́Л<u>АЙ</u>-

добавля́ть: ДОБАВЛ<u>Я́Й</u>-

добега́ть: ДОБЕГ<u>А́Й</u>-

добива́ться: ДОБИВ<u>А́Й</u>-СЯ

добира́ться: ДОБИР<u>А́Й</u>-СЯ

доверя́ть: ДОВЕР<u>Я́Й</u>-

догада́ться: ДОГАД<u>А́Й</u>-СЯ

дога́дываться: ДОГА́ДЫВ<u>АЙ</u> -СЯ

догова́риваться: ДОГОВА́РИВ<u>АЙ</u> -СЯ

догоня́ть: ДОГОН<u>Я́Й</u>-

доезжа́ть: ДОЕЗЖ<u>А́Й</u>-

дожида́ться: ДОЖИД<u>А́Й</u>-СЯ

дока́зывать: ДОКА́ЗЫВ<u>АЙ</u>-

дополня́ть: ДОПОЛН<u>Я́Й</u>-

допуска́ть: ДОПУСК<u>А́Й</u>-

дораба́тывать: ДОРАБА́ТЫВ<u>АЙ</u>-

дорабо́тать: ДОРАБО́Т<u>АЙ</u>-

достига́ть: ДОСТИГ<u>А́Й</u>-

ду́мать: ДУ́М<u>АЙ</u>-

жела́ть: ЖЕЛ<u>А́Й</u>-

забега́ть: **ЗАБЕГ<u>А́Й</u>**-

заблужда́ться: **ЗАБЛУЖД<u>А́Й</u>** -СЯ

заболева́ть: **ЗАБОЛЕВ<u>А́Й</u>**-

забыва́ть: **ЗАБЫВ<u>А́Й</u>**-

заверша́ть: **ЗАВЕРШ<u>А́Й</u>**-

завла́девать: **ЗАВЛА́ДЕВ<u>АЙ</u>**-

за́втракать: **ЗА́ВТРАК<u>АЙ</u>**-

загада́ть: **ЗАГАД<u>А́Й</u>**-

зага́дывать: **ЗАГА́ДЫВ<u>АЙ</u>**-

загля́дывать: **ЗАГЛЯ́ДЫВ<u>АЙ</u>**-

загора́ть: **ЗАГОР<u>А́Й</u>**-

заде́рживать(ся): **ЗАДЕ́РЖИВ<u>АЙ</u>** -(СЯ)

заду́мать: **ЗАДУ́М<u>АЙ</u>**-

заду́маться: **ЗАДУ́М<u>АЙ</u>-СЯ**

заду́мывать: **ЗАДУ́МЫВ<u>АЙ</u>**-

заду́мываться: **ЗАДУ́МЫВ<u>АЙ</u>** -СЯ

задыха́ться: **ЗАДЫХ<u>А́Й</u>-СЯ**

заезжа́ть: **ЗАЕЗЖ<u>А́Й</u>**-

зака́зывать: **ЗАКА́ЗЫВ<u>АЙ</u>**-

закла́дывать: **ЗАКЛА́ДЫВ<u>АЙ</u>**-

заключа́ть: **ЗАКЛЮЧ<u>А́Й</u>**-

закрыва́ть: **ЗАКРЫВ<u>А́Й</u>**-

замерза́ть: **ЗАМЕРЗ<u>А́Й</u>**-

замеча́ть: **ЗАМЕЧ<u>А́Й</u>**-

занима́ть: **ЗАНИМ<u>А́Й</u>**-

занима́ться: **ЗАНИМ<u>А́Й</u>-СЯ**

запа́чкать: **ЗАПА́ЧК<u>АЙ</u>**-

запира́ть: **ЗАПИР<u>А́Й</u>**-

запи́сывать: **ЗАПИ́СЫВ<u>АЙ</u>**-

запи́сываться: **ЗАПИ́СЫВ<u>АЙ</u>-СЯ**

заполня́ть: **ЗАПОЛН<u>Я́Й</u>**-

запомина́ть: **ЗАПОМИН<u>А́Й</u>**-

запреща́ть: **ЗАПРЕЩ<u>А́Й</u>**-

запру́живать: **ЗАПРУ́ЖИВ<u>АЙ</u>**-

зараба́тывать: **ЗАРАБА́ТЫВ<u>АЙ</u>**-

зарабо́тать: **ЗАРАБО́Т<u>АЙ</u>**-

заслу́живать: **ЗАСЛУ́ЖИВ<u>АЙ</u>**-

застрева́ть: **ЗАСТРЕВ<u>А́Й</u>**-

застре́ливать(ся): **ЗАСТРЕ́ЛИВ <u>АЙ</u>** -(СЯ)

застыва́ть: **ЗАСТЫВ<u>А́Й</u>**-

засу́чивать: **ЗАСУ́ЧИВ<u>АЙ</u>**-

засыпа́ть: **ЗАСЫП<u>А́Й</u>**-

зата́ивать: **ЗАТА́ИВ<u>АЙ</u>**-

затра́гивать: **ЗАТРА́ГИВ<u>АЙ</u>**-

затрудня́ть: **ЗАТРУДН<u>Я́Й</u>**-

зау́чивать: **ЗАУ́ЧИВ<u>АЙ</u>**-

зачисля́ть: **ЗАЧИСЛ<u>Я́Й</u>**-

зачита́ться: **ЗАЧИТ<u>А́Й</u>-СЯ**

зачи́тываться: **ЗАЧИ́ТЫВ<u>АЙ</u>-СЯ**

зашага́ть: **ЗАШАГ<u>А́Й</u>**-

защища́ть: **ЗАЩИЩ<u>А́Й</u>**-

здоро́ваться: **ЗДОРО́В<u>АЙ</u>-СЯ**

знáть: **ЗНА́Й**-

игрáть: **ИГРА́Й**-

избегáть: **ИЗБЕГА́Й**-

извинять: **ИЗВИНЯ́Й**-

извиня́ться: **ИЗВИНЯ́Й-СЯ**

излагáть: **ИЗЛАГА́Й**-

изменя́ть(ся) **ИЗМЕНЯ́Й-(СЯ)**

изображáть: **ИЗОБРАЖА́Й**-

изображáться: **ИЗОБРАЖА́Й-СЯ**

изобретáть: **ИЗОБРЕТА́Й**-

изучáть: **ИЗУЧА́Й**-

исключáть: **ИСКЛЮЧА́Й**-

искупáть(ся): **ИСКУПА́Й-(СЯ)**

испáчкать: **ИСПА́ЧКА́Й**-

исполнять: **ИСПОЛНЯ́Й**-

исполняться: **ИСПОЛНЯ́Й-СЯ**

исправля́ть: **ИСПРАВЛЯ́Й**-

испугáть(ся): **ИСПУГА́Й-(СЯ)**

испытáть: **ИСПЫТА́Й**-

испы́тывать: **ИСПЫ́ТЫВА́Й**-

исчезáть: **ИСЧЕЗА́Й**-

касáться: **КАСА́Й-СЯ**

катáться: **КАТА́Й-СЯ**

качáть: **КАЧА́Й**-

качáться: **КАЧА́Й-СЯ**

кивáть: **КИВА́Й**-

кидáть: **КИДА́Й**-

кончáть(ся): **КОНЧА́Й-(СЯ)**

кукарéкать: **КУКАРЕ́КА́Й**-

купáть(ся): **КУПА́Й-(СЯ)**

кусáть(ся): **КУСА́Й-(СЯ)**

кýшать: **КУ́ША́Й**-

летáть: **ЛЕТА́Й**-

лишáть: **ЛИША́Й**-

ломáть: **ЛОМА́Й**-

лóпаться: **ЛО́ПА́Й-СЯ**

мелькáть: **МЕЛЬКА́Й**-

меня́ть: **МЕНЯ́Й**-

меня́ться: **МЕНЯ́Й-СЯ**

мечтáть: **МЕЧТА́Й**-

мешáть: **МЕША́Й**-

мяýкать: **МЯУ́КА́Й**-

набирáть: **НАБИРА́Й**-

наблюдáть: **НАБЛЮДА́Й**-

навещáть: **НАВЕЩА́Й**-

нагибáться: **НАГИБА́Й-СЯ**

надевáть: **НАДЕВА́Й**-

надоедáть: **НАДОЕДА́Й**-

назначáть: **НАЗНАЧА́Й**-

называ́ть(ся): **НАЗЫВА́Й-(СЯ)**

наливáть: **НАЛИВÁЙ**-

намечáть: **НАМЕЧÁЙ**-

нанимáть: **НАНИМÁЙ**-

нападáть: **НАПАДÁЙ**-

напевáть: **НАПЕВÁЙ**-

напечáтать: **НАПЕЧÁТАЙ**-

напечáтаться: **НАПЕЧÁТАЙ**-СЯ

наполнять: **НАПОЛНЯ́Й**-

напоминáть: **НАПОМИНÁЙ**-

направлять: **НАПРАВЛЯ́Й**-

направляться: **НАПРАВЛЯ́Й**-СЯ

наряжáть(ся): **НАРЯЖÁЙ**-(СЯ)

наслаждáться: **НАСЛАЖДÁЙ**-СЯ

настáивать: **НАСТÁИВАЙ**-

наступáть: **НАСТУПÁЙ**-

насчитáть: **НАСЧИТÁЙ**-

насчи́тывать: **НАСЧИ́ТЫВАЙ**-

начинáть: **НАЧИНÁЙ**-

начинáться: **НАЧИНÁЙ**-СЯ

обдýмать: **ОБДУ́МАЙ**-

обдýмывать: **ОБДУ́МЫВАЙ**-

обéдать: **ОБÉДАЙ**-

оберегáть: **ОБЕРЕГÁЙ**-

обещáть: **ОБЕЩÁЙ**-

обжигáть: **ОБЖИГÁЙ**-

обижáть(ся): **ОБИЖÁЙ**-(СЯ)

обладáть: **ОБЛАДÁЙ**-

обливáть(ся): **ОБЛИВÁЙ**-(СЯ)

обмáнывать: **ОБМÁНЫВАЙ**-

обнарýживать: **ОБНАРУ́ЖИВАЙ** -

обнимáть: **ОБНИМÁЙ**-

обменять: **ОБМЕНЯ́Й**-

обменяться: **ОБМЕНЯ́Й**-СЯ

обобщáть: **ОБОБЩÁЙ**-

обозначáть: **ОБОЗНАЧÁЙ**-

образóвывать: **ОБРАЗÓВЫВАЙ**-

обращáть(ся): **ОБРАЩÁЙ**-(СЯ)

обрýшивать: **ОБРУ́ШИВАЙ**-

обры́згать: **ОБРЫ́ЗГАЙ**-

обры́згивать: **ОБРЫ́ЗГИВАЙ**-

обсуждáть: **ОБСУЖДÁЙ**-

объезжáть: **ОБЪЕЗЖÁЙ**-

объявлять: **ОБЪЯВЛЯ́Й**-

объяснять(ся): **ОБЪЯСНЯ́Й**-(СЯ)

овладевáть: **ОВЛАДЕВÁЙ**-

оглядывать(ся): **ОГЛЯ́ДЫВАЙ** -(СЯ)

огорáживать: **ОГОРÁЖИВАЙ**-

огорчáть: **ОГОРЧÁЙ**-

одевáть(ся): **ОДЕВÁЙ**-(СЯ)

оживáть: **ОЖИВÁЙ**-

ожида́ть: **ОЖИДА́Й-**

означа́ть: **ОЗНАЧА́Й-**

ока́зывать(ся): **ОКА́ЗЫВА́Й-(СЯ)**

окружа́ть: **ОКРУЖА́Й-**

опа́здывать: **ОПА́ЗДЫВА́Й-**

опережа́ть: **ОПЕРЕЖА́Й-**

опира́ться: **ОПИРА́Й-СЯ**

опи́сывать: **ОПИ́СЫВА́Й-**

опла́чивать: **ОПЛА́ЧИВА́Й-**

опозда́ть: **ОПОЗДА́Й-**

определя́ть: **ОПРЕДЕЛЯ́Й-**

опуска́ть: **ОПУСКА́Й-**

осва́ивать: **ОСВА́ИВА́Й-**

освеща́ть: **ОСВЕЩА́Й-**

освобожда́ть: **ОСВОБОЖДА́Й-**

осма́тривать: **ОСМА́ТРИВА́Й-**

осме́ливаться: **ОСМЕ́ЛИВА́Й-СЯ**

осмысля́ть: **ОСМЫСЛЯ́Й-**

осно́вывать: **ОСНО́ВЫВА́Й-**

оставля́ть: **ОСТАВЛЯ́Й-**

остана́вливать(ся): **ОСТАНА́ВЛИВА́Й -(СЯ)**

осуществля́ть: **ОСУЩЕСТВЛЯ́Й-**

отвеча́ть: **ОТВЕЧА́Й-**

отвлека́ть(ся): **ОТВЛЕКА́Й-(СЯ)**

отвыка́ть: **ОТВЫКА́Й-**

отгада́ть: **ОТГАДА́Й-**

отга́дывать: **ОТГА́ДЫВА́Й-**

отделя́ть: **ОТДЕЛЯ́Й-**

отдыха́ть: **ОТДЫХА́Й-**

отка́зывать(ся): **ОТКА́ЗЫВА́Й -(СЯ)**

открыва́ть: **ОТКРЫВА́Й-**

отлега́ть: **ОТЛЕГА́Й-**

отлича́ть(ся): **ОТЛИЧА́Й-(СЯ)**

отменя́ть: **ОТМЕНЯ́Й-**

отмеча́ть: **ОТМЕЧА́Й-**

отпира́ть: **ОТПИРА́Й-**

отправля́ть: **ОТПРАВЛЯ́Й-**

отправля́ться: **ОТПРАВЛЯ́Й-СЯ**

отраба́тывать: **ОТРАБА́ТЫВА́Й-**

отрабо́тать: **ОТРАБО́ТА́Й-**

отравля́ть(ся): **ОТРАВЛЯ́Й-(СЯ)**

отража́ть: **ОТРАЖА́Й-**

отрыва́ть: **ОТРЫВА́Й-**

отста́ивать: **ОТСТА́ИВА́Й-**

отступа́ть: **ОТСТУПА́Й-**

оты́скивать: **ОТЫ́СКИВА́Й-**

оформля́ть: **ОФОРМЛЯ́Й-**

охраня́ть: **ОХРАНЯ́Й-**

оцара́пать(ся): **ОЦАРА́ПА́Й-(СЯ)**

оце́нивать: **ОЦЕ́НИВА́Й-**

ошиба́ться: **ОШИБА́Й-СЯ**

ощу́пать: **ОЩУ́ПА́Й-**

ощу́пывать: **ОЩУ́ПЫВАЙ**-

ощуща́ть: **ОЩУЩА́Й**-

па́дать: **ПА́ДАЙ**-

па́чкать: **ПА́ЧКАЙ**-

пая́ть: **ПАЯ́Й**-

перебега́ть: **ПЕРЕБЕГА́Й**-

перебива́ть: **ПЕРЕБИВА́Й**-

передвига́ть(ся): **ПЕРЕДВИГА́Й** -(СЯ)

переде́лать: **ПЕРЕДЕ́ЛАЙ**-

переде́лывать: **ПЕРЕДЕ́ЛЫВАЙ**-

переду́мать: **ПЕРЕДУ́МАЙ**-

переду́мывать: **ПЕРЕДУ́МЫВАЙ**-

переезжа́ть: **ПЕРЕЕЗЖА́Й**-

пережива́ть: **ПЕРЕЖИВА́Й**-

переменя́ть: **ПЕРЕМЕНЯ́Й**-

переодева́ться: **ПЕРЕОДЕВ А́Й** -СЯ

переплета́ть(ся): **ПЕРЕПЛЕТА́Й** -(СЯ)

переполня́ть(ся): **ПЕРЕПОЛНЯ́Й**-(СЯ)

перераста́ть: **ПЕРЕРАСТА́Й**-

пересека́ть: **ПЕРЕСЕКА́Й**-

пересма́тривать: **ПЕРЕСМА́ТРИВАЙ** -

перестра́ивать: **ПЕРЕСТРА́ИВ АЙ** -

переу́чиваться: **ПЕРЕУЧИВА́Й** -СЯ

перечисля́ть: **ПЕРЕЧИСЛЯ́Й**-

печа́тать: **ПЕЧА́ТАЙ**-

печа́таться: **ПЕЧА́ТАЙ**-СЯ

пла́вать: **ПЛА́ВАЙ**-

побежда́ть: **ПОБЕЖДА́Й**-

побыва́ть: **ПОБЫВА́Й**-

поверя́ть: **ПОВЕРЯ́Й**-

повлия́ть: **ПОВЛИЯ́Й**-

повора́чивать(ся): **ПОВОРА́ЧИВАЙ** -(СЯ)

повторя́ть: **ПОВТОРЯ́Й**-

повыша́ть(ся): **ПОВЫША́Й**-(СЯ)

погиба́ть: **ПОГИБА́Й**-

погуля́ть: **ПОГУЛЯ́Й**-

подбега́ть: **ПОДБЕГА́Й**-

подвёртывать: **ПОДВЁРТЫВАЙ**-

подвига́ть(ся): **ПОДВИГА́Й**-(СЯ)

подгота́вливать-(ся): **ПОДГОТА́ВЛИВАЙ** -(ся)

поднима́ть(ся): **ПОДНИМА́Й**-(СЯ)

подпи́сывать: **ПОДПИ́СЫВАЙ**-

подпуска́ть: **ПОДПУСКА́Й**-

подска́зывать: **ПОДСКА́ЗЫВАЙ**-

подставля́ть: **ПОДСТАВЛЯ́Й**-

подстре́ливать: **ПОДСТРЕ́ЛИВАЙ** -

подстрига́ть(ся): **ПОДСТРИГ А́Й** -(СЯ)

поду́мать: **ПОДУ́МАЙ**-

подчёркивать: **ПОДЧЁРКИВАЙ**-

подчиня́ть: **ПОДЧИНЯ́Й**-

подчиня́ться: **ПОДЧИНЯ́Й**-СЯ

подъезжа́ть: **ПОДЪЕЗЖА́Й**-

пожела́ть: **ПОЖЕЛА́Й**-

пожима́ть: **ПОЖИМА́Й**-

поза́втракать: **ПОЗА́ВТРАКАЙ**-

позволя́ть: **ПОЗВОЛЯ́Й**-

поздоро́ваться: **ПОЗДОРО́ВАЙ** -СЯ

поздравля́ть: **ПОЗДРАВЛЯ́Й**-

пойма́ть: **ПОЙМА́Й**-

пока́зывать: **ПОКА́ЗЫВАЙ**-

покида́ть: **ПОКИДА́Й**-

покупа́ть: **ПОКУПА́Й**-

поку́шать: **ПОКУ́ШАЙ**-

полага́ться: **ПОЛАГА́Й**-СЯ

по́лзать: **ПО́ЛЗАЙ**-

полоска́ть: **ПОЛОСКА́Й**-

получа́ть: **ПОЛУЧА́Й**-

поменя́ть: **ПОМЕНЯ́Й**-

поменя́ться: **ПОМЕНЯ́Й**-СЯ

помеша́ть: **ПОМЕША́Й**-

помеща́ть: **ПОМЕЩА́Й**-

помога́ть: **ПОМОГА́Й**-

понижа́ть(ся): **ПОНИЖА́Й**-(СЯ)

понима́ть: **ПОНИМА́Й**-

пообе́дать: **ПООБЕ́ДАЙ**-

пообеща́ть: **ПООБЕЩА́Й**-

попада́ть: **ПОПАДА́Й**-

пополня́ть(ся): **ПОПОЛНЯ́Й**-(СЯ)

поправля́ть: **ПОПРАВЛЯ́Й**-

поправля́ться: **ПОПРАВЛЯ́Й**-СЯ

попыта́ться: **ПОПЫТА́Й**-СЯ

поража́ть: **ПОРАЖА́Й**-

посвяща́ть: **ПОСВЯЩА́Й**-

поселя́ть(ся): **ПОСЕЛЯ́Й**-(СЯ)

посеща́ть: **ПОСЕЩА́Й**-

послу́шать: **ПОСЛУ́ШАЙ**-

постара́ться: **ПОСТАРА́Й**-СЯ

постесня́ться: **ПОСТЕСНЯ́Й**-СЯ

поступа́ть: **ПОСТУПА́Й**-

посчита́ть: **ПОСЧИТА́Й**-

посыла́ть: **ПОСЫЛА́Й**-

потеря́ть: **ПОТЕРЯ́Й**-

поу́жинать: **ПОУ́ЖИНАЙ**-

похолода́ть: **ПОХОЛОДА́Й**-

появля́ться: **ПОЯВЛЯ́Й**-СЯ

превраща́ть(ся): **ПРЕВРАЩА́Й** -(СЯ)

предлага́ть: **ПРЕДЛАГА́Й**-

предназнача́ть: **ПРЕДНАЗНАЧА́Й** -

предоставля́ть: **ПРЕДОСТАВЛЯ́Й**-

предпочита́ть: **ПРЕДПОЧИТА́Й**-

предска́зывать: **ПРЕДСКА́ЗЫВАЙ** -

представля́ть(ся): **ПРЕДСТАВЛЯ́Й** -(СЯ)

предъявля́ть: **ПРЕДЪЯВЛЯ́Й**-

преклоня́ть(ся): **ПРЕКЛОНЯ́Й**-(СЯ)

прекраща́ть: **ПРЕКРАЩА́Й**-

пренебрега́ть: **ПРЕНЕБРЕГА́Й**-

приближа́ть(ся): **ПРИБЛИЖ А́Й**-(СЯ)

прибыва́ть: **ПРИБЫВА́Й**-

привлека́ть: **ПРИВЛЕКА́Й**-

привыка́ть: **ПРИВЫКА́Й**-

приглаша́ть: **ПРИГЛАША́Й**-

приду́мать: **ПРИДУ́МАЙ**-

приду́мывать: **ПРИДУ́МЫВАЙ**-

приезжа́ть: **ПРИЕЗЖА́Й**-

призна́ть(ся): **ПРИЗНА́Й**-(СЯ)

прика́зывать: **ПРИКА́ЗЫВАЙ**-

прилета́ть: **ПРИЛЕТА́Й**-

принима́ть: **ПРИНИМА́Й**-

приобрета́ть: **ПРИОБРЕТА́Й**-

приоткрыва́ть: **ПРИОТКРЫВА́Й**-

припи́сывать: **ПРИПИ́СЫВАЙ**-

приподнима́ть: **ПРИПОДНИМА́Й**-

припомина́ть(ся): **ПРИПОМИНА́Й**-(СЯ)

приса́живаться: **ПРИСА́ЖИВАЙ**-СЯ

прислоня́ть(ся): **ПРИСЛОН Я́Й**-(СЯ)

присоединя́ть(ся): **ПРИСОЕДИН Я́Й**-(СЯ)

присужда́ть: **ПРИСУЖДА́Й**-

притиха́ть: **ПРИТИХА́Й**-

причёсывать(ся): **ПРИЧЁСЫВАЙ**-(СЯ)

пробужда́ть(ся): **ПРОБУЖДА́Й**-(СЯ)

прова́ливаться: **ПРОВА́ЛИВ АЙ**-СЯ

проверя́ть: **ПРОВЕРЯ́Й**-

провожа́ть: **ПРОВОЖА́Й**-

проголода́ть(ся): **ПРОГОЛОДА́Й**-(СЯ)

продвига́ть(ся): **ПРОДВИ́ГАЙ**-(СЯ)

продлева́ть: **ПРОДЛЕВА́Й**-

продолжа́ть(ся): **ПРОДОЛЖ А́Й**-(СЯ)

проезжа́ть: **ПРОЕЗЖА́Й**-

проигра́ть: **ПРОИГРА́Й**-

проигрывать: **ПРОИ́ГРЫВАЙ**-

проистека́ть: **ПРОИСТЕКА́Й**-

прока́лывать: **ПРОКА́ЛЫВАЙ**-

прокла́дывать: **ПРОКЛА́ДЫВАЙ**-

проклина́ть: **ПРОКЛИНА́Й**-

пролива́ть: **ПРОЛИВА́Й**-

пропада́ть: **ПРОПАДА́Й**-

прополоска́ть: **ПРОПОЛОСКА́Й**-

пропуска́ть: **ПРОПУСКА́Й**-

проси́живать: **ПРОСИ́ЖИВАЙ**-

просклоня́ть(ся): **ПРОСКЛОНЯ́Й**-(СЯ)

прослу́шать: **ПРОСЛУ́ШАЙ**-

прослу́шивать: **ПРОСЛУ́ШИВ АЙ**-

просма́тривать: **ПРОСМА́ТРИВ АЙ**-

проспряга́ть: **ПРОСПРЯГА́Й**-

простужа́ться: **ПРОСТУЖА́Й**-СЯ

просыпа́ться: **ПРОСЫПА́Й**-СЯ

протя́гивать: ПРОТЯ́ГИВ**АЙ**-

прочита́ть: ПРОЧИТ**АЙ**-

проща́ть: ПРОЩ**АЙ**-

проща́ться: ПРОЩ**АЙ**-СЯ

проявля́ть: ПРОЯВЛ**Я́Й**-

проявля́ться: ПРОЯВЛ**Я́Й**-СЯ

пуга́ть(ся): ПУГ**А́Й**-(СЯ)

пыта́ться: ПЫТ**А́Й**-СЯ

рабо́тать: РАБО́Т**АЙ**-

разбива́ть: РАЗБИВ**А́Й**-

развива́ть(ся): РАЗВИВ**А́Й**-(СЯ)

разгиба́ть: РАЗГИБ**А́Й**-

разгля́дывать: РАЗГЛЯ́ДЫВ**АЙ**-

разгова́ривать: РАЗГОВА́РИВ **АЙ**-

разгора́ться: РАЗГОР**А́Й**-СЯ

раздева́ть(ся): РАЗДЕВ**А́Й**-(СЯ)

разделя́ть: РАЗДЕЛ**Я́Й**-

разделя́ться: РАЗДЕЛ**Я́Й**-СЯ

разду́мать: РАЗДУ́М**АЙ**-

разду́мывать: РАЗДУ́МЫВ**АЙ**-

различа́ть(ся): РАЗЛИЧ**А́Й**-(СЯ)

разлуча́ть(ся): РАЗЛУЧ**А́Й**-(СЯ)

разме́нивать: РАЗМЕ́НИВ**АЙ**-

разменя́ть: РАЗМЕН**Я́Й**-

размеща́ть: РАЗМЕЩ**А́Й**-

размыва́ть: РАЗМЫВ**А́Й**-

размышля́ть: РАЗМЫШЛ**Я́Й**-

разраба́тывать: РАЗРАБА́ТЫВ **АЙ**-

разрабо́тать: РАЗРАБО́Т**АЙ**-

разража́ться: РАЗРАЖ**А́Й**-СЯ

разреша́ть: РАЗРЕШ**А́Й**-

разруша́ть(ся): РАЗРУШ**А́Й**-(СЯ)

разу́чивать: РАЗУ́ЧИВ**АЙ**-

разъезжа́ться: РАЗЪЕЗЖ**А́Й**-СЯ

разъясня́ть: РАЗЪЯСН**Я́Й**-

раскрыва́ть: РАСКРЫВ**А́Й**-

раскупа́ть: РАСКУП**А́Й**-

распеча́тать: РАСПЕЧА́Т**АЙ**-

распеча́тывать: РАСПЕЧА́ТЫВ **АЙ**-

распи́сываться: РАСПИ́СЫВ**АЙ** -СЯ

располага́ть: РАСПОЛАГ**А́Й**-

располага́ться: РАСПОЛАГ **А́Й**-СЯ

распространя́ть(ся): РАСПРОСТРАН **Я́Й**-(СЯ)

расска́зывать: РАССКА́ЗЫВ**АЙ**-

рассма́тривать: РАССМА́ТРИВ **АЙ**-

расспра́шивать: РАССПРА́ШИВ**АЙ** -

расставля́ть: РАССТАВЛ**Я́Й**-

расстра́ивать(ся): РАССТРА́ИВ**АЙ** -(СЯ)

рассужда́ть: РАССУЖД**А́Й**-

рассчита́ть: РАССЧИТ**А́Й**-

рассчи́тывать: РАССЧИ́ТЫВ**АЙ**-

расширя́ть(ся): РАСШИР**Я́Й**-(СЯ)

реша́ть: **РЕШ<u>АЙ</u>-**

реша́ться: **РЕШ<u>АЙ</u>-СЯ**

рожда́ть(ся): **РОЖД<u>АЙ</u>-(СЯ)**

роня́ть: **РОН<u>ЯЙ</u>-**

рыда́ть: **РЫД<u>АЙ</u>-**

сажа́ть: **САЖ<u>АЙ</u>-**

сберега́ть: **СБЕРЕГ<u>АЙ</u>-**

сверка́ть: **СВЕРК<u>АЙ</u>-**

света́ть: **СВЕТ<u>АЙ</u>-**

свеша́ть: **СВЕШ<u>АЙ</u>-**

свя́зывать: **СВЯ́ЗЫВ<u>АЙ</u>-**

сде́лать: **СДЕ́Л<u>АЙ</u>-**

сде́рживать(ся): **СДЕ́РЖИВ<u>АЙ</u>-(СЯ)**

сжима́ть(ся): **СЖИМ<u>АЙ</u>-(СЯ)**

сия́ть: **СИ<u>ЯЙ</u>-**

скла́дывать(ся): **СКЛА́ДЫВ<u>АЙ</u>-(СЯ)**

склоня́ть(ся): **СКЛОН<u>ЯЙ</u>-(СЯ)**

скрыва́ть: **СКРЫВ<u>АЙ</u>-**

скуча́ть: **СКУЧ<u>АЙ</u>-**

слива́ть(ся): **СЛИВ<u>АЙ</u>-(СЯ)**

слома́ть: **СЛОМ<u>АЙ</u>-**

случа́ться: **СЛУЧ<u>АЙ</u>-СЯ**

слу́шать: **СЛУ́Ш<u>АЙ</u>-**

сменя́ть(ся): **СМЕН<u>ЯЙ</u>-(СЯ)**

смуща́ть(ся): **СМУЩ<u>АЙ</u>-(СЯ)**

снижа́ть(ся): **СНИЖ<u>АЙ</u>-(СЯ)**

снима́ть: **СНИМ<u>АЙ</u>-**

собира́ть(ся): **СОБИР<u>АЙ</u>-(СЯ)**

соверша́ть(ся): **СОВЕРШ<u>АЙ</u>-(СЯ)**

совмеща́ть: **СОВМЕЩ<u>АЙ</u>-**

совпада́ть: **СОВПАД<u>АЙ</u>-**

соглаша́ться: **СОГЛАШ<u>АЙ</u>-СЯ**

согрева́ть(ся): **СОГРЕВ<u>АЙ</u>-(СЯ)**

соединя́ть(ся): **СОЕДИН<u>ЯЙ</u>-(СЯ)**

сокраща́ть: **СОКРАЩ<u>АЙ</u>-**

сомнева́ться: **СОМНЕВ<u>АЙ</u>-СЯ**

сообща́ть: **СООБЩ<u>АЙ</u>-**

сопровожда́ть: **СОПРОВОЖД<u>АЙ</u>-**

составля́ть: **СОСТАВЛ<u>ЯЙ</u>-**

сохраня́ть(ся): **СОХРАН<u>ЯЙ</u>-(СЯ)**

сочиня́ть: **СОЧИН<u>ЯЙ</u>-**

спаса́ть(ся): **СПАС<u>АЙ</u>-(СЯ)**

спи́сывать: **СПИ́СЫВ<u>АЙ</u>-**

сполза́ть: **СПОЛЗ<u>АЙ</u>-**

спра́шивать: **СПРА́ШИВ<u>АЙ</u>-**

спряга́ть: **СПРЯГ<u>АЙ</u>-**

спуска́ть(ся): **СПУСК<u>АЙ</u>-(СЯ)**

сра́внивать: **СРА́ВНИВ<u>АЙ</u>-**

стара́ться: **СТАР<u>АЙ</u>-СЯ**

стесня́ться: **СТЕСН<u>ЯЙ</u>-СЯ**

стира́ть: **СТИР<u>АЙ</u>-**

страда́ть: **СТРАД<u>АЙ</u>-**

стреля́ть(ся): **СТРЕЛЯ́Й-(СЯ)**

схва́тывать: **СХВА́ТЫВАЙ-**

счита́ть: **СЧИТА́Й-**

счита́ть(ся): **СЧИТА́Й-(СЯ)**

съезжа́ться: **СЪЕЗЖА́Й-СЯ**

сыгра́ть: **СЫГРА́Й-**

теря́ть: **ТЕРЯ́Й-**

толка́ть: **ТОЛКА́Й-**

то́пать: **ТО́ПАЙ-**

тро́гать: **ТРО́ГАЙ-**

убежда́ть: **УБЕЖДА́Й-**

убива́ть: **УБИВА́Й-**

убира́ть: **УБИРА́Й-**

уважа́ть: **УВАЖА́Й-**

увели́чивать: **УВЕЛИ́ЧИВАЙ-**

уверя́ть: **УВЕРЯ́Й-**

увлека́ть(ся): **УВЛЕКА́Й-(СЯ)**

угада́ть: **УГАДА́Й-**

уга́дывать: **УГА́ДЫВАЙ-**

углубля́ть: **УГЛУБЛЯ́Й-**

угнета́ть: **УГНЕТА́Й-**

угова́ривать: **УГОВА́РИВАЙ-**

угоща́ть: **УГОЩА́Й-**

ударя́ть: **УДАРЯ́Й-**

уделя́ть: **УДЕЛЯ́Й-**

удешевля́ть: **УДЕШЕВЛЯ́Й-**

удивля́ть(ся): **УДИВЛЯ́Й-(СЯ)**

удлиня́ть: **УДЛИНЯ́Й-**

удовлетворя́ть: **УДОВЛЕТВОРЯ́Й-**

удоста́ивать: **УДОСТА́ИВАЙ-**

уезжа́ть: **УЕЗЖА́Й-**

у́жинать: **У́ЖИНАЙ-**

узна́ть: **УЗНА́Й-**

ука́зывать: **УКА́ЗЫВАЙ-**

укла́дывать: **УКЛА́ДЫВАЙ-**

улучша́ть: **УЛУЧША́Й-**

улыба́ться: **УЛЫБА́Й-СЯ**

уменьша́ть: **УМЕНЬША́Й-**

умира́ть: **УМИРА́Й-**

умолка́ть: **УМОЛКА́Й-**

умыва́ть: **УМЫВА́Й-**

упако́вывать: **УПАКО́ВЫВАЙ-**

упомина́ть: **УПОМИНА́Й-**

употребля́ть: **УПОТРЕБЛЯ́Й-**

управля́ть: **УПРАВЛЯ́Й-**

упроща́ть: **УПРОЩА́Й-**

упуска́ть: **УПУСКА́Й-**

уси́ливать: **УСИ́ЛИВАЙ-**

ускоря́ть: **УСКОРЯ́Й-**

усложня́ть: **УСЛОЖНЯ́Й-**

успева́ть: **УСПЕВА́Й-**

успока́ивать(ся): **УСПОКА́ИВАЙ-(СЯ)**

устанáвливать: **УСТАНÁВЛИВ <u>АЙ</u>**-

устрáивать: **УСТРÁИВ<u>АЙ</u>**-

утверждáть: **УТВЕРЖД<u>ÁЙ</u>**-

ухáживать: **УХÁЖИВ<u>АЙ</u>**-

ухудшáть(ся): **УХУДШ<u>ÁЙ</u>-(СЯ)**

хватáть: **ХВАТ<u>ÁЙ</u>**-

холодáть: **ХОЛОД<u>ÁЙ</u>**-

царáпать(ся): **ЦАРÁП<u>АЙ</u>-(СЯ)**

читáть: **ЧИТ<u>ÁЙ</u>**-

чихáть: **ЧИХ<u>ÁЙ</u>**-

являться: **ЯВЛ<u>Я́Й</u>-СЯ**

Additional verbal stems:

-В-

вжи́ться: ВЖИ<u>В</u>ˣ-СЯ

жи́ть: <u>ЖИВ</u>ˣ-

ожи́ть: О<u>ЖИВ</u>ˣ-

пережи́ть: ПЕРЕЖИ<u>В</u>ˣ-

плы́ть: ПЛЫ<u>В</u>ˣ-

Additional verbal stems:

-Г/К-

бере́чь: БЕРЁ<u>Г</u>́-

вы́течь: ВЫ́ТЕ<u>К</u>-

же́чь: Ж/<u>Г</u>́-

испе́чь: ИСПЁ<u>К</u>́-

обере́чь: ОБЕРЁ<u>Г</u>́-

обже́чь: ОБ/Ж/<u>Г</u>́-

остри́чь(ся): ОСТРИ<u>Г</u>́-(СЯ)

отвле́чь(ся): ОТВЛЁ<u>К</u>́-(СЯ)

пересе́чь: ПЕРЕСЕ<u>К</u>́-

пе́чь: ПЁ<u>К</u>́-

подстри́чь(ся): ПОДСТРИ<u>Г</u>́ -(СЯ)

пренебре́чь: ПРЕНЕБРЁ<u>Г</u>́-

привле́чь: ПРИВЛЁ<u>К</u>́-

происте́чь: ПРОИСТЁ<u>К</u>́-

сбере́чь: СБЕРЁ<u>Г</u>́-

сже́чь: С/Ж/<u>Г</u>́-

стри́чь(ся): СТРИ<u>Г</u>́-(СЯ)

увле́чь(ся): УВЛЁ<u>К</u>́-(СЯ)

Additional verbal stems:

-Д/Т-

брести: **БРЁД**-

вести: **ВЁД**-

воспроизвести: **ВОСПРОИЗВЁД**-

впасть: **ВПА́Д**-

изобрести: **ИЗОБРЁТ**-

класть: **КЛА́Д**-

красть: **КРА́Д**-

напасть: **НАПА́Д**-

пасть: **ПА́Д**-

перевести: **ПЕРЕВЁД**-

переплести(сь): **ПЕРЕПЛЁТ**-(СЯ)

попасть: **ПОПА́Д**-

предпочесть: **ПРЕДПОЧ/Т**-

привести: **ПРИВЁД**-

приобрести: **ПРИОБРЁТ**-

провести: **ПРОВЁД**-

произвести: **ПРОИЗВЁД**-

пропасть: **ПРОПА́Д**-

расцвести: **РАСЦВЁТ**-

свести: **СВЁД**-

совпасть: **СОВПА́Д**-

украсть: **УКРА́Д**-

упасть: **УПА́Д**-

цвести: **ЦВЁТ**-

Additional verbal stems:

-E-

болеть: **БОЛЕ́-**

велеть: **ВЕЛЕ́-**

видеть: **ВИ́ДЕ-**

висеть: **ВИСЕ́-**

вскипеть: **ВСКИПЕ́-**

всмотреться: **ВСМОТРЕ**[x]**-СЯ**

выглядеть: **ВЫ́ГЛЯДЕ-**

вылететь: **ВЫ́ЛЕТЕ-**

глядеть: **ГЛЯДЕ́-**

гореть: **ГОРЕ́-**

зависеть: **ЗАВИ́СЕ-**

загореть: **ЗАГОРЕ́-**

звенеть: **ЗВЕНЕ́-**

кипеть: **КИПЕ́-**

лететь: **ЛЕТЕ́-**

ненавидеть: **НЕНАВИ́ДЕ-**

обидеть(ся): **ОБИ́ДЕ-(СЯ)**

оглядеть(ся): **ОГЛЯДЕ-(СЯ)**

осмотреть: **ОСМОТРЕ**[x]**-**

пересмотреть: **ПЕРЕСМОТРЕ**[x]**-**

поглядеть: **ПОГЛЯДЕ́-**

посмотреть: **ПОСМОТРЕ**[x]**-**

прилететь: **ПРИЛЕТЕ́-**

прозвенеть: **ПРОЗВЕНЕ́-**

просидеть: **ПРОСИДЕ́-**

просмотреть: **ПРОСМОТРЕ**[x]**-**

разглядеть: **РАЗГЛЯДЕ́-**

разгореться: **РАЗГОРЕ́-СЯ**

рассмотреть: **РАССМОТРЕ**[x]**-**

свистеть: **СВИСТЕ́-**

сгореть: **СГОРЕ́-**

сидеть: **СИДЕ́-**

скрипеть: **СКРИПЕ́-**

смотреть: **СМОТРЕ**[x]**-**

терпеть: **ТЕРПЕ**[x]**-**

увидеть: **УВИ́ДЕ-**

храпеть: **ХРАПЕ́-**

хрипеть: **ХРИПЕ́-**

шуметь: **ШУМЕ́-**

Additional verbal stems:

-ЕЙ-

белеть: **БЕЛЕ́Й**-

болеть: **БОЛЕ́Й**-

владеть: **ВЛАДЕ́Й**-

выздороветь: **ВЫ́ЗДОРОВЕЙ**-

греть(ся): **ГРЕ́Й**-(СЯ)

жалеть: **ЖАЛЕ́Й**-

желтеть: **ЖЕЛТЕ́Й**-

заболеть: **ЗАБОЛЕ́Й**-

завладеть: **ЗАВЛАДЕ́Й**-

иметь: **ИМЕ́Й**-

краснеть: **КРАСНЕ́Й**-

молодеть: **МОЛОДЕ́Й**-

неметь: **НЕМЕ́Й**-

овладеть: **ОВЛАДЕ́Й**-

онеметь: **ОНЕМЕ́Й**-

оробеть: **ОРОБЕ́Й**-

побелеть: **ПОБЕЛЕ́Й**-

пожалеть: **ПОЖАЛЕ́Й**-

пожелтеть: **ПОЖЕЛТЕ́Й**-

покраснеть: **ПОКРАСНЕ́Й**-

помолодеть: **ПОМОЛОДЕ́Й**-

посинеть: **ПОСИНЕ́Й**-

посметь: **ПОСМЕ́Й**-

потеплеть: **ПОТЕПЛЕ́Й**-

похудеть: **ПОХУДЕ́Й**-

почернеть: **ПОЧЕРНЕ́Й**-

робеть: **РОБЕ́Й**-

светлеть: **СВЕТЛЕ́Й**-

синеть: **СИНЕ́Й**-

сметь: **СМЕ́Й**-

согреть(ся): **СОГРЕ́Й**-(СЯ)

стемнеть: **СТЕМНЕ́Й**-

суметь: **СУМЕ́Й**-

темнеть: **ТЕМНЕ́Й**-

теплеть: **ТЕПЛЕ́Й**-

уметь: **УМЕ́Й**-

успеть: **УСПЕ́Й**-

худеть: **ХУДЕ́Й**-

чернеть: **ЧЕРНЕ́Й**-

Additional verbal stems:

-ЖА-

боя́ться: **БОЯ́-СЯ**

вы́держать: **ВЫ́ДЕРЖА-**

держа́ть: **ДЕРЖӐ́-**

дрожа́ть: **ДРОЖА́-**

дыша́ть: **ДЫШӐ-**

журча́ть: **ЖУРЧА́-**

задержа́ть(ся): **ЗАДЕРЖӐ-(СЯ)**

звуча́ть: **ЗВУЧА́-**

крича́ть: **КРИЧА́-**

лежа́ть: **ЛЕЖА́-**

молча́ть: **МОЛЧА́-**

мыча́ть: **МЫЧА́-**

настоя́ть: **НАСТОЯ́-**

отстоя́ть: **ОТСТОЯ́-**

послы́шаться: **ПОСЛЫ́ША-СЯ**

постуча́ть(ся): **ПОСТУЧА́-(СЯ)**

прозвуча́ть: **ПРОЗВУЧА́-**

сдержа́ть(ся): **СДЕРЖӐ-(СЯ)**

слы́шать: **СЛЫ́ША-**

слы́шаться: **СЛЫ́ША-СЯ**

состоя́ть: **СОСТОЯ́-**

стоя́ть: **СТОЯ́-**

стуча́ть(ся): **СТУЧА́-(СЯ)**

треща́ть: **ТРЕЩА́-**

услы́шать: **УСЛЫ́ША-**

Additional verbal stems:

-3/C-

везти́: **ВЁЗ**́-

внести́: **ВНЁС**́-

ле́зть: **ЛЕ́З**-

нести́: **НЁС**́-

отвезти́: **ОТВЁЗ**́-

отнести́: **ОТНЁС**́-

отнести́сь: **ОТНЁС**́-**СЯ**

перевезти́: **ПЕРЕВЁЗ**́-

перенести́: **ПЕРЕНЁС**́-

повезти́: **ПОВЁЗ**́-

ползти́: **ПОЛЗ**́-

произнести́(сь): **ПРОИЗНЁС**́-**(СЯ)**

спасти́(сь): **СПАС**́-**(СЯ)**

сползти́: **СПОЛЗ**́-

Additional verbal stems:

-И-

беспоко́ить(ся): БЕСПОКО́И-(СЯ)

благодари́ть: БЛАГОДАРИ́-

броди́ть: БРОДИ́- ^x

бро́сить: БРО́СИ-

буди́ть: БУДИ́- ^x

вари́ть(ся): ВАРИ́-(СЯ) ^x

вдохнови́ть: ВДОХНОВИ́-

ве́рить: ВЕ́РИ-

весели́ть(ся): ВЕСЕЛИ́-(СЯ)

ве́сить: ВЕ́СИ-

вини́ть: ВИНИ́-

включи́ть: ВКЛЮЧИ́-

вложи́ть: ВЛОЖИ́- ^x

влюби́ться: ВЛЮБИ́-СЯ ^x

вноси́ть: ВНОСИ́- ^x

води́ть: ВОДИ́- ^x

возврати́ть(ся): ВОЗВРАТИ́-(СЯ)

возгла́вить: ВОЗГЛА́ВИ-

вози́ть: ВОЗИ́- ^x

возложи́ть: ВОЗЛОЖИ́- ^x

возмути́ться: ВОЗМУТИ́-СЯ

возобнови́ться: ВОЗОБНОВИ́-СЯ

возрази́ть: ВОЗРАЗИ́-

вообрази́ть: ВООБРАЗИ́-

воспроизводи́ть: ВОСПРОИЗВОДИ́- ^x

восстанови́ть: ВОССТАНОВИ́- ^x

восхити́ть(ся): ВОСХИТИ́-(СЯ)

вручи́ть: ВРУЧИ́-

вскочи́ть: ВСКОЧИ́- ^x

вспо́мнить: ВСПО́МНИ-

вста́вить: ВСТА́ВИ-

встрево́жить(ся): ВСТРЕВО́ЖИ-(СЯ)

встре́тить(ся): ВСТРЕ́ТИ-(СЯ)

вы́весить: ВЫ́ВЕСИ-

вы́делить: ВЫ́ДЕЛИ-

вы́ключить: ВЫ́КЛЮЧИ-

вы́лечить: ВЫ́ЛЕЧИ-

вы́полнить: ВЫ́ПОЛНИ-

вы́пустить: ВЫ́ПУСТИ-

вы́разить: ВЫ́РАЗИ-

вы́растить: ВЫ́РАСТИ-

вы́рубить: ВЫ́РУБИ-

вы́ступить: ВЫ́СТУПИ-

вы́учить: ВЫ́УЧИ-

выходи́ть: ВЫХОДИ́- ^x

вы́яснить(ся): ВЫ́ЯСНИ-(СЯ)

гасить: ГАСИ́- (x above И)

гла́дить: ГЛА́ДИ-

говори́ть: ГОВОРИ́-

годи́ться: ГОДИ́-СЯ

горди́ться: ГОРДИ́-СЯ

гости́ть: ГОСТИ́-

гото́вить: ГОТО́ВИ-

гото́виться: ГОТО́ВИ-СЯ

грози́ть: ГРОЗИ́-

губи́ть: ГУБИ́- (x above И)

дари́ть: ДАРИ́- (x above И)

дели́ть: ДЕЛИ́- (x above И)

дели́ться: ДЕЛИ́-СЯ (x above И)

доба́вить: ДОБА́ВИ-

дове́рить: ДОВЕ́РИ-

договори́ться: ДОГОВОРИ́-СЯ

допо́лнить: ДОПО́ЛНИ-

допусти́ть: ДОПУСТИ́- (x above И)

доходи́ть: ДОХОДИ́- (x above И)

дружи́ть: ДРУЖИ́- (x above И)

дружи́ться: ДРУЖИ́-СЯ (x above И)

е́здить: Е́ЗДИ-

жа́рить: ЖА́РИ-

жени́ться: ЖЕНИ́-СЯ (x above И)

заблуди́ться: ЗАБЛУДИ́-СЯ (x above И)

забо́титься: ЗАБО́ТИ-СЯ

заверши́ть: ЗАВЕРШИ́-

зажа́рить: ЗАЖА́РИ-

заключи́ть: ЗАКЛЮЧИ́-

заложи́ть: ЗАЛОЖИ́- (x above И)

заме́тить: ЗАМЕ́ТИ-

заплати́ть: ЗАПЛАТИ́- (x above И)

запо́лнить: ЗАПО́ЛНИ-

запо́мнить: ЗАПО́МНИ-

запрети́ть: ЗАПРЕТИ́-

запруди́ть: ЗАПРУДИ́- (x above И)

заслужи́ть: ЗАСЛУЖИ́- (x above И)

застрели́ть(ся): ЗАСТРЕЛИ́-(СЯ) (x above И)

засучи́ть: ЗАСУЧИ́- (x above И)

затаи́ть: ЗАТАИ́-

затрудни́ть: ЗАТРУДНИ́-

заучи́ть: ЗАУЧИ́- (x above И)

заходи́ть: ЗАХОДИ́- (x above И)

зачи́слить: ЗАЧИ́СЛИ-

защити́ть: ЗАЩИТИ́-

звони́ть: ЗВОНИ́-

знако́миться: ЗНАКО́МИ-СЯ

зна́чить: ЗНА́ЧИ-

знобить: ЗНОБИ́-

извини́ть: ИЗВИНИ́- (x above И)

извини́ться: ИЗВИНИ́-СЯ (x above И)

изжа́рить: **ИЗЖА́РИ-**

изложи́ть: **ИЗЛОЖИ́-**
$\overset{x}{}$

измени́ть(ся): **ИЗМЕНИ́-(СЯ)**
$\overset{x}{}$

изобрази́ть: **ИЗОБРАЗИ́-**

изобрази́ться: **ИЗОБРАЗИ́-СЯ**
$\overset{x}{}$

изучи́ть: **ИЗУЧИ́-**

исключи́ть: **ИСКЛЮЧИ́-**

испо́лнить: **ИСПО́ЛНИ-**

испо́лниться: **ИСПО́ЛНИ-СЯ**

испо́ртить(ся): **ИСПО́РТИ-(СЯ)**

испра́вить(ся): **ИСПРА́ВИ-(СЯ)**

истоми́ть: **ИСТОМИ́-**

истоми́ться: **ИСТОМИ́-СЯ**

истра́тить: **ИСТРА́ТИ-**

кати́ться: **КАТИ́-СЯ**
$\overset{x}{}$

конту́зить: **КОНТУ́ЗИ-**

конфу́зить(ся): **КОНФУ́ЗИ-СЯ**

ко́нчить(ся): **КО́НЧИ-(СЯ)**

копи́ть: **КОПИ́-**
$\overset{x}{}$

корми́ть: **КОРМИ́-**
$\overset{x}{}$

крепи́ть: **КРЕПИ́-**

купи́ть: **КУПИ́-**
$\overset{x}{}$

кури́ть: **КУРИ́-**
$\overset{x}{}$

ла́зить: **ЛА́ЗИ-**

лени́ться: **ЛЕНИ́-СЯ**
$\overset{x}{}$

лечи́ть(ся): **ЛЕЧИ́-(СЯ)**
$\overset{x}{}$

лиши́ть: **ЛИШИ́-**

лови́ть: **ЛОВИ́-**
$\overset{x}{}$

ложи́ться: **ЛОЖИ́-СЯ**

льсти́ть: **ЛЬСТИ́-**

люби́ть: **ЛЮБИ́-**
$\overset{x}{}$

ме́длить: **МЕ́ДЛИ-**

мири́ться: **МИРИ́-СЯ**

молоди́ть: **МОЛОДИ́-**

мо́рщить(ся): **МО́РЩИ-(СЯ)**

навести́ть: **НАВЕСТИ́-**

назна́чить: **НАЗНА́ЧИ-**

накопи́ть: **НАКОПИ́-**
$\overset{x}{}$

накорми́ть: **НАКОРМИ́-**
$\overset{x}{}$

наме́тить: **НАМЕ́ТИ-**

намо́рщить(ся): **НАМО́РЩИ-(СЯ)**

напо́лнить: **НАПО́ЛНИ-**

напо́мнить: **НАПО́МНИ-**

напра́вить: **НАПРА́ВИ-**

напра́виться: **НАПРА́ВИ-СЯ**

наряди́ть(ся): **НАРЯДИ́-(СЯ)**
$\overset{x}{}$

наслади́ться: **НАСЛАДИ́-СЯ**

насмеши́ть: **НАСМЕШИ́-**

наступи́ть: **НАСТУПИ́-**
$\overset{x}{}$

научи́ть: **НАУЧИ́-**
$\overset{x}{}$

научи́ться: **НАУЧИ́-СЯ**
$\overset{x}{}$

находи́ть: **НАХОДИ́-**
$\overset{x}{}$

находиться: **НАХОДИ́-СЯ** [x]

нахму́риться: **НАХМУ́РИ-СЯ**

нездоро́виться: **НЕЗДОРО́ВИ-СЯ**

носи́ть: **НОСИ́-** [x]

нра́виться: **НРА́ВИ-СЯ**

обвини́ть: **ОБВИНИ́-**

обнару́жить: **ОБНАРУ́ЖИ-**

обобщи́ть: **ОБОБЩИ́-**

обозна́чить: **ОБОЗНА́ЧИ-**

обрати́ть(ся): **ОБРАТИ́-(СЯ)**

обру́шить: **ОБРУ́ШИ-**

обсуди́ть: **ОБСУДИ́-** [x]

объяви́ть: **ОБЪЯВИ́-** [x]

объясни́ть(ся): **ОБЪЯСНИ́-(СЯ)**

огороди́ть: **ОГОРОДИ́-** [x]

огорчи́ть: **ОГОРЧИ́-**

окружи́ть: **ОКРУЖИ́-**

опереди́ть: **ОПЕРЕДИ́-**

оплати́ть: **ОПЛАТИ́-** [x]

определи́ть: **ОПРЕДЕЛИ́-**

опусти́ть: **ОПУСТИ́-** [x]

освети́ть: **ОСВЕТИ́-**

освободи́ть: **ОСВОБОДИ́-**

осво́ить: **ОСВО́И-**

осме́литься: **ОСМЕ́ЛИ-СЯ**

осмы́слить: **ОСМЫ́СЛИ-**

оста́вить: **ОСТА́ВИ-**

останови́ть(ся): **ОСТАНОВИ́-(СЯ)** [x]

осуществи́ть: **ОСУЩЕСТВИ́-**

отве́тить: **ОТВЕ́ТИ-**

отвози́ть: **ОТВОЗИ́-** [x]

отдели́ть: **ОТДЕЛИ́-** [x]

отличи́ть(ся): **ОТЛИЧИ́-(СЯ)**

отмени́ть: **ОТМЕНИ́-** [x]

отме́тить: **ОТМЕ́ТИ-**

относи́ть: **ОТНОСИ́-** [x]

относи́ться: **ОТНОСИ́-СЯ** [x]

отпра́вить: **ОТПРА́ВИ-**

отпра́виться: **ОТПРА́ВИ-СЯ**

отрави́ть(ся): **ОТРАВИ́-(СЯ)** [x]

отрази́ть: **ОТРАЗИ́-**

отступи́ть: **ОТСТУПИ́-** [x]

офо́рмить: **ОФО́РМИ-**

охрани́ть: **ОХРАНИ́-**

оцени́ть: **ОЦЕНИ́-** [x]

очути́ться: **ОЧУТИ́-СЯ** [x]

ощути́ть: **ОЩУТИ́-**

переводи́ть: **ПЕРЕВОДИ́-** [x]

перевози́ть: **ПЕРЕВОЗИ́-** [x]

перемени́ть: **ПЕРЕМЕНИ́-** [x]

переносить: **ПЕРЕНОСИ́-**

переполнить(ся): **ПЕРЕПО́ЛН И́-(СЯ)**

перестроить: **ПЕРЕСТРО́И-**

переучиться: **ПЕРЕУЧИ́-СЯ**

переходить: **ПЕРЕХОДИ́-**

перечислить: **ПЕРЕЧИ́СЛИ-**

платить: **ПЛАТИ́-**

победить: **ПОБЕДИ́-**

побеспокоить(ся): **ПОБЕСПОКО́И-(СЯ)**

поблагодарить: **ПОБЛАГОДАРИ́-**

поверить: **ПОВЕ́РИ-**

повесить: **ПОВЕ́СИ-**

повторить: **ПОВТОРИ́-**

повысить(ся): **ПОВЫ́СИ-(СЯ)**

погасить: **ПОГАСИ́-**

погладить: **ПОГЛА́ДИ-**

поговорить: **ПОГОВОРИ́-**

погостить: **ПОГОСТИ́-**

погрозить: **ПОГРОЗИ́-**

погубить: **ПОГУБИ́-**

подарить: **ПОДАРИ́-**

подготовить(ся): **ПОДГОТО́ВИ-(СЯ)**

поделить(ся): **ПОДЕЛИ́-(СЯ)**

подпустить: **ПОДПУСТИ́-**

подружиться: **ПОДРУЖИ́-СЯ**

подставить: **ПОДСТА́ВИ-**

подстрелить: **ПОДСТРЕЛИ́-**

подходить: **ПОДХОДИ́-**

подчинить: **ПОДЧИНИ́-**

подчиниться: **ПОДЧИНИ́-СЯ**

пожениться: **ПОЖЕНИ́-СЯ**

позаботиться: **ПОЗАБО́ТИ-СЯ**

позволить: **ПОЗВО́ЛИ-**

позвонить: **ПОЗВОНИ́-**

поздравить: **ПОЗДРА́ВИ-**

познакомиться: **ПОЗНАКО́МИ-СЯ**

покормить: **ПОКОРМИ́-**

положить: **ПОЛОЖИ́-**

получить: **ПОЛУЧИ́-**

польстить: **ПОЛЬСТИ́-**

поместить: **ПОМЕСТИ́-**

помириться: **ПОМИРИ́-СЯ**

помнить: **ПО́МНИ-**

понадобиться: **ПОНА́ДОБИ-СЯ**

понизить(ся): **ПОНИ́ЗИ-(СЯ)**

понравиться: **ПОНРА́ВИ-СЯ**

пополнить(ся): **ПОПО́ЛНИ-(СЯ)**

поправить: **ПОПРА́ВИ-**

поправиться: **ПОПРА́ВИ-СЯ**

попросить: **ПОПРОСИ́-**

поразить: **ПОРАЗИ́**-

по́ртить: **ПО́РТИ**-

посадить: **ПОСАДИ́**- ˣ

посвятить: **ПОСВЯТИ́**-

поселить(ся): **ПОСЕЛИ́-(СЯ)**

посетить: **ПОСЕТИ́**-

послужить: **ПОСЛУЖИ́**- ˣ

поспешить: **ПОСПЕШИ́**-

поспо́рить: **ПОСПО́РИ**-

поссо́риться: **ПОССО́РИ-СЯ**

поста́вить: **ПОСТА́ВИ**-

поступить: **ПОСТУПИ́**- ˣ

поторопить(ся): **ПОТОРОПИ́-(СЯ)** ˣ

потра́тить: **ПОТРА́ТИ**-

похвалить: **ПОХВАЛИ́**- ˣ

починить: **ПОЧИНИ́**- ˣ

почи́стить: **ПОЧИ́СТИ**-

пошутить: **ПОШУТИ́**- ˣ

появиться: **ПОЯВИ́-СЯ** ˣ

превратить(ся): **ПРЕВРАТИ́-(СЯ)**

предложить: **ПРЕДЛОЖИ́**- ˣ

предназна́чить: **ПРЕДНАЗНА́ЧИ**-

предоста́вить: **ПРЕДОСТА́ВИ**-

предста́вить(ся): **ПРЕДСТА́В И-(СЯ)**

предъявить: **ПРЕДЪЯВИ́**- ˣ

преклонить(ся): **ПРЕКЛОНИ́-(СЯ)**

прекратить: **ПРЕКРАТИ́**-

прибли́зить(ся): **ПРИБЛИ́ЗИ-(СЯ)**

приводить: **ПРИВОДИ́**- ˣ

пригласить: **ПРИГЛАСИ́**-

пригото́вить: **ПРИГОТО́ВИ**-

припо́мнить(ся): **ПРИПО́МН И-(СЯ)**

прислонить(ся): **ПРИСЛОНИ́-(СЯ)**

присниться: **ПРИСНИ́-СЯ**

присоединить(ся): **ПРИСОЕДИН И́-(СЯ)**

присудить: **ПРИСУДИ́**- ˣ

приходить: **ПРИХОДИ́**- ˣ

приходиться: **ПРИХОДИ́-СЯ** ˣ

пробудить(ся): **ПРОБУДИ́-(СЯ)** ˣ

провалиться: **ПРОВАЛИ́-СЯ** ˣ

прове́рить: **ПРОВЕ́РИ**-

проводить: **ПРОВОДИ́**- ˣ

продлить: **ПРОДЛИ́**-

продо́лжить(ся): **ПРОДО́ЛЖ И-(СЯ)**

производить: **ПРОИЗВОДИ́**- ˣ

произносить(ся): **ПРОИЗНОСИ́-(СЯ)** ˣ

происходить: **ПРОИСХОДИ́**- ˣ

проложить: **ПРОЛОЖИ́**- ˣ

пропустить: **ПРОПУСТИ́**- ˣ

просить: **ПРОСИ́**- ˣ

простить: **ПРОСТИ́**-

проститься: **ПРОСТИ́-СЯ**

простуди́ться: **ПРОСТУДИ́-СЯ** [x]

проходи́ть: **ПРОХОДИ́-** [x]

прояви́ть: **ПРОЯВИ́-** [x]

прояви́ться: **ПРОЯВИ́-СЯ** [x]

разбуди́ть: **РАЗБУДИ́-** [x]

развесели́ть(ся): **РАЗВЕСЕЛ И́-(СЯ)**

раздели́ть: **РАЗДЕЛИ́-** [x]

раздели́ться: **РАЗДЕЛИ́-СЯ** [x]

различи́ть(ся): **РАЗЛИЧИ́-(СЯ)**

разлучи́ть(ся): **РАЗЛУЧИ́-(СЯ)**

разлюби́ть: **РАЗЛЮБИ́-** [x]

размести́ть: **РАЗМЕСТИ́-**

разрази́ться: **РАЗРАЗИ́-СЯ**

разреши́ть: **РАЗРЕШИ́-**

разру́шить(ся): **РАЗРУШИ́-(СЯ)**

разучи́ть: **РАЗУЧИ́-** [x]

разъясни́ть: **РАЗЪЯСНИ́-**

раскупи́ть: **РАСКУПИ́-** [x]

расположи́ть: **РАСПОЛОЖИ́-** [x]

расположи́ться: **РАСПОЛОЖ И́-СЯ** [x]

распространи́ть(ся): **РАСПРОСТРАН И́-(СЯ)**

рассерди́ть(ся): **РАССЕРДИ́ -(СЯ)** [x]

расспроси́ть: **РАССПРОСИ́-** [x]

расста́вить: **РАССТА́ВИ-**

рассуди́ть: **РАССУДИ́-** [x]

расходи́ться: **РАСХОДИ́-СЯ** [x]

расши́рить(ся): **РАСШИ́РИ-(СЯ)**

реши́ть: **РЕШИ́-**

реши́ться: **РЕШИ́-СЯ**

роди́ть(ся): **РОДИ́-(СЯ)**

руководи́ть: **РУКОВОДИ́-**

сади́ться: **САДИ́-СЯ**

свари́ть(ся): **СВАРИ́-(СЯ)** [x]

свети́ть: **СВЕТИ́-** [x]

своди́ть: **СВОДИ́-** [x]

серди́ть(ся): **СЕРДИ́-(СЯ)** [x]

скользи́ть: **СКОЛЬЗИ́-**

сконфу́зиться: **СКОНФУ́ЗИ-СЯ**

следи́ть: **СЛЕДИ́-**

сложи́ть(ся): **СЛОЖИ́-(СЯ)** [x]

служи́ть: **СЛУЖИ́-** [x]

случи́ться: **СЛУЧИ́-СЯ**

смени́ть(ся): **СМЕНИ́-(СЯ)** [x]

смеши́ть: **СМЕШИ́-**

смути́ть(ся): **СМУТИ́-(СЯ)**

сни́зить(ся): **СНИ́ЗИ-(СЯ)**

сни́ться: **СНИ́-СЯ**

соверши́ть(ся): **СОВЕРШИ́-(СЯ)**

совмести́ть: **СОВМЕСТИ́-**

согласи́ться: **СОГЛАСИ́-СЯ**

соедини́ть(ся): **СОЕДИНИ́-(СЯ)**

сократить: **СОКРАТИ́-**

сообщить: **СООБЩИ́-**

соскучиться: **СОСКУ́ЧИ-СЯ**

составить: **СОСТА́ВИ-**

сохранить(ся): **СОХРАНИ́-(СЯ)**

сочинить: **СОЧИНИ́-**

спешить: **СПЕШИ́-**

спорить: **СПО́РИ-**

спросить: **СПРОСИ́-** ^х

спустить(ся): **СПУСТИ́-(СЯ)** ^х

сравнить: **СРАВНИ́-**

ссориться: **ССО́РИ-СЯ**

ставить: **СТА́ВИ-**

становиться: **СТАНОВИ́-СЯ** ^х

стоить: **СТО́И-**

стремиться: **СТРЕМИ́-СЯ**

строить: **СТРО́И-**

судить: **СУДИ́-** ^х

схватить: **СХВАТИ́-** ^х

сходить: **СХОДИ́-** ^х

томить: **ТОМИ́-**

томиться: **ТОМИ́-СЯ**

топить: **ТОПИ́-** ^х

торопить(ся): **ТОРОПИ́-(СЯ)** ^х

тошнить: **ТОШНИ́-**

тратить: **ТРА́ТИ-**

тревожить(ся): **ТРЕВО́ЖИ-(СЯ)**

убедить: **УБЕДИ́-**

увеличить: **УВЕЛИ́ЧИ-**

уверить: **УВЕ́РИ-**

углубить: **УГЛУБИ́-**

уговорить: **УГОВОРИ́-**

угостить: **УГОСТИ́-**

ударить: **УДА́РИ-**

уделить: **УДЕЛИ́-**

удешевить: **УДЕШЕВИ́-**

удивить(ся): **УДИВИ́-(СЯ)**

удлинить: **УДЛИНИ́**

удовлетворить: **УДОВЛЕТВОРИ́-**

удостоить: **УДОСТО́И-**

уложить: **УЛОЖИ́-** ^х

улучшить: **УЛУ́ЧШИ-**

уменьшить: **УМЕ́НЬШИ-**

употребить: **УПОТРЕБИ́-**

упростить: **УПРОСТИ́-**

упустить: **УПУСТИ́-** ^х

уронить: **УРОНИ́-** ^х

усилить: **УСИ́ЛИ-**

ускорить: **УСКО́РИ-**

усложнить: **УСЛОЖНИ́-**

успокоить(ся): **УСПОКО́И-(СЯ)**

установить: **УСТАНОВИ́-** ^х

устро́ить: УСТРО́И-

утверди́ть: УТВЕРДИ́-

уху́дшить(ся): УХУ́ДШИ-(СЯ)

учи́ть: УЧИ́-
x

учи́ться: УЧИ́-СЯ
x

хвали́ть: ХВАЛИ́-
x

хвати́ть: ХВАТИ́-
x

хму́риться: ХМУ́РИ-СЯ

ходи́ть: ХОДИ́-
x

храни́ть(ся): ХРАНИ́-(СЯ)

цвети́ть: ЦВЕТИ́-

цени́ть: ЦЕНИ́-
x

чини́ть: ЧИНИ́-
x

чи́стить: ЧИ́СТИ-

шути́ть: ШУТИ́-
x

яви́ться: ЯВИ́-СЯ
x

Additional verbal stems:

-Й-

би́ть: БЬЙ́-

ви́ть(ся): ВЬЙ́-(СЯ)
x

вы́пить: ВЫ́ПЬЙ-

доби́ться: ДОБЬЙ́-СЯ

ду́ть: ДУ́Й-

ли́ть: ЛЬЙ́-
x

нали́ть: НАЛЬЙ́-
x

обли́ть(ся): ОБ/ЛЬЙ́-(СЯ)
x

переби́ть: ПЕРЕБЬЙ́-

пи́ть: ПЬЙ́-
x

поби́ть: ПОБЬЙ́-

поду́ть: ПОДУ́Й-

проби́ть: ПРОБЬЙ́-

проли́ть: ПРОЛЬЙ́-
x

разби́ть: РАЗ/БЬЙ́-

разви́ть(ся): РАЗ/ВЬЙ́-(СЯ)

сви́ть(ся): С/ВЬЙ́-(СЯ)
x

сли́ть(ся): С/ЛЬЙ́-(СЯ)
x

сши́ть: С/ШЬЙ́-

уби́ть: УБЬЙ́-

ши́ть: ШЬЙ́-

Additional verbal stems:

-ЙМ-/-НИМ-

занять: ЗА**ЙМ**-ˣ

заняться: ЗА**ЙМ**́-СЯ

нанять: НА**ЙМ**-ˣ

обнять: ОБ**НИМ**-ˣ ˣ

поднять: ПОД**НИМ**-ˣ ˣ

поднять(ся): ПОД**НИМ**-(СЯ)ˣ

понять: ПО**ЙМ**-ˣ

приподнять: ПРИПОД**НИМ**-ˣ ˣ

снять: С**НИМ**-ˣ ˣ

Additional verbal stems:

-М-/-Н-

начать: НАЧ/**Н**-ˣ

начаться: НАЧ/**Н**-СЯ́

пожать: ПОЖ/**М**́-

сжать(ся): С/Ж/**М**́-(СЯ)

Additional verbal stems:

-H-

восстáть: ВОССТА́Н-

встáть: ВСТА́Н-

достáть: ДОСТА́Н-

застáть: ЗАСТА́Н-

застря́ть: ЗАСТРЯ́Н-

засты́ть: ЗАСТЫ́Н-

надéть: НАДЕ́Н-

одéть(ся): ОДЕ́Н-(СЯ)

остáться: ОСТА́Н-СЯ

остыть: ОСТЫ́Н-

отстáть: ОТСТА́Н-

переодéться: ПЕРЕОДЕ́Н-СЯ

перестáть: ПЕРЕСТА́Н-

предстáть: ПРЕДСТА́Н-

пристáть: ПРИСТА́Н-

прокля́сть: ПРОКЛЯ́Н-^x

раздéть(ся): РАЗДЕ́Н-(СЯ)

расстáться: РАССТА́Н-СЯ

стáть: СТА́Н-

стыть: СТЫ́Н-

устáть: УСТА́Н-

Additional verbal stems:

226

-НУ-

вернýть(ся): **ВЕРНУ́-(СЯ)**

взглянýть: **ВЗГЛЯНУ̇-** (x)

вздохнýть: **ВЗДОХНУ́-**

воскли́кнуть: **ВОСКЛИ́КНУ-**

вскри́кнуть: **ВСКРИ́КНУ-**

встрепенýться: **ВСТРЕПЕНУ́-СЯ**

вы́нуть: **ВЫ́НУ-**

вы́черкнуть: **ВЫ́ЧЕРКНУ-**

глотнýть: **ГЛОТНУ́-**

гнýть(ся): **ГНУ́-(СЯ)**

дви́нуть(ся): **ДВИ́НУ-(СЯ)**

задохнýться: **ЗАДОХНУ́-СЯ**
       and **ЗАДО́ХНУ•-СЯ**

заглянýть: **ЗАГЛЯНУ̇-** (x)

заснýть: **ЗАСНУ́-**

затрóнуть: **ЗАТРО́НУ-**

качнýть: **КАЧНУ́-**

качнýться: **КАЧНУ́-СЯ**

кивнýть: **КИВНУ́-**

ки́нуть: **КИ́НУ-**

коснýться: **КОСНУ́-СЯ**

кри́кнуть: **КРИ́КНУ-**

лóпнуть: **ЛО́ПНУ-**

махнýть: **МАХНУ́-**

мелькнýть: **МЕЛЬКНУ́-**

нагнýться: **НАГНУ́-СЯ**

обманýть: **ОБМАНУ̇-** (x)

отдохнýть: **ОТДОХНУ́-**

передви́нуть(ся): **ПЕРЕДВИ́НУ-(СЯ)**

повернýть(ся): **ПОВЕРНУ́-(СЯ)**

подвернýть: **ПОДВЕРНУ́-**

подви́нуть(ся): **ПОДВИ́НУ-(СЯ)**

подчеркнýть: **ПОДЧЕРКНУ́-**

поки́нуть: **ПОКИ́НУ-**

потянýть: **ПОТЯНУ̇-** (x)

продви́нуть(ся): **ПРОДВИ́НУ-(СЯ)**

проснýться: **ПРОСНУ́-СЯ**

протянýть: **ПРОТЯНУ̇-** (x)

разогнýть: **РАЗОГНУ́-**

сверкнýть: **СВЕРКНУ́-**

скользнýть: **СКОЛЬЗНУ́-**

скри́пнуть: **СКРИ́ПНУ-**

согнýть(ся): **СОГНУ́-(СЯ)**

толкнýть: **ТОЛКНУ́-**

тро́нуть: **ТРО́НУ-**
                     х
тяну́ть(ся): **ТЯНУ́-(СЯ)**

улыбну́ться: **УЛЫБНУ́-СЯ**
                     х
упомяну́ть: **УПОМЯНУ́**

цара́пнуть(ся): **ЦАРА́ПНУ-(СЯ)**

чихну́ть: **ЧИХНУ́-**

Additional   verbal   stems:

-НУ*-

возни́кнуть: **ВОЗНИ́КНУ*-**

га́снуть: **ГА́СНУ*-**

ги́бнуть: **ГИ́БНУ*-**

гло́хнуть: **ГЛО́ХНУ*-**

дости́гнуть: **ДОСТИ́ГНУ*-**

задохну́ться: **ЗАДОХНУ́-СЯ**
and **ЗАДО́ХНУ*-СЯ**

замёрзнуть: **ЗАМЁРЗНУ*-**

исче́знуть: **ИСЧЕ́ЗНУ*-**

мёрзнуть: **МЁРЗНУ*-**

огло́хнуть: **ОГЛО́ХНУ*-**

осле́пнуть: **ОСЛЕ́ПНУ*-**

отвы́кнуть: **ОТВЫ́КНУ*-**

охри́пнуть: **ОХРИ́ПНУ*-**

па́хнуть: **ПА́ХНУ*-**

пога́снуть: **ПОГА́СНУ*-**

поги́бнуть: **ПОГИ́БНУ*-**

привы́кнуть: **ПРИВЫ́КНУ*-**

прити́хнуть: **ПРИТИ́ХНУ*-**

сле́пнуть: **СЛЕ́ПНУ*-**

со́хнуть: **СО́ХНУ*-**

уга́снуть: **УГА́СНУ*-**

умо́лкнуть: **УМО́ЛКНУ*-**

хри́пнуть: **ХРИ́ПНУ*-**

Additional   verbal   stems:

-O-

бороться: **БОРО̱-СЯ** [x]

колоть: **КОЛО̱-** [x]

проколоть: **ПРОКОЛО̱-** [x]

расколоть: **РАСКОЛО̱-** [x]

Additional verbal stems:

-ОЙ-

вы́мыть(ся): **ВЫ́МОЙ-(СЯ)**

выть: **ВО́Й-**

закры́ть: **ЗАКРО́Й-**

кры́ть: **КРО́Й-**

мы́ть(ся): **МО́Й-(СЯ)**

откры́ть: **ОТКРО́Й-**

помы́ть(ся): **ПОМО́Й-(СЯ)**

приоткры́ть: **ПРИОТКРО́Й-**

размы́ть: **РАЗМО́Й-**

раскры́ть: **РАСКРО́Й-**

скры́ть: **СКРО́Й-**

умы́ть: **УМО́Й-**

Additional verbal stems:

-ОВА-

адресова́ть: **АДРЕС<u>ОВА́</u>**-

активизи́ровать: **АКТИВИЗИ́Р<u>ОВА</u>** -

анализи́ровать: **АНАЛИЗИ́Р<u>ОВА</u>**-

ассоции́ровать(ся): **АССОЦИИ́Р<u>ОВА</u>** -(СЯ)

атакова́ть: **АТАК<u>ОВА́</u>**-

балова́ть: **БАЛ<u>ОВА́</u>**

бесе́довать: **БЕСЕ́Д<u>ОВА</u>**-

взволнова́ть(ся): **ВЗВОЛН <u>ОВА́</u>**-(СЯ)

волнова́ть(ся): **ВОЛН<u>ОВА́</u>**-(СЯ)

воспо́льзоваться: **ВОСПО́ЛЬЗ<u>ОВА</u>** -СЯ

гармони́ровать: **ГАРМОНИ́Р<u>ОВА</u>** -

голосова́ть: **ГОЛОС<u>ОВА́</u>**-

дебюти́ровать: **ДЕБЮТИ́Р<u>ОВА</u>**-

дифференци́ровать: **ДИФФЕРЕНЦИ́Р<u>ОВА</u>** -

жа́ловаться: **ЖА́Л<u>ОВА</u>**-СЯ

жева́ть: **Ж<u>ЕВА́</u>**-

заве́довать: **ЗАВЕ́Д<u>ОВА</u>**-

заинтересова́ть(ся): **ЗАИНТЕРЕС<u>ОВА</u>́** -(СЯ)

законспекти́ровать: **ЗАКОНСПЕКТИ́Р<u>ОВА</u>** -

избалова́ть: **ИЗБАЛ<u>ОВА́</u>**-

имити́ровать: **ИМИТИ́Р<u>ОВА</u>**-

интересова́ть(ся): **ИНТЕРЕС <u>ОВА́</u>**-(СЯ)

испо́льзовать: **ИСПО́ЛЬЗ<u>ОВА</u>**-

иссле́довать: **ИССЛЕ́Д<u>ОВА</u>**-

компенси́ровать: **КОМПЕНСИ́Р<u>ОВА</u>** -

конспекти́ровать: **КОНСПЕКТИ́Р <u>ОВА</u>** -

консульти́ровать(ся): **КОНСУЛЬТИ́Р<u>ОВА</u>** -(СЯ)

контроли́ровать: **КОНТРОЛИ́Р<u>ОВА</u>** -

любова́ться: **ЛЮБ<u>ОВА́</u>**-СЯ

нарисова́ть: **НАРИС<u>ОВА́</u>**-

натренирова́ть(ся): **НАТРЕНИР<u>ОВА</u>́** -(СЯ)

обра́довать(ся): **ОБРА́Д<u>ОВА</u>**-(СЯ)

образова́ть: **ОБРАЗ<u>ОВА́</u>**-

опубликова́ть(ся): **ОПУБЛИК<u>ОВА</u>́** -(СЯ)

организова́ть: **ОРГАНИЗ<u>ОВА́</u>**-

основа́ть: **ОСН<u>ОВА́</u>**-

отреставри́ровать: **ОТРЕСТАВРИ́Р<u>ОВА</u>**-

пакова́ть: **ПАК<u>ОВА́</u>**-

побесе́довать: **ПОБЕСЕ́Д<u>ОВА</u>**-

пожа́ловаться: **ПОЖА́Л<u>ОВА</u>**-СЯ

по́льзоваться: **ПО́ЛЬЗ<u>ОВА</u>**-СЯ

полюбова́ться: **ПОЛЮБ<u>ОВА́</u>**-СЯ

попро́бовать: **ПОПРО́Б<u>ОВА</u>**-

порекомендова́ть: **ПОРЕКОМЕНД <u>ОВА́</u>**-

посове́товать(ся): **ПОСОВЕ́Т** OBA -(СЯ)

потре́бовать: **ПОТРЕ́БOBA**-

поцелова́ть(ся): **ПОЦЕЛOBА́-(СЯ)**

почу́вствовать: **ПОЧУ́ВСТВOBA**-

прису́тствовать: **ПРИСУ́ТСТВ OBA**-

проанализи́ровать: **ПРОАНАЛИЗИ́РOBA** -

про́бовать: **ПРО́БOBA**-

проголосова́ть: **ПРОГОЛОСOBА́**-

проконсульти́роваться): **ПРОКОНСУЛЬТИ́Р OBA-(СЯ)**

проконтроли́ровать: **ПРОКОНТРОЛИ́Р OBA** -

пропаганди́ровать: **ПРОПAГAНДИ́Р OBA**-

прорецензи́ровать: **ПРОРЕЦЕНЗИ́РOBA** -

процити́ровать: **ПРОЦИТИ́РOBA**-

публикова́ть(ся): **ПУБЛИКOBA´ -(СЯ)**

путеше́ствовать: **ПУТЕШЕ́СТВ OBA**-

ра́довать(ся): **РА́ДOBA-(СЯ)**

реабилити́ровать: **РЕАБИЛИТИ́Р OBA** -

реаги́ровать: **РЕАГИ́РOBA**-

рекомендова́ть: **РЕКОМЕНДOBА́**-

реставри́ровать: **РЕСТАВРИ́Р OBA** -

рецензи́ровать: **РЕЦЕНЗИ́РOBA**-

рисова́ть: **РИСOBА́**-

свиде́тельствовать: **СВИДЕ́ТЕЛЬСТВ OBA** -

сове́товать(ся): **СОВЕ́ТOBA-(СЯ)**

соотве́тствовать: **СООТВЕ́ТСТВ OBA** -

стимули́ровать: **СТИМУЛИ́РOBA**-

существова́ть: **СУЩЕСТВOBА́**-

сфотографи́ровать: **СФОТОГРАФИ́РOBA**

танцева́ть: **ТАНЦЕВА́**-

торгова́ть: **ТОРГOBА́**-

тре́бовать: **ТРЕ́БOBA**-

трениров́ать(ся): **ТРЕНИРOBА́-(СЯ)**

упакова́ть: **УПАКOBА́**-

уча́ствовать: **УЧА́СТВOBA**-

фотографи́ровать: **ФОТОГРАФИ́Р OBA**-

целова́ть(ся): **ЦЕЛOBА́-(СЯ)**

цити́ровать: **ЦИТИ́РOBA**-

чу́вствовать: **ЧУ́ВСТВOBA**-

эвакуи́ровать: **ЭВАКУИ́РOBA**-

экранизи́ровать: **ЭКРАНИЗИ́Р OBA** -

экспорти́ровать: **ЭКСПОРТИ́Р OBA** -

Additional   verbal   stems:

$$\boxed{\textbf{-P-}}$$

вы́тереть: **ВЫ́ТР**-
     x
запере́ть: **ЗАПР**-

опере́ться: **ОПР́-СЯ**
     x
отпере́ть: **ОТ/ПР**-

стере́ть: **С/ТР́**-
     x
умере́ть: **УМР**-

Additional verbal stems:

AN INVENTORY OF IRREGULAR VERBAL STEMS

• **бежа́ть**: *(irreg.) (imperf.)* (unidirectional) куда? откуда? run.
  бегу́, бежи́шь, бежи́т, бежи́м, бежи́те, бегу́т
  бежа́л, бежа́ла, бежа́ло, бежа́ли. Беги́/те!

Features: Most forms reflect second conjugation -жа- verb, but first-person singular, third person plural, and imperative forms behave like first conjugation type.

• **бри́ть(ся)**: *(irreg.) (imperf.)* (**побри́ть(ся)**), кого? что? shave (oneself).
  бре́ю(сь), бре́ешь(ся), бре́ет(ся), бре́ем(ся), бре́ете(сь), бре́ют(ся)
  брил(ся), бри́ла(сь), бри́ло(сь), бри́ли(сь). Брей(ся)! Бре́йте(сь)!

Features: Generally behaves like -ей- type verb, but -e- changes to -и- before all consonantal endings.

• **бы́ть**: *(irreg.) (imperf.)*, be.
  бу́ду, бу́дешь, бу́дет, бу́дем, бу́дете, бу́дут
  был, была́, бы́ло, бы́ли. Будь/те!

Features: Built on first conjugation stem -буд-, with the alternation of <u>бу</u> to <u>бы</u> before all consonantal endings.

• **взя́ть**: *(irreg.) (perf.)* (б/рᵃ-), что? кого? куда? take.
  возьму́, возьмёшь, возьмёт, возьмём, возьмёте, возьму́т
  взял, взяла́, взя́ло, взя́ли. Возьми́/те!

Features: Built on first conjugation stem -возьм-, with the change of the root to -взя- before all consonantal endings.

• **гна́ть**: *(irreg.) (imperf.)* (unidirectional), drive, prod.
  гоню́, го́нишь, го́нит, го́ним, го́ните, го́нят
  гнал, гнала́, гна́ло, гна́ли. Гони́/те!

Features: Built on hypothetical second conjugation stem гони-for all vocalic endings, and on the stem гна-for all consonantal endings.

• **да́ть**: *(irreg.) (perf.)* (<u>дава́й</u>-), что? кому? give.
  да́м, да́шь, да́ст, дади́м, дади́те, даду́т
  да́л, дала́, да́ло, да́ли. Дай/те!

Features: Historical features remain in present day conjugation.

• **éсть**: *(irreg.)* *(imperf.)* **(съéсть)**, что? eat.
    éм, éшь, éст, едúм, едúте, едя́т
    éл, éла, éло, éли. Éшь/те!

Features: *Historical features remain in present day conjugation.*

• **éхать**: *(irreg.)* *(imperf.)* (unidirectional), куда? на чём? в чём? go (by conveyance); drive.
    éду, éдешь, éдет, éдем, éдете, éдут
    éхал, éхала, éхало, éхали. Поезжáй/те!

Features: *Built on first conjugation stems -éд- for non-past forms and -éха- before all consonantal endings. Form of the imperative is also irregular.*

• **идтú**: *(irreg.)* *(imperf.)* (unidirectional), walk, go (on foot).
    идý, идёшь, идёт, идём, идёте, идýт
    шёл, шлá, шлó, шлú. Идú/те!

Features: *Non-past forms are built on first conjugation stem ид- (-йд- for all prefixed forms of the verb), with the change of the root to -ш/л- for past tense forms. Infinitive form is irregular.*

• **лéчь**: *(irreg.)* *(perf.)* **(ложú-ся)**, куда? где? lie down, go to bed.
    ля́гу, ля́жешь, ля́жет, ля́жем, ля́жете, ля́гут
    лёг, леглá, леглó, леглú. Ля́г/те!

Features: *Vowel я of the root ляг- changes to е before consonantal endings. The imperative form is also irregular.*

• **молóть**: *(irreg.)* *(imperf.)*, что? mill, grind.
    мелю́, мéлешь, мéлет, мéлем, мéлете, мéлеют
    молóл, молóла, молóло, молóли. Мелú/те!

Features: *Built on first conjugation stems мел- before all vocalic endings and моло- for all consonantal endings.*

• **мóчь**: *(irreg.)* *(imperf.)* **(смóчь)**, be able.
    могý, мóжешь, мóжет, мóжем, мóжете, мóгут
    мóг, моглá, моглó, моглú. [No imperative.]

Features: *Irregular stress shift in non-past forms. Unexpected consonantal mutation г to ж before ё.*

- **ошиби́ться**: *(irreg.)* *(perf.)* (ошиба́й-ся), в чём? в ком? be mistaken, make a mistake.
    ошибу́сь, ошибёшься, ошибётся, ошибёмся, ошибётесь, ошибу́тся
    ошибся, ошиблась, ошиблось, ошиблись. Ошиби/тесь!

Features: Regular first conjugation б stem ошиб-ся except for the infinitive.

- **пе́ть**: *(irreg.)* *(imperf.)* (**спе́ть**), что? sing.
    пою́, поёшь, поёт, поём, поёте, пою́т
    пе́л, пе́ла, пе́ло, пе́ли. По́й/те!

Features: Vowel о of the root пой- changes to е before consonantal endings.

- **приня́ть**: *(irreg.)* *(perf.)* (принима́й-), что? кого? accept, take, receive.
    приму́, при́мешь, при́мет, при́мем, при́мете, при́мут
    при́нял, приняла́, при́няло, при́няли. Прими́/те!

Features: Built on first conjugation stem прийм-, with the change of the root -йм- to -м- before all vocalic endings. Stress shift occurs in both tenses.

- **расти́**: *(irreg.)* *(imperf.)* (**вы́расти**), grow, grow up.
    расту́, растёшь, растёт, растём, растёте, расту́т
    ро́с, росла́, росло́, росли́. Расти́/те!

Features: First conjugation stem раст- changes to рос- before all consonantal endings.

- **се́сть**: *(irreg.)* *(perf.)* (сади́-ся), куда? sit down.
    ся́ду, ся́дешь, ся́дет, ся́дем, ся́дете, ся́дут
    сёл, се́ла, се́ло, се́ли. Ся́дь/те!

Features: Built on first conjugation stem сяд-, with the change of the root to сёд- before all consonantal endings.

- **спа́ть**: *(irreg.)* *(imperf.)*, где? в чём? на чём? sleep.
    сплю́, спи́шь, спи́т, спи́м, спи́те, спя́т
    спа́л, спала́, спа́ло, спа́ли. Спи/те!

Features: Non-past forms built on second conjugation stem спи-, past forms derived from the first conjugation stem спа-.

- **хоте́ть**: *(irreg.)* *(imperf.)* чего? want, desire.
    хочу́, хо́чешь, хо́чет, хоти́м, хоти́те, хотя́т
    хоте́л, хоте́ла, хоте́ло, хоте́ли. Хоти́/те!

Features: Mixed first and second conjugation paradigms in the present tense forms. Past forms are regular, built on second conjugation stem хоте́-.

NOTES

NOTES

NOTES

NOTES

NOTES

NOTES

NOTES

NOTES

NOTES

NOTES

NOTES

NOTES

NOTES

NOTES

NOTES